插图珍藏本

# 圣经故事

The Story of Bible

[美] 亨德里克·威廉·房龙（Hendrik Willem Van Loon）◎著

光明◎译

湖南文艺出版社

HUNAN LITERATURE AND ART PUBLISHING HOUSE

博集天
CS-BOO

图书在版编目（CIP）数据

圣经故事 / (美) 房龙 (Van Loon,H.W.) 著；光明
译 . —长沙：湖南文艺出版社，2012.1
ISBN 978-7-5404-5291-9

Ⅰ . ①圣… Ⅱ . ①房… ②光… Ⅲ . ①圣经—故事
Ⅳ . ① B971

中国版本图书馆 CIP 数据核字 (2011) 第 257780 号

上架建议：青少年阅读·经典名著

**圣经故事**

作　　者：[美] 亨德里克·威廉·房龙（Hendrik Willem Van Loon）
译　　者：光　明
出 版 人：刘清华
责任编辑：丁丽丹　刘诗哲
监　　制：吴成玮
特约编辑：薛　婷
版式设计：利　锐
封面设计：张丽娜
出版发行：湖南文艺出版社
　　　　　（长沙市雨花区东二环一段 508 号　邮编：410014）
网　　址：www.hnwy.net
印　　刷：北京天宇万达印刷有限公司
经　　销：新华书店
开　　本：880mm×1230mm　1/32
字　　数：220 千字
印　　张：12.5
版　　次：2012 年 1 月第 1 版
印　　次：2017 年 6 月第 6 次印刷
书　　号：ISBN 978-7-5404-5291-9
定　　价：29.80 元

质量监督电话：010-59096394
团购电话：010-59320018

## 目录
### CONTENTS

◎ 旧约

## 第三章 以色列——与神较力 *048*

## 第九章 以色列的南北分立时代 *212*

## ◎ 新约

# 旧约

# 第一章
# 世界和人类的起源

## 创世记

在神[1]创世之前，天地尚未形成，世界一片空虚混沌，笼罩在无边的黑暗之中，神的灵运行在水面上。

神用了七天的时间创造了天地万物。

第一天，神说："要有光！"便有了光。神将光与暗分开，称光为"昼"，暗为"夜"。于是有了夜晚，有了白天。神对光很满意。

第二天，神说："诸水之间要有空气，将水分为上下。"神就造出了空气，把空气以下的水和空气以上的水分开。神称空气为天。神对天很满意。

第三天，神说："普天下的水要汇集在一起，使旱地露出来。"于是，

---

[1] 英文版《圣经》中对神（上帝）的称谓是"The LORD"或者"God"，"The"以及"God"的首字母大写，而"LORD"全部字母大写；这两种称谓有时会连在一起同时出现即"The LORD God"。在英语中"lord"是主人、君王的意思，而"god"是神的意思。为了表示这两者的区别，在本书中，把"The LORD"翻译成上帝，把"God"翻译成神；如果两个词连在一起出现，则翻译成上帝神，中间空一格。本书发现，在创世部分，《圣经》用的是"God"即神这个称谓。而当人类繁衍生息之后，则经常用"The LORD"即"上帝"。

上帝对光很满意

水和旱地分开了。神称旱地为"陆地",诸水汇集之处为"海洋"。神又让地上长出青草、各种开花结籽的蔬菜以及树木,树上结的果子都包着核。神很满意。

第四天,神说:"天上要有光体,可以分昼夜,作为定节令、日子、年岁的记号,还要发光普照大地。"于是神创造了两个光体,让大的管理昼,小的管理夜。神还造了无数星辰,布满整个天空。神很满意。

第五天,神说:"水里要多多滋生有生命之物,天空中要有雀鸟飞翔。"于是神造出大鱼和各种各样的水生物,使它们各从其类;神又造出各种各样的飞鸟,使它们各从其类。神赐福给它们,使它们滋生繁衍,遍布世界。神很满意。

第六天,神说:"地上要生出活物来,牲畜、昆虫、野兽各从其类。"于是,神用土造就了各样走兽、牲畜、昆虫。神很满意。

神说:"我们[1]要按着我们的形象,照着我们的样式造人,让他们管理水里的鱼、空中的飞鸟、地上的牲畜和爬行的昆虫。"于是神用土照着自己的形象造人,然后将生命之气吹入他的鼻孔,就创造出了有灵魂的活人。神给他起名叫"亚当"[2]。

神把所创造出的物种都带到人的面前,看他怎样叫。人叫各样的活物什么,那就是它的名字。人便给一切牲畜和空中飞鸟、野地走兽都起了名。

神在东方的伊甸立了一个园子,把所造的人安置在那里。有一条河

[1] 神为什么用复数的代词"我们"来称呼自己呢?一种观点认为这是指出"三位一体"的真理,圣父、圣子、圣灵都是神。另有观点认为这样的表达方式是表示威严,欧洲许多国家的君王在传统上是以复数自称的。

[2] "亚当"在希伯来语的意思是"人类"。"夏娃"的希伯来语意思是"生命",引申为"众生之母"。

从伊甸流出来，灌溉那园子，又从那里分出四条支流。第一条支流叫比逊，环绕哈腓拉全地，那地方出产纯金、稀有的香料和宝石。第二条河叫基训，环绕古实全地。第三道河叫希底结[1]，就是流在亚述东边的。第四条河叫伯拉。

神使园中的地里长出各样美丽的树来，树上结出香甜的果子。园子的中央有两棵树，分别叫"生命树"和"智慧树"。人吃了"生命树"的果子，可以像神和天使那样长生不死；而人吃了"智慧树"的果子，可以分辨善恶好坏，获得像神那样的智慧。

神将亚当安置在伊甸园里，让他修理看守园子，并吩咐他说："园中各样树上的果子，你可以随意吃，只是不能吃那棵'智慧树'上的果子；因为你吃了，当天一定会死。"

神说："人独居不好。我要为他造一个配偶帮助他。"

神就使亚当沉睡过去，然后取下他的一根肋骨，再把肉合起来，使他重新醒来。神就用亚当身上所取的肋骨造成一个女人。

亚当说："这是我骨中骨，肉中肉，可以称她为'女人'，因为她是从男人的身上取出来的。"

正因为神是这样创造了男人和女人，所以男人长大后要与妻子结合，成为一体。

亚当给妻子取名叫"夏娃"。当时夫妻二人赤身裸体，并不感到羞耻。

神赐福给他们，对他们说："你们要生养众多，遍布地面，治理大地；也要管理海里的鱼、空中的鸟和地上各种活物。我将遍地上一切结

---

[1] 这四条河现存的只有两条，希底结河即底格里斯河，伯拉河即幼发拉底河。伊甸园位于两河流域，所以有学者认为伊甸园处于相当于今天伊拉克的位置。当然也有其他说法。

上帝创造了夏娃

种子的菜蔬和一切树上所结有核的果子，全赐给你们做食物。至于地上的走兽、空中的飞鸟和各样爬在地上有生命的动物，我将青草赐给它们做食物。"

这样，天地万物都造齐了。对于创造的这一切，神很满意。

第七天，神歇息了，还赐福给第七天，把它作为圣日。于是星期日成了人类休息的日子。

## 偷食禁果——人类的原罪

神创造的活物中，唯有蛇比其他动物狡猾。那时，蛇是人身长尾，长着一对漂亮的翅膀，可以飞翔，而且非常美丽。

蛇飞落到地面，立起身子在夏娃面前，形状有点像个大问号，对夏娃说："神是真的说不许你们吃园中所有树上的果子吗？"

夏娃听了，一怔，随即回答说："园中各种树上的果子我们都可以吃，唯有正中间那棵树上的果子除外。神曾吩咐我们：'那些果子不可以吃，也不能摸，不然你们就会死。'"

蛇听出夏娃的语气中有一丝犹豫，便蛊惑她说："你们不会死的，因为神知道如果你们吃了那棵树上的果子，眼睛就变亮了，便和他一样懂得分辨善恶了。"

夏娃见智慧树上的果子新鲜诱人，胜过她吃过的任何果子；又听蛇说吃了它还可以拥有与神一样的智慧，就摘下果子吃了。然后，她又摘了一个给她丈夫，亚当也吃了。

一会儿，他们所吃的智慧果发挥了作用。他们二人原本蒙昧的精神世界豁然明朗。他们忽然发现自己竟然赤裸着身体，立刻感到非常羞耻。

于是用无花果的叶子编织成裙子，遮盖下体。

傍晚，天起了凉风的时候，神来到园中散步，亚当和夏娃听见了他的脚步声。此时他们的心中充满负罪感，于是躲进树林中。

看不到两个人，神连声呼唤："亚当，你在哪里？人啊，你在哪里？"

亚当和夏娃只得从树林中走出，来到神的面前。亚当对神说："我在园中听见您的脚步声就害怕地躲起来了，因为我赤身裸体啊。"

神一听，顿时明白了，愤怒地问："这是谁告诉你的？难道你吃了我嘱咐你不可以吃的那树上的果子？"

亚当辩解说："是您赐给我的女人，她摘下那树上的果子给我吃，我就吃了。"

神回头问夏娃："你都干了些什么？"

夏娃说："是蛇引诱我吃的。"

神首先责罚罪魁祸首，对蛇说："你做出这样的事，就必须受到咒诅，比任何牲畜禽兽更糟。你要用肚子行走，终生以土为食。我还要让你和夏娃结下仇怨，你的后代和她的后代也彼此为仇敌。她的后代必伤你的头，你要伤人的脚跟。"

然后，神责罚先犯罪的夏娃："我要大大增加你怀胎的苦楚，你分娩时必经受难言的痛苦。你要仰慕你丈夫，他将管辖你。"

最后，神对亚当说："既然你听从了妻子的话，吃了我禁止你吃的那树上的果子，土地也因为你受到咒诅，你必将终生劳苦，才能从地里收获粮食。土地必给你长出荆棘和蒺藜。你也要吃田间的蔬菜，你必须汗流满面才能获得食物，直到你归了土。因为你是由土里创造出来的，你本是尘土，仍要归于尘土。"

神说："人已经与我们相似，能分辨善恶，如果他又伸手摘下生命树的果子吃了，就会获得永生。"于是，神让他们离开伊甸园，去以耕种

被上帝逐出伊甸园的亚当和夏娃

土地为生。

　　神虽然责罚了亚当和夏娃，同时心里也怜悯他们。既然他们已经有了羞耻之心，神就用兽皮做了衣服给他们穿，然后才让他们离去。

　　神把亚当和夏娃赶出伊甸园后，就在园子的东边安设基路伯[1]和四面转动发火焰的剑，把守着通往"生命树"的道路。

　　亚当和夏娃偷食禁果，这是人第一次违背上帝的旨意，犯下了要世代救赎的罪孽，称为"原罪"，即与生俱来的罪过。

## 该隐杀弟

　　亚当和夏娃被逐出伊甸园后不久，夏娃怀孕了，生了他们的第一个孩子，是个男孩，取名叫"该隐"（"得了"的意思）。夏娃说："耶和华使我得了一个男子。"

　　几年后，夏娃又为该隐生下了一个弟弟，叫"亚伯"。该隐长大以后成为农夫；亚伯长大以后成为牧人。

　　有一天，该隐拿地里出产的农作物作为贡品献给上帝，亚伯也将头生的羔羊和羊油献给上帝。上帝看中了亚伯的供品，却对该隐的供品不屑一顾。

　　该隐心中充满嫉妒和愤怒，气得脸色都变了。上帝看出他的心思，就问该隐："你为什么愤怒呢？为什么脸色都变了呢？如果你行善举，我一定会高兴地接受你的供品；如果你做恶事，罪孽就会伏在你的门前，

[1] 基路伯是天使的一种。对于天使的数目、种类、特征、职能等，各方面有许多不同的说法。

献祭的该隐与埃布尔

它必诱惑你，你却要制伏它。"

不幸的是，上帝的告诫没有进入该隐心里。嫉妒使他乱了心智，他把亚伯骗到田间杀死了。

上帝知道该隐杀了自己的弟弟，就问该隐："你弟弟亚伯在哪里？"

该隐回答："我不知道。我又不是他的看守。"

上帝勃然大怒，斥责他说："你都干了些什么呀？我听到从地下传来的声音，是你弟弟的血在向我哀告，连土地都裂开了，从你手中接受你兄弟的血。现在你必从这土地上受到咒诅。你种地，地不再给你效力，你必须在地上漂泊。"

该隐向上帝求情说："您对我的责罚太重，我承担不起。我以后必将在地上飘荡流离，见不到您的面。我杀害自己的弟弟，遇上我的人必定想要杀我。"

上帝想要用苦难的磨砺使该隐悔过，并不想让他被杀，就给该隐做了一个记号，并说："凡杀该隐的，必遭七倍报应。"免得人遇见他就杀他。

该隐就这样被逐出家门。他住在伊甸东边的挪得[1]，虽然他活得很长，却再未见到父母。

亚当和夏娃后来又生了一个儿子，取名"塞特"[2]。夏娃说："上帝给了我一个儿子，替代被该隐杀害的亚伯。"

该隐杀弟事件是人类始祖所犯的又一桩罪行，是《圣经》中第一起谋杀事件。

[1] "漂泊"的意思
[2] 跟希伯来语"给了"发音相近

该隐趁机杀害亚伯

**附：亚当传至挪亚的简要族谱**

亚当一百三十岁时生了塞特，之后又活了八百年，并且又生养了其他子女。亚当共活了九百三十岁。

塞特一百零五岁时生了儿子以挪士，之后又活了八百零七年，并且生养了其他的子女。塞特共活了九百一十二岁。

以挪士九十岁时生了儿子该南，之后又活了八百一十五年，并且又生养了其他子女。以挪士共活了九百零五岁。

该南七十岁时生了儿子玛勒列，之后又活了八百四十年，并且又生养了其他子女。该南共活了九百一十岁。

玛勒列六十五岁时生了儿子雅列，之后又活了八百三十年，并且又生养了其他子女。玛勒列共活了八百九十五岁。

雅列一百六十二岁时生了儿子以诺，之后又活了八百年，并且又生养了其他子女。雅列共活了九百六十二岁。

以诺六十五岁时生了儿子玛土撒拉，之后与神密切交往了三百年，并且又生养了其他子女。他三百六十五岁时神把他接去，他就不在地上了。

玛土撒拉一百八十七岁时生了儿子拉麦，之后又活了七百八十二年，并且又生养了其他子女。玛土撒拉共活了九百六十九岁。

拉麦一百八十二岁时生了儿子挪亚，"挪亚"的希伯来语发音与"安慰"相近，拉麦当时为儿子取这个名字时说："上帝曾咒诅我们赖以生存的土地，以致我们操作劳苦；这个儿子会使我们在辛劳中得到一些安慰。"拉麦生了挪亚之后又活了五百九十五年，并且生养了其他子女。拉麦共活了七百七十七岁。

人类经过代代生养繁衍，人口不断增长。神的儿子们[1]看见人类的女子

[1] 后世对"神的儿子们"有不同的说法。有人认为"神的儿子们"指的是堕落的天使。但是有人指出天使并不嫁娶，也不生儿育女。有人认为"神的儿子们"是指塞特的后裔，他们与该隐的邪恶后裔（这里所讲的"人的女子"）通婚，使后代具有的神的善性越来越弱，而罪性越来越强。在基督教《圣经·新约》中称耶稣为神的独子，与这里"神的儿子们"的说法并不一致。

俊美，就根据自己的意愿挑选，与她们生下后代，这些后代就是上古那些有名的英雄。

# 大洪水和挪亚方舟

从亚当和夏娃偷食禁果，被逐出伊甸园开始，人类就被打上了原罪的烙印，上帝诅咒了土地，人们终日艰辛劳作才能勉强果腹。该隐杀弟揭开了人类残杀的序幕，人们之间的怨恨与恶念与日俱增，终日相互厮杀、争斗、掠夺，人世间充斥着暴力和罪恶。

上帝看到这一切，心中十分忧伤，非常后悔造了人。终于，上帝决定灭绝整个世界上有血肉的动物，包括人类。

不过，挪亚一家得到了上帝的垂青。挪亚是一个正直的人，虔诚地追随上帝。挪亚的三个儿子闪、含和雅弗在父亲的严格教育下，也没有误入歧途。所以上帝要在毁灭世界时留下挪亚一家人。

上帝对时年六百岁的挪亚说："我决定要灭绝人类。他们在世界到处施暴，我要把他们跟这世界一并消灭。

"你要用歌斐木造一只方舟，一间一间地造，里外抹上松香。这只方舟要长三百肘、宽五十肘、高三十肘。方舟上边要有透光的窗户，在旁边开一道门。方舟要分上、中、下三层。

"七天之后我要降雨四十昼夜，使洪水泛滥全世界，消灭所有的人，世间万物也要一起毁灭。但我要与你立约。你带着你的妻子、儿子、儿媳们一起进入方舟。凡洁净的畜类，你要带七公七母；不洁净的畜类，你要带一公一母；空中的飞鸟，也要带七公七母。这些作为种子，将来在地上繁衍。你还要准备各种食物储存起来，好做你和它们的食物。"

上帝降下大雨四十天，人间一片洪流

大洪水

　　挪亚遵照上帝的吩咐去做了。

　　二月十七日那天，正是挪亚六百岁生辰，所有水泉和洪流涌溢开来，天上的水源也敞开了，大雨日夜不停，整整下了四十天，地面上的积水越来越多，连最高的山峰都被淹没了。洪水在大地上泛滥了一百五十天，方舟漂泊在无边无际的汪洋中。所有生活在旱地的生物都死了。只有方舟里的挪亚一家和动物们安然无恙。

## 和平鸽与橄榄枝

　　上帝顾念着挪亚方舟和里面的生灵，于是停止降雨，让大风吹起，水势渐落。七月十七日，方舟停在亚拉腊山上。水又消退一些，到十月一日，山顶露出了水面。

　　又过了四十天，挪亚打开了方舟的窗户，放出一只乌鸦，想看看能否找到陆地。但乌鸦飞去没有回来。他又放出一只鸽子，鸽子因为找不到落脚之地，就飞了回来，挪亚伸手把鸽子接进了方舟。又过了七天，挪亚又把那只鸽子放出去，傍晚时分，鸽子嘴里噙着新折下来的橄榄枝飞回来，挪亚就知道某个地方露出了旱地。又等了七天，挪亚再次把鸽子放出去，鸽子就没有再飞回来，因为大地干了，洪水全退了。这就是人们把叼着橄榄枝的鸽子当成平安、和平的象征的根由。

　　元月一日，挪亚掀开方舟的盖子放眼望去，地面已经干了。到了二月二十七日，大地完全干了。

　　上帝对挪亚说："你和你的家人都可以出方舟了，把里面所有的活物也都带出来，让它们在地上多多生长繁衍。"

　　于是挪亚一家人走出方舟，他把方舟上的动物也都放了出来。挪亚

鸽子从方舟飞出来

为了感谢上帝的恩德，为他筑了一座祭坛，拿各类洁净的牲畜飞鸟供在坛上为燔祭。

上帝闻到那馨香之气，就在心里说："我不再因人而咒诅大地，也不再照我之前那样，灭绝各种活物了。只要大地还在，耕种、寒暑、冬夏、昼夜就永不停息。"

上帝赐福给挪亚和他的儿子们说："你们要生养众多，遍布各地。凡地上的走兽和空中的飞鸟，都必惊恐惧怕你们。连地上一切的昆虫并海里一切的鱼儿都交付你们。凡活着的动物，都可以做你们的食物，这一切我都赐给你们，如同菜蔬一样。唯独带血肉的，你们不可吃。

"使你们流血、害你们性命的，无论是兽是人，我必讨他的罪，就是各人的弟兄也是如此。凡使人流血的，他也必被人放血，因为上帝造人是照自己的形象造的。"

上帝与人和世间其他生灵立约："我与你们立约。凡有血肉的，不再被洪水灭绝，也不再有洪水毁坏大地了。"

上帝又说："我把彩虹放在云中，作为我与你们立约的记号。云覆盖地面时，必有彩虹显现在云中。"

大洪水退后，挪亚种植了一个葡萄园，还学会了酿酒。有一回他在园中喝醉了，赤身裸体地在帐篷里睡着了，他的第二个儿子含（迦南的父亲），看见他赤身睡在帐篷里，就跑出去告诉了两个兄弟。闪和雅弗对父亲非常尊敬，他们拿了衣服给父亲盖上，还背着脸以免看见父亲赤身。

挪亚酒醒之后，知道了自己裸睡时三个儿子不同的表现，就诅咒含和他的儿子迦南，说迦南的后裔必将成为闪和雅弗后裔的奴隶。

挪亚诅咒含和迦南

### 附：挪亚至希伯的简要族谱

大洪水退去之后，挪亚又活了三百五十岁，在九百五十岁时死去。挪亚的三个儿子闪、含和雅弗的后代子孙，按着自己的族系居住在各地。大洪水以后，世界上的各国各民族都是从挪亚子孙的宗族中衍生出来的。

雅弗的儿子是歌篾、玛各、玛代、雅完、土巴、米设、提拉。歌篾的儿子是亚实基拿、利法、陀迦玛；雅完的儿子是以利沙、他施、基提、多单。这些人的后裔分散地居住在海边和近海的岛屿上，各人因循自己的方言、宗族，固守在自己的国土上。

含的儿子是古实、麦西、弗、迦南。古实的儿子是西巴、哈腓拉、撒弗他、拉玛、撒弗提迦、宁录。拉玛的儿子是示巴、底但。宁录是个英勇的猎人，而且是世上第一个英雄，由此有句俗语说："像宁录一样，在神面前是个英勇的猎人。"他开创了国家，开始是在示拿地的巴别（巴比伦）、以力、亚甲和甲尼；后又扩展到亚述，在那里建立了尼尼微、利河伯、迦拉各城。麦西生了路低、亚拿米、利哈比、拿弗土希、帕斯鲁细、迦斯路希、迦斐托，迦斯路希便是非利士人的祖先。迦南的长子是西顿，此外，还生了赫、耶布斯、亚摩利、革迦撒、希未、亚基、西尼、亚瓦底、洗玛利、哈马。后来迦南各族的人分散居住，分布较广。

闪的儿子是以拦、亚述、亚法撒、路德和亚兰。亚兰的儿子是乌斯、户勒、基帖、玛施。亚法撒生沙拉，沙拉生希伯，希伯即希伯来，希伯来人是以色列人的祖先或者前身。希伯生两个儿子：一个名叫法勒，一个名叫约坍。约坍生亚摩答、沙列、哈萨玛非、耶拉、哈多兰、乌萨、德拉、俄巴路、亚比玛利、示巴、阿斐、哈腓拉、约巴。法勒（跟希伯来语"分裂"拼写及发音相近）在世的时代，人类开始分裂。后世的以色列即传自法勒这一脉。

由闪开始直至希伯的寿命：

洪水以后两年，闪一百岁的时候生了亚法撒；之后又活了五百年。

亚法撒三十五岁时生了沙拉，之后又活了四百零三年。

沙拉三十岁时生了希伯，之后又活了四百零三年。

希伯三十四岁时生了法勒，之后又活了四百三十年。

巴别塔没有建成

## 变乱语言，人类分裂——巴比伦的通天塔

勇武的猎人宁录带领着他的宗族往东边迁移，在一个叫示拿的地方见到一片平原，便安顿下来，开始定居生活，逐步形成部落、建立城邦。

在平原上，建筑用的石料很难得到，他们就研究制造砖的方法，先把泥做成方块，再用火烧制。他们就拿砖当石头，又用沥青当灰泥，来建造房屋。

这种在当时最先进的建筑材料，使人类的建筑能力大大提高。宁录的人民为自己感到骄傲，他们说："我们要建造一座城池和一座通天的高塔，来传扬我们的赫赫威名；同时作为召集天下人的标记，以免人类分散。"

上帝看到人们齐心协力地建造城池和高塔，说道："人类言语相通，同心协力，如果建成了这座城和高塔，他们的高塔到达天上，还有什么事情是他们不能完成的？"

于是，上帝来到人间，变乱了人们的口音，使他们语言彼此不通。人们操着不同的语言，无法顺畅交流，思想无法统一，出现了争执与猜疑。工程停了下来，通天的高塔最终没有建成。

在示拿的平原上所造的这座城名叫"巴别"（与希伯来语"变乱"的拼写及发音相近），即著名的巴比伦城；那半途而废的塔就叫做"巴别塔"，即巴比伦塔。

人们按照不同的语言分裂成不同的部族，逐渐分散到各地。这时，正是宁录这辈人的下一代，也就是闪的后裔、希伯的儿子法勒的时代，这是人类分裂、分散的时代。

# 第二章
## 多国之父——亚伯拉罕

### 希伯至亚伯兰的简要族谱

希伯是希伯来人的始祖。他的儿子法勒三十岁时生了拉吴，之后又活了二百零九年，并且生养了其他子女。

拉吴三十二岁时生了西鹿，之后又活了二百零七年，并且生养了其他子女。

西鹿三十岁时生了拿鹤，之后又活了二百年，并且生养了其他子女。

拿鹤二十九岁时生了他拉，之后又活了一百一十九年，并且生养了其他子女。

他拉七十岁时，已经有三个儿子，分别是亚伯兰（后改名亚伯拉罕）、拿鹤、哈兰，他活了二百零五岁。

哈兰英年早逝，死在自己的出生地迦勒底（巴比伦一带）的吾珥。他的儿子叫罗得。

亚伯兰的妻子名叫撒莱，是他同父异母的妹妹；撒莱不能生育，没有为亚伯兰生孩子。

拿鹤的妻子名叫密迦，是他弟弟哈兰的女儿，他的侄女[1]。

---

[1] 按照古时部族的伦理来看，亚伯兰和拿鹤的婚姻都是很正常的。

他拉带着儿子亚伯兰、儿媳撒莱、孙子（哈兰的儿子）罗得，离开巴比伦的吾珥，要往迦南去；中途到了哈兰时，在那里定居下来。

## 亚伯兰家族的迁徙

亚伯兰是《圣经》中除了亚当和挪亚这些人类先祖以外，第一个神的先知，他坚定地信奉着上帝[1]。

一次，上帝对亚伯兰显现说："你要离开本地、本族、父家，往我所要指示你的地方去。我必叫你成为大国，我必赐福给你，尊你的名为大，你也要叫别人得福。为你祝福的，我必赐福与他；那咒诅你的，我必咒诅他。地上的万族都要因你得福。"

时年七十五岁的亚伯兰决心听从上帝的召唤，离开哈兰到上帝指示他的迦南去。

亚伯兰带着本族的族人和一支由数百名奴隶组成的卫队，经过几星期的跋涉后，走到当时的名城、地区贸易中心大马色（大马士革）。亚伯兰的人马在大马色进行了短暂的驻扎和休整，与当地人进行贸易并补充给养，又继续上路了。

经过长时间的艰苦跋涉，他们终于到了迦南的示剑，在摩利橡树那里安营扎寨。

这天，上帝向亚伯兰显现，说："我要把这地赐给你的后裔。"亚伯兰马上跪下默祷，并在那里设坛献祭。

[1] 后世学者多数认为，亚伯兰（亚伯拉罕）在古希伯来人中开创了对上帝耶和华的唯一崇拜。

亚伯兰一家

在示剑短暂停留后，亚伯兰率众人迁到路斯（后被以色列改名为伯特利）东边的山上。这座山西边是路斯城，东边是艾城。在那里，亚伯兰又为上帝立坛献祭。

那里的牧草吃光了，亚伯兰的部落就又开始新的迁徙。经过不断地迁徙，不断地南移，最后亚伯兰的部族到达了与埃及接壤的迦南南部的涅吉布。

传说中到处流淌着奶与蜜的迦南实际上没有那么好。在让人感到自由自在的高地上，土壤贫瘠，牧草稀疏，树木凋零，缺乏做饭的柴火，甚至连水都得到很远的地方去打。迦南还常常闹旱灾。亚伯兰部族在涅吉布时就遇上了饥荒，牧草全干死了，人和牲畜都面临渴死和饿死的危险，濒于绝境的亚伯兰只好带领部族进入埃及境内。

埃及地处尼罗河三角洲，土地肥沃，灌溉便利，一般的旱灾不足以构成对农业、畜牧业的重大威胁。因此，遭受旱灾的游牧民族常常来到这里。只要这些游牧部落在埃及老实本分、遵守和平，埃及人通常会给予方便。当然，这得以某种方式的代价作为报酬，比如游牧民族向埃及的统治者进贡金银财宝或者漂亮的女子。

亚伯兰的妻子撒莱是个天生的美人。一生走南闯北的亚伯兰知道妻子的美貌势必会引起埃及人的垂涎，稍有不慎，将给他带来杀身之祸，所以他郑重地对撒莱说："我知道你是个容貌出众的妇人。埃及人看见你，必会起歹意。他们会杀了我，留下你供他们玩乐。为了我们的性命，求你在外边说，你是我的妹妹。这样就可以保全我的性命了。"

撒莱是个温顺的女人，到埃及后，亚伯兰和撒莱便以兄妹相称。

没过多久，撒莱的美丽便出了名。法老的臣宰（宰相）借故招见亚伯兰兄妹，要亲自考察一番。他一见撒莱，就惊得话都说不清楚了。这臣宰为了讨好法老，就向法老述说这个外来的美女惊人的美貌，于是撒莱被召进宫去，法老一下子就迷恋上了她，对她百般恩宠。

亚伯兰由此被法老赏赐了许多牛、羊、骆驼、公驴、母驴和仆婢。

然而，埃及法老因夺人之妻受到了上帝的惩罚。埃及突然遭到可怕的天灾。法老召集群臣商议，才知道天灾的起因是他把一位希伯来部族首领的妻子纳入了后宫，从而激怒了希伯来人的神。法老召见亚伯兰说："你这是玩的什么把戏呀？你为什么不对我说她是你的妻子呢？"法老虽然很不高兴，不过害怕再一次得罪希伯来人的神，就折中处理，令亚伯兰部族离开埃及，回迦南去了。

## 援救侄子罗得

亚伯兰带领部族回到伯特利和艾之间的山上，也就是他们最早在迦南筑坛的地方，又像从前那样支起帐篷，扎好营盘，继续他们的放牧生活。

亚伯兰的侄子罗得那时已经结婚，而且有许多奴隶和牛羊。此时的伯特利显得很拥挤，两家的牧人常常因为水源和草地发生争执。亚伯兰就对罗得说："你我不可相争，你的牧人和我的牧人也不可相争，因为我们是亲骨肉。如今你已成家立业，我看是时候你要独立生活了。这样，你先选择。你如果向左，我就向右；你如果向右，我就向左。"

罗得选择向约旦河谷平原直到琐珥的地带进发。那里土地肥沃、水源充足，唯一美中不足的是那里住着臭名昭著的所多玛人。罗得家族的帐篷渐渐接近了所多玛人。

罗得离别亚伯兰后，耶和华对亚伯兰说："从你所在的地方，你举目向东西南北观看，凡你所看见的所有地面，我都要赐给你和你的后裔，直到永远。我也要使你的后裔如同地上的尘沙那样多；人若能数算地上的尘沙，才能数算你的后裔。你起来，纵横走遍这地面，因为我要把它赐给你。"

亚伯兰就搬了帐篷，来到希伯仑附近的幔利。他在茂密的橡树荫下支开帐篷，给上帝筑了一座新的祭坛。渐渐地，亚伯兰在迦南传教有了成效，当地亚摩利人幔利、以实各和亚乃三兄弟皈依了上帝，这三人都是各自部族的首领。

一天，一个伤痕累累的士兵骑马飞奔而来，向亚伯兰报告了一个可怕的消息：他是从战火中逃出来的，罗得一家被以拦国王基大老玛的军队俘虏了。

原来，在罗得安家放牧的死海南岸的绿色盆地内，除了所多玛和蛾摩拉之外，还有三座城。这几座城的统治者臣服于以拦国国王，顺从地给以拦国国王纳了十二年贡，到第十三年，他们发动了叛乱。

于是以拦国国王跟幼发拉底河流域其他三个国王结成联盟，讨伐叛逆者。叛军遭到惨败，所多玛和蛾摩拉的统治者战死，另外三个逃到山里去了。胜利者满载战利品，押着包括罗得家族在内的大批俘虏，正在归途中。

亚伯兰听到这个消息，立即率领三百一十八名家丁，拿起武器去营救侄子罗得及其家族。皈依上帝的幔利、以实各和亚乃三兄弟也率家丁加入了亚伯兰的军队。

以拦王等四王的军队在迦南北部叫做"但"的地方扎下营盘。这四支军队来自不同部族，操着不同语言；加之是战胜回师，所以营盘里一片混乱，没有一点儿纪律，士兵们被胜利冲昏了头脑，只知狂欢作乐，到了晚上横七竖八地醉倒在地，连个值夜的岗哨都没有安排。亚伯兰把自己的人划分成若干个小队，到了深夜，在同一时间从不同方向发动袭击，打得敌人措手不及，仓皇逃窜。亚伯兰率部追歼敌人，一直追到大马色城郊才回师。

所多玛等城邦的几个国王像迎接救命恩人一样迎接了亚伯兰。捧着面包和美酒出来迎接亚伯兰的，还有撒冷王兼最高祭司麦基洗德。麦基洗德和亚伯兰一样，也是上帝的信徒，他以上帝的名义向亚伯兰祝福："愿至高无上的上帝赐福与亚伯兰。至高无上的上帝把敌人交在您手里，是应当称颂的。"

亚伯兰把所得战利品的十分之一给了麦基洗德。

所多玛王对亚伯兰说："您只需要把我的人民给我，财物您自己拿去，以此表示我对您的感谢！"

亚伯兰说："我已经向至高无上的上帝神起誓：凡是你的东西，就是一根线，一根鞋带，我都不拿，免得你说'亚伯兰是靠我发财致富的'。只有仆人所吃的，并与我共同参战的亚乃、以实各、幔利所应得的那份，可以任凭他们拿去。"

## 亚伯兰纳妾产子

亚伯兰以少胜多、营救罗得这一战，使他在迦南的声名大振，威望越来越高，皈依上帝的人也日益增多，信众遍及迦南全境。但是他有一块越来越重的心病：他的妻子撒莱不育，家产和事业的继承人问题使他颇为苦恼。

根据希伯来人祖先的习俗，不能生儿育女的妻子应该给丈夫找个妾，丈夫和这个妾生下的儿子可以成为合法的继承人，享有全部长子权。不能生育的撒莱看见丈夫因为没有后代而痛苦，便起了怜悯之心，决定按祖先的习俗行事，选中了自己的埃及使女夏甲给亚伯兰做妾。

亚伯兰听从了妻子的话，娶了夏甲为妾。夏甲正当年华，血气旺盛，很快就有了身孕，亚伯兰对夏甲便增加了几分宠爱。夏甲也引以为傲，在撒莱面前渐渐忘记了自己的仆人身份，言行举止几番冒犯。

撒莱嫉妒恼恨，担心自己在家庭中的地位不保。她整天与亚伯兰恼气，认为这全是他造成的。亚伯兰被搞得心力交瘁，难以忍受，想尽快摆脱这些烦恼，索性对撒莱说："使女在你手下，你可以随意待她。"

撒莱于是虐待夏甲，夏甲不能忍受，离开亚伯兰家出走。她伤心至极，泪流满面，漫无目的地走在旷野里，不久来到了一个叫书珥的地方，疲惫得就在泉边的石阶上睡着了。

一位天使进入她的梦中，问她："撒莱的使女夏甲，你从哪里来？要往哪里去？"

夏甲说："从我的主母撒莱那里逃来，不知道应该到哪里去。"

天使指点她说："你应回到你主母那里去，继续服侍她。我必使你的后裔极其繁多，甚至不可胜数。你如今怀孕要生儿子，可以给他起名叫'以实玛利'（希伯来语"神听见"），因为上帝听见了你的苦情。你的儿子为人必像野驴。他的手要攻打人，人的手也要攻打他。他必住在众弟兄的东边。"

夏甲从梦中醒来，知道自己正处于走投无路的境地，不想再流浪了，于是听从了天使的吩咐，回到家中，向女主人撒莱悔过，主仆之间的关系暂时得到缓和。

夏甲很快就生产了，果然是个儿子，亚伯兰就按天使的意思为他取名叫"以实玛利"。

## 改名亚伯拉罕——多国之父

以实玛利十三岁那年，亚伯兰也九十九岁了。

有一天，上帝对亚伯兰显现说："我是全能的神，你当在我面前做完全人，我就与你立约，使你的后裔极其繁多，你要做多国的父。从此以后，你的名不再叫亚伯兰，要叫亚伯拉罕。因为我已立你做多国的父。我必使你的后裔极其繁多，国度从你而立，君王从你而出。我要与你和你世世代代的后裔立永远的约。我要做你和你后裔的神。我要将你现在寄居的迦南全地赐给你和你的后裔，永远为业，我也必做他们的神。"

亚伯兰这个名字是他的父亲、信奉多神教的他拉所取的，含义是"尊贵之父"，与美索不达米亚诸神之一的名字相同。上帝给他取的新名亚伯拉罕，含义是"多国之父"。亚伯兰改名，是表示和过去的多神教彻底决裂。由此，后世犹太教、基督教学者把对耶和华作为唯一神的崇拜追溯于他，奉他为"信仰的始祖"。

上帝又对亚伯拉罕说："你和你的后裔，必世世代代遵守我的约。你们世世代代的男了，无论是家里生的，还是在你后裔之外用银了从外人手中买的，生下来第八日都要受割礼，这样我的约就立在你们肉体上，作永远的约。这是我与你们立约的证据。不受割礼的男子，必从民中剪除，因他背了我的约。"

上帝又命令亚伯拉罕的妻子撒莱改名："你的妻子撒莱，不可再叫撒莱，她的名要叫撒拉。我必赐福给她，使你从她处得一个儿子；她也要做多国之母，必有君王从她而出。"撒拉就是"多国之母"的意思。

改名当天，亚伯拉罕给族内全体男子行了割礼。

## 上帝莅临做客

一天中午，亚伯拉罕坐在帐篷门口纳凉，不知不觉睡着了。突然，他听到一阵轻盈的脚步声，抬头观看，已有三个人在对面站着。亚伯拉罕以为是陌生的旅行者打门前经过，就跑过去迎接。他遵循部族的礼节，向他们鞠躬，请他们到家里做客。

亚伯拉罕看到三位来客相貌异伟，气度不凡。交谈几句之后，他才知道是上帝与两位天使，马上伏在地上，说："我主，我若在您眼前蒙恩，求您不要离开仆人往前去。容我拿点水来，你们洗洗脚，在树下歇息歇息。我再拿点饼来，你们可以加添心力，然后再赶路。你们既到仆人这里来，就请给仆人这个恩典吧。"

上帝说："就照你说的办吧。"

亚伯拉罕急忙进帐篷见撒拉，叫她去做饼；又跑到牛群里，牵了一头又嫩又好的牛犊来，交给仆人；仆人急忙宰杀，割下新鲜的牛犊肉。亚伯拉罕又取来奶油和奶，并把做好的肉端到上帝和天使面前；自己站在树下的毡子旁边看着客人们吃，与他们聊天。

上帝问亚伯拉罕："你妻子在哪里？"

"在帐篷里。"亚伯拉罕答道。

上帝又说："到明年这时候，我必要回到你这里；你的妻子撒拉必生一个儿子。"

撒拉躲在帐篷门口也听见了这话，不禁暗暗发笑，心里说："我俩都已老迈，岂能有这喜事呢？"亚伯拉罕那时已经老态龙钟，撒拉自己也早已断了月经，所以她听见那话就笑。

上帝赐福亚伯拉罕得子

上帝察觉到撒拉的笑，并听到了她心里的话，就对亚伯拉罕说："撒拉为什么暗笑说：'我既已衰败，我主也老迈，岂能有这喜事呢？'上帝难道有办不成的事吗？到了日期，明年这时候，我必回到你这里，撒拉必生一个儿子。"

撒拉害怕起来，否认说："我没有笑。"

上帝说："不，你笑了。"

吃完之后，三人就从亚伯拉罕家起行，要到所多玛去。亚伯拉罕送他们出来。上帝对亚伯拉罕说道："所多玛和蛾摩拉的罪恶深重，声闻于我。我现在要下去，察看他们所行的是否尽像我听说的一样，如果确实，我将把全城剿灭。"

亚伯拉罕站在上帝面前，向他跟前挪了一步，请问道："无论善恶，您都要剿灭吗？假若那城里有五十个义人，您还剿灭吗？不为城里这五十个义人而饶恕其他的人吗？将义人与恶人同杀，将义人与恶人一样看待，这断不是您所行的。"

上帝说："若在所多玛城里见有五十个义人，我就为他们，饶恕那地方的众人。"

亚伯拉罕说："我虽然是灰尘，但是敢对上帝说话。假若这五十个义人短了五个，您就因为短了五个而毁灭全城吗？"

"我在那里如见有四十五个，也不毁灭那城。"

"假若在那里见有四十个怎么办呢？"

"为了四十个，我也不做这事。"

"求上帝不要动怒，容我再问，假若在那里见有三十个怎么样呢？"

"我在那里若见有三十个，也不这样做。"

"我再请问上帝，假若在那里见有二十个怎么样呢？"

"为这二十个，我也不毁灭那城。"

"求主不要动怒，我再问最后一次，假若在那里见有十个呢？"

上帝仍然耐心地说："为这十个，我也不毁灭那城。"说罢，上帝就走了。


## 天降硫黄大火毁灭罪恶之城所多玛和蛾摩拉

上帝并没有亲自去所多玛，而是派了两个天使去那里。黄昏时分，两位天使到达所多玛城门下，在那里遇见了亚伯拉罕的侄子罗得。

罗得对他们鞠躬下拜，请他们到家里做客。两位天使熟知人间的礼节，和其他过路人一样婉言谢绝，推说还是在街上歇息为好。但罗得一再邀请，盛情难却，天使们答应了。罗得十分高兴，吩咐奴仆做好菜，烤了无酵饼，端出来给两位客人用。客人们吃过饭，罗得就给他们安排睡觉的地方。

两位天使还没来得及躺下，就听到外面吵吵嚷嚷，原来是所多玛城各处来的男人，有老有少，把罗得家的房子团团围住。他们呼喊罗得说："今天晚上到你这里来的人在哪里呢？把他们带出来，任我们所为。"两位天使当时都是男子的化身，所多玛的人要对他们胡为，就是鸡奸。

罗得认为保护客人是主人家的责任，这是祖上传下来的规矩。他走出去，顺手把门关上，站在众人面前哀求道："请你们不要做这恶事。我有两个女儿，还是处女，容我领出来，任凭你们的心愿而行，只是这两个客人既来到我家里，就求你们不要向他们做什么。"

所多玛的男人已经玩腻了女色，只有漂亮男子才能满足他们，不听劝阻，吵吵嚷嚷着硬往房门里闯。两位天使从门里伸出手来，将罗得拉进屋去，把门关上。天使略施小技，就让门外的人全都双目失明，摸来摸去总寻不到门，吓得心惊肉跳，哭叫着跑掉了。

两位天使看罗得是义人，就说出了自己的身份和此行的目的。他们吩咐罗得携妻带女，再加上两个未婚女婿，火速离开就要遭到毁灭的所多玛。罗得相信客人的话，他那两个未婚女婿却自作聪明，把这话当做笑谈。

天快亮了，该动身了，这时罗得也犹豫起来，他一再拖延，舍不得离开。两位天使只好拉着罗得及其妻女的手，把他们领出城门，向他们交代说："你们赶快逃命！不可回头看，也不可在平原上站住，要往山上逃跑，免得你们被剿灭。"

罗得对他们说："您看，前面那座城又小又近，容易逃到。求你容我逃到那里再动手吧。"那座城从此以后就叫"琐珥"，琐珥就是"小"的意思。

天使对他说："这事我也应允你，我不倾覆你所说的这座城，你要迅速逃到那里。因为你没有到那里，我就不能动手。"

罗得老两口和两个女儿气喘吁吁地跑到琐珥城时，天已经亮了。这时，上帝将硫黄与火从天上喷下来，射向所多玛和蛾摩拉。顷刻间，强烈的火光四面闪射，一股黑色的烟柱直冲天空，在高空才分散开来，形成蘑菇状。罗得的妻子走在最后边，当听到一声闷响时，一种瞬间产生的强烈好奇使她忘记了天使的告诫，忍不住回头看。但是她刚一回头，一下子就僵硬了，皮肤像在硫酸里浸过，先是变白，接着变黑，又变白，整个尸体好像一根盐柱。

亚伯拉罕此刻也已经起了床，站在昨天下午与上帝说话的地方向所多玛方向瞭望，只见那地方烟气上腾，如同烧窑一般。

罗得看到妻子死得如此悲惨，就不敢在平原的琐珥城住了。他想到天使告诉他山上是安全的，就带着他的两个女儿向山上走。

罗得的妻子化为盐柱

　　罗得与两个女儿逃到琐珥附近的山上，与她们住在一个山洞里。罗得的妻子刚刚去世，而两个女儿的未婚夫婿因不信天使的话没有一同出逃，与所多玛的人们一同成了灰烬。

　　罗得没有子嗣，于是他的大女儿对小女儿说："我们的父亲老了，这山里又没有外人来，我们可以叫父亲喝酒，然后与他同寝，这样好为他存留后裔。"

　　于是那天晚上她们叫父亲喝酒，待罗得失去了意识后，大女儿就进去与父亲同寝。她几时躺下，几时起来，父亲都不知道。

　　第二天，大女儿对小女儿说："我昨夜与父亲同寝，今夜我们再叫他喝酒，你可以进去与他同寝。这样，我们好为父亲存留后裔。"

　　于是那天晚上她们又叫父亲喝酒，小女儿与她父亲同寝。她几时躺下，几时起来，父亲都不知道。

　　这样，罗得的两个女儿都怀了孕。大女儿生了儿子，起名叫"摩押"，就是摩押人的始祖。小女儿也生了儿子，起名叫"便亚米"，就是亚扪人的始祖。


## 撒拉生子，夺得长子权

　　上帝应许亚伯拉罕，要撒拉为他生子，亚伯拉罕由此常常眷顾撒拉，不久，撒拉果然有了身孕。

　　到了上帝给亚伯拉罕许诺的那一天，撒拉果然产下了一个男婴。亚伯拉罕给这个孩子取名叫"以撒"。算起来亚伯拉罕此时已经一百岁，妻子撒拉也九十岁了。

　　以撒生下来的第八日，亚伯拉罕照着过去与上帝的盟约，给以撒行了割礼，作为遵守上帝律法的纪念。给以撒断奶那天，亚伯拉罕摆出丰盛的筵席，大宴宾客。

以撒虽然算嫡出，应当享有家产的继承权，但毕竟比夏甲所生的儿子以实玛利小很多，长子权到底归谁，并非笃定的事。撒拉年纪已大，加之高龄生产，血气更亏得厉害，万一突然间死去，儿子的地位如何还不好说。

一天，撒拉看见以实玛利在帐篷外与邻居的孩子嬉戏打闹，四顾无人，就对亚伯拉罕说："你把这使女和她的孩子赶出去！因为这使女的儿子不可与我的儿子以撒一同继承产业。"

亚伯拉罕当下没有回话，为此十分忧愁。正在左右为难的时候，上帝对他显现了，告诉他："你不必为这童子和你的使女忧愁，凡撒拉对你说的话，你都该听从，因为撒拉生的，才要称为你的后裔。至于使女的儿子，我也必使他的后裔成立一国，因为他是你所生的。"

第二天清早，亚伯拉罕拿出一袋饼和一皮袋水给夏甲，搭在她肩上，又把孩子交给她，打发她出了家门。从此，父子再没有团聚见面。

夏甲似乎早有心理准备，听到主人要打发自己离去，并不感到震惊，默默地接受了命运的安排，带着孩子走了。走了不知多长时间，可怜的夏甲在荒野里迷了路，皮袋中的水也喝完了。眼看着母子二人陷入了绝境，夏甲再也按捺不住长期压抑的情绪，把孩子撇在小树底下，自己走开约一箭之遥，相对孩子坐下，放开嗓门号啕大哭："我可怜的儿子，我不愿看见你死啊！"孩子见妈妈哭，自己也哇哇哭起来。母子俩的哭声传到天上，上帝听见了，就派使者从天上呼叫夏甲说："夏甲，你为何这样呢？不要害怕。上帝已经听见童子的声音了。起来！把童子抱在怀中，我必使他的后裔成为大国。"

夏甲这才镇静下来，止住了号哭。她擦干眼泪后，就看见一口水井

夏甲及其子被逐出家门

管家在水旁与利百加相遇

出现在面前，她爬下去将水袋盛满了水，拿回来给儿子喝。得救的母子在沙漠中找到一个地方安顿下来，独立过起了日子。

以实玛利渐渐地长大了，成了一名技艺超群的弓箭手，常常带着猎物满载而归。他时常去埃及军中供职，母亲为他娶了一个埃及姑娘为妻 [1]。

## 亚伯拉罕的晚年

亚伯拉罕决定再一次迁徙。他带领部族来到了迦南的基列亚巴，也就是希伯仑，他曾在那儿的盆地中幸福平安地生活过。不过很不幸，撒拉在那里去世了，可能是长途跋涉加速了她的死亡。撒拉享寿一百二十七岁。

妻子死后，亚伯拉罕显得越加老迈，他想自己有生之年应为以撒娶亲。他不愿意儿子娶赫人或者迦南人，因为娶赫人或迦南人会给他家带来异族的血统，带来异教信仰。亚伯拉罕早就得知他的兄弟拿鹤至今还生活在哈兰，一共有八个儿子，都已成家立业，于是，派他忠实能干的管家以利以谢去哈兰，想在拿鹤的家族内为以撒寻觅一个合适的配偶。

以利以谢到哈兰以后，不负亚伯拉罕重托，为以撒选中了拿鹤的一个孙女——漂亮可爱的利百加。由于以撒是亚伯拉罕晚年才生的儿子，所以与利百加年龄差距不大，但按照辈分，利百加应该喊以撒叔叔，不过按当时的部落风俗，这门婚事是完全正当的。

---

[1] 阿拉伯人至今认为他们的始祖是以实玛利，并且相信以实玛利和他母亲埋葬在麦加的卡巴黑石——伊斯兰教最神圣的圣物之下，这个传说收入《古兰经》。

上帝考验亚伯拉罕

以撒娶了利百加

以撒娶利百加的那一年四十岁，他的老父亲已经一百四十岁了。亚伯拉罕把大部分家事交给了以撒。为了减轻晚年的孤独，他决定再次结婚，娶了一个叫基土拉的女子为妻。基土拉又连续给他生了六个孩子，这六个孩子又给他生了众多孙子孙女。

亚伯拉罕晚年正式分配了他的遗产。考虑到子孙众多，老亚伯拉罕按照希伯来人的传统明确了以撒的长子权，将绝大部分家产都给了他，以保证财物的相对集中，使家族具备进一步发展的潜力，在生存竞争中立于不败之地。

同时，亚伯拉罕给他庶出的众子分了一定的财物，作为他们独立生活的基础，打发他们朝迦南以东的方向走去，因为那里还有许多未被占领的水草地带，可供他们牧养牲畜。

在一百七十五岁的那一年里，亚伯拉罕终于无疾而终。

他死了以后，远在埃及的以实玛利也赶回迦南为父亲送葬。这是他长大成人以后，第一次也是最后一次瞻仰到父亲的容貌。

# 第三章
## 以色列——与神较力

## 雅各争夺长子名分

以撒与利百加结婚以后，夫妇非常恩爱，但是他们结婚十九年了还没有能够生下子女，以撒也遇到了他父亲曾经为之万分苦恼的事情。他祷告上帝，求万能的神赐给他们后代。上帝应许了他的祈求，利百加怀孕了。快足月的时候，利百加的身子显得特别沉重，她告诉丈夫自己腹中有两个小生命。

这两个小生命很不老实，常常互相争斗、踢打，使利百加增加了数倍的痛苦，只得向上帝祷告。

上帝对她说："两国在你腹内，两族要从你身上出来；这族必强于那族，将来大的要服侍小的。"

生产的日子到了。先下地的孩子身体发红，浑身有毛，如同穿了裘皮衣，以撒就给他起名叫做"以扫"，就是"有毛"的意思。后下地的弟弟两只小手紧紧地抓住他哥哥的脚跟，于是以撒给这个儿子起名叫做"雅各"，就是"抓住"的意思。

以撒当父亲的那一年刚好六十岁。

两个孩子渐渐长大成人，不熟悉的人一点也看不出他们是孪生兄弟，因为他们从外表到禀性一点也不相像。

以扫长得又矮又粗，膀大腰圆，身上长满了金黄色的毛。他生性好斗，喜欢开粗鲁的玩笑，直爽但容易发火。他整天在外打猎，或者和牧人们在牧场上打发时光。他根本不关心自己的衣着仪表，不修边幅，身上穿的衣服常发出汗味和羊膻味。他理解的生活就是广阔的天地、阳光和自由。他饿了就吃，渴了就喝，困了就睡，没有想过明天会怎样。他流荡在外，从不管家务事，经常从田野里打回猎物来孝敬父亲以撒。

雅各完全是另外一种人。他勤于管家理事，是母亲利百加的好帮手。他处事三思而后行，多谋善断，从不莽撞，显得文静高雅、精明干练。

父亲以撒喜欢粗犷的以扫，而精明的雅各是母亲利百加的宠儿。按照希伯来人的规矩，长子在家庭中享有较高的地位，父亲的遗产绝大部分都归长子所有。雅各是个深谋远虑的人，知道自己身为次子，处于不利的地位，因此处心积虑，想扭转这种局面。

有一天，烈日炎炎，燥热无比，雅各在帐篷外边的橡树下熬红豆汤。以扫从外面回来，饥渴难耐，几乎就要晕倒了。他远远地闻到香味就冲过去，对雅各说："我又渴又饿，受不了了，你把这汤给我喝吧！"

雅各看他那副急不可耐的样子，心中一动，就说："想要喝汤，你得把长子的名分让给我。"

以扫一听，毫不犹豫地说："让给你就让给你吧。我都要渴死了，这长子的名分，对我有什么好处呢？"

雅各心中窃喜，立刻对以扫说："你要对我起誓！"

于是，以扫为一碗红豆汤，对雅各起誓，把长子的名分给了他。

希伯来人的誓言是不可以随便更改的。雅各见哥哥起了誓，就拿出饼，又盛了一碗红豆汤给以扫，以扫便津津有味地吃起来。吃完，他满足地擦擦嘴，回自己的帐篷里休息去了。

## 争夺父亲临终祝福

以扫违反族规，娶了两个外族的赫梯女子，这让父亲以撒和母亲利百加非常不悦，但父亲以撒依然对他宠爱有加。

后来，希伯仑闹旱灾，上帝指示以撒迁到非利士人居住的基拉耳王国。以撒的父亲亚伯拉罕在这儿居住时，曾与基拉耳国王亚比米勒结下深厚的友谊，因此亚比米勒非常照顾以撒。

以撒年老，视物模糊，看不清东西，决定赶紧把身后的大事定下来。

一天，他把以扫叫到身边说："我儿，我如今年事已高，不知道哪一天就死了。你听我说，现在你带上箭囊和弓，到野外去打点儿猎物来，按照我的喜好，做几样野味给我吃，我好在未死之前给你祝福。"以扫按照父亲的吩咐去野外了。

利百加知道后，赶忙把雅各找来，对他说："我听见你父亲对你哥哥以扫说：'你去打点猎物回来，做几样野味给我吃，我好在未死之前给你祝福。'我儿，你照我的吩咐，到羊群里牵两只肥山羊羔来，我按照你父亲平日的喜好做出来，你送去请他吃，使他在未死之前把祝福给你。"

雅各对母亲说："我哥哥以扫浑身有毛，我身上是光滑的，如果我父亲摸着我，一定会认出我不是以扫，他会认为我欺骗他，到时候得到的恐怕不是祝福，而是诅咒。"

利百加胸有成竹地对雅各说："我儿，你若遭到诅咒，让它们都应验到我身上。你只管去把羊羔拿来给我，我自有办法。"

雅各按照母亲的吩咐将羊羔拿来给她。利百加就按照以撒的喜好做成美味佳肴，然后取出以扫的衣服给雅各穿上，又用山羊羔皮包住雅各的手上和颈项的光滑处，最后把美味的菜肴和饼端来交给雅各，让雅各送去给他父亲。

雅各进入父亲的帐篷里，走到他身边叫了声："父亲。"

以撒答道："我在这里。我儿，你是谁？"

雅各对他父亲说："我是您的长子以扫呀，我已照您的吩咐做好了野味给您。您坐起来，吃我的野味吧，吃完了，好给我祝福。"

以撒心生疑问："这猎物打得也未免太快了。"就问，"我儿，你怎么这么快啊？"

雅各机智地答道："因为上帝，您的神，使我遇到好机会，所以出门没多久就打到了。"

以撒还是不放心，又说："我儿，你靠近点儿，我摸摸你，看你真是我的大儿子以扫不是？"

雅各就靠近他父亲，以撒摸着他说："声音是雅各的声音，手却是以扫的手。"

以撒又问："你真是我儿以扫吗？"雅各回答："我是。"

于是以撒让雅各把食物递给他，吃完之后，雅各又递酒过去，以撒也喝了。

以撒对雅各说："我儿，你上前来与我亲吻。"

雅各就上前与他父亲亲吻。以撒闻到雅各衣服上的气息，就认定他是以扫，便开始给他祝福："我儿的香气如同上帝赐福之田地的香气一样。愿上帝赐你天上的甘露，地上的肥土，并许多五谷新酒。愿多民侍奉你，多国跪拜你，愿你做你弟兄的主，你母亲的儿子向你跪拜。凡咒诅你的，愿他受咒诅；为你祝福的，愿他蒙福。"

就这样，以撒为雅各祝福完毕，雅各夺取了本属于哥哥以扫的福分。

雅各走后，以扫才打猎回来。他把打回来的猎物做成野味给以撒送

以撒祝福伪装成以扫的雅各

来，叫道："请父亲起来，吃您儿子的野味，吃完以后好给我祝福。"

以撒大为震惊，问道："你是谁？"

"我是你的长子以扫呀。"以扫疑惑地回答。

以撒说："你未来之前，是谁得了野味拿来给我呢？我已经吃了，为他祝福，他将来也必蒙福。"

以撒这才明白，哀叹道："你兄弟已经用诡计将你的福分夺去了！"

以扫恨恨地在父亲面前抱怨："雅各都干了什么事？他欺骗了我两次，先是夺去了我长子的名分；您看，他现在又夺了我的福分。"

以扫非常懊恼，过了一会儿，抱着一线希望问："您没有留下给我的祝福吗？"

以撒叹了口气回答说："我已立他为你的主，使他的弟兄都给他做仆人，并赐他五谷新酒可以养生。我儿，现在我还能为你做什么呢？"

以扫还不甘心，他深知父亲对自己的偏爱，就边哭边哀求："父亲啊，你只有一样可祝福的吗？我父啊，求你也为我祝福。"

以撒发现以扫哭着哀求他的窘态，忽然明白，以扫头脑简单，没有心机，的确难以担当领导族人的重任，把对长子的祝福给了雅各，对自己的民族未尝不是一种福气，于是释然了，心里渐渐原谅了雅各的欺骗。

但是，以撒为了安抚以扫，也为他祝福说："地上的肥土必为你所住，天上的甘露必为你所得。你必倚靠刀剑度日，又必侍奉你的兄弟，到你强盛的时候，必从你颈项上挣开他的轭。"


## 雅各梦天梯


以扫见雅各早先骗去自己长子的名分，如今还用诡计夺去了父亲给自己的祝福，因此非常痛恨这个狡诈的孪生弟弟，心想："父亲眼看天年将尽，待他去世以后，我就杀了雅各，出了我胸中这口恶气。"但以扫太没心机，竟把自己这想法告诉了别人，这话就传到利百加耳朵里。

利百加连忙派人把雅各找来，对他说："你哥哥以扫想要杀你报仇雪恨，现在，我儿，你要听我的话，逃往哈兰我哥哥拉班那里去住些日子。等你哥哥怒气消了，忘了你对他所做的事，我便打发人去把你带回来。我可不想看你们兄弟自相残杀，在同一天为你们两人服丧。"

利百加不想让以撒再为此事忧心，就骗他说："以扫娶了这两个赫梯女子以后，我感到厌烦透了；倘若雅各也像他那样娶个赫梯女子回来，我要怎么活啊？不如让雅各到我的哥哥拉班家去，在那里定一门亲事吧。"

听了妻子利百加的话，以撒觉得很有道理，同意把雅各送到他舅舅拉班家去。他叫了雅各来，说："你不要娶迦南女子为妻，你到你舅舅拉班家里去，在他的女儿中娶一个为妻。愿全能的神赐福给你，使你生养众多，成为多族。将应许亚伯拉罕的福赐给你和你的后裔，使你承受你所寄居的地为业，就是上帝赐给亚伯拉罕的地。"

雅各在父母的安排下，背上行囊，独自一人踏上前往哈兰的舅舅拉班家的路。

一天晚上，在一整天的跋涉后，雅各打算找地方休息。他捡了一块石头当枕头，躺下一会儿就睡着了。雅各梦见一个梯子立在地上，梯子的头顶着天，上面有上帝的使者上上下下。最后，上帝出来，站在梯子的顶端，说："我是上帝——你祖父亚伯拉罕的神，也是以撒的神。我要将你现在躺卧之地赐给你和你的后裔。你的后裔必像地上的尘沙那样多，向四面八方扩展。地上万族必因你和你的后裔得福。我也将与你同在，保佑你，引领你，总不离弃你。"

雅各在荒野梦天梯

雅各从梦中醒来，感到非常惧怕，说："上帝真在这里？我竟不知道。这地方何等可畏，这是神的殿，是天的门。"

雅各清早起来，把所枕的石头立成柱子以做纪念，并往石柱上洒了橄榄油。那地方原来名叫"路斯"，雅各将它改成"伯特利"，就是希伯来语"神殿"的意思。

雅各还许愿说："神若与我同在，在我所行的路上保佑我，再给我食物吃，衣服穿，使我平平安安回到我父亲的家，我就必以耶和华为我的神，我所立为柱子的石头也必做神的殿，凡您所赐给我的，我必将十分之一[1]献给您。"

## 牧羊换妻

雅各傍晚时分到了哈兰城外。城门外的田野中有一口井，许多哈兰人聚在井边等着饮羊。他们或坐或站，或靠或依，三五成群地在谈天说地，还有一位青年坐在石阶上吹长笛，笛声绵长悠扬，与大漠西下的斜阳相映成趣。[2]

雅各打量了周围的情境后，来到聚在那里的几位牧人跟前，打听舅舅拉班。他说："劳你们大驾，我想向你们打听一点事儿。"

[1] 这便是后来一直延用到中世纪的什一税制度的起源。
[2] 井是沙漠民族的生命，也是沙漠小城的广场、公园，希伯来民族的许多故事都是在井边发生的。亚伯拉罕的爱妾夏甲两次出走都是在旷野里的井边得救。希伯来人每到一个新地方，最重要的就是要找井、挖井；他们为井与外族争斗，又在井边与他们媾和。几十年前，正是在哈兰城外的这口井边，雅格的母亲利百加遇到了亚伯拉罕的仆人，奠定了与以撒的终身姻缘。

那几位听他的口音不是本地人，就说："远道而来的客人，您请讲。"

"你们可认识拿鹤的孙子拉班？"

"我们认识。"

"他平安吗？"

"平安。"牧羊人们一边回答，一边张望，然后又说，"看哪，他女儿拉结赶着羊群走过来了。"其中有一个人老远就喊："喂！拉结，你们家来客了。"

雅各顺着他们手指的方向望去，见远处一位窈窕女子，手拿羊鞭，驱赶着羊群向这边走来。她红色的头巾迎风微微飘起，透着青春的活力。

拉结走过来，雅各先介绍了自己，拉结看着这位远道而来的表哥，也落落大方地走过来，与他行相见的礼，与他亲吻。

雅各看时间还早，就劝等在那里的牧人："日头还高，不是羊群聚集的时候，你们不如饮完羊，再趁早出去放一放。"

"饮羊？"那几位牧羊人指着井口的大石头说，"说得倒容易，这石头没有七八个小伙子是搬不动的。"原来哈兰人为了保护井里的水，白天就用大石头把井盖上，到傍晚人聚齐了，再一起动手挪开石头，挨个饮羊，饮完了，又齐心协力把那块石头移回去盖上。

"让我来试试。"雅格走上前去，撩起衣服的下摆扎在腰带里，弓下腰一使劲，石头就离开了井口。这使在场的人都赞叹不已。

拉结先跑回去把雅各到来的消息报告给父亲拉班。拉班听见自己的外甥来了，就到城外与他相见，互相拥抱亲吻后，领着他回了家。

时光如梭，转眼间雅各在舅舅家已经住了两个月。这段时间里，雅各帮着舅舅干了不少活，他的勤奋、细致、谨慎和聪明深得拉班的好感。拉班就对雅各说："你虽是我的骨肉，怎么能够白白服侍我、为我干活呢？请你告诉我，你要什么工价？"

雅各与拉结

拉班有两个女儿，大女儿叫利亚，长相一般，双目无光，显得没有什么灵气，小女儿就是美丽的拉结。雅各此行本有娶妻的目的，早已爱上小表妹拉结，只是苦于没有机会向舅舅提亲。今天拉班既然提起工价，雅格就说："舅舅，我爱小表妹拉结，我想娶她为妻。舅舅，您若同意，我愿意服侍您七年。"

拉班心里盘算着："这个交易很划算，反正女儿迟早都要出嫁，先让他免费给我当七年的长工再说。"于是一副很爽快的样子答应说，"我把她嫁给别人还不如嫁给你呢。就这么说定了。"

雅各为了自己心爱的女人，就实心实意地服侍了拉班整整七年，聪明能干的他成为拉班的得力助手。

七年过去了，雅各对舅舅拉班说："您向我许诺的日期已经满了，求您把我的妻子给我，我好与她同房。"

拉班满口答应。择定良辰吉日，拉班在家大摆筵席，宴请了当地所有的亲朋好友，一同庆祝雅各跟女儿的新婚之喜。但是到了晚上，拉班把大女儿利亚送到新房冒充新娘，还将婢女悉帕给利亚做使女。

在婚礼的宴席上，雅各满心欢喜地接受大伙的轮番敬酒。按照风俗，新郎晚上进入洞房时要黑灯，醉醺醺的雅各就这样与新娘同房了。

第二天早上，雅各醒来一看，才发现与自己同床的竟是利亚，就气冲冲地去质问拉班："您对我做了些什么事呢？我辛辛苦苦地服侍了您七年，不都是为了拉结吗？您为什么欺骗我？"

拉班早有准备，振振有词地说："大女儿还没有嫁人，先把小女儿嫁了，我们这里没有这个规矩。你如果真心爱拉结，等你与利亚新婚满了七日，我可以将拉结嫁给你，不过你要再服侍我七年。"

为了拉结，雅各只好接受了拉班的安排。

利亚新婚满了七日，拉班便将女儿拉结嫁给雅各为妻，又将婢女辟拉给女儿拉结做使女。雅各终于得偿所愿，娶到了自己心仪许久的女子。他遵守自己的诺言，又服侍了拉班七年。

雅各本来爱的就是拉结，因此利亚根本得不到丈夫的爱，上帝就给她以补偿。利亚接连为雅各生下四个儿子：长子流便，二儿子西缅，三儿子利未和四儿子犹大。拉结却始终不能生育，十分嫉妒姐姐。无奈之下，拉结把自己的使女辟拉送给丈夫为妾，让她代自己为丈夫生孩子，辟拉给雅各生下两个儿子，分别取名为"但"和"拿弗他利"，都归在拉结名下。

就这样，利亚和拉结两姐妹开始了相互争斗。利亚的使女悉帕也为雅各生下两个儿子，取名为"迦得"和"亚设"。之后，利亚自己又生下两个儿子和一个女儿：儿子萨迦、西布伦和女儿底拿。后来拉结也出人意料地为雅各生下了小儿子约瑟。

## 雅各归乡

拉结生下约瑟后，雅各服侍拉班的期限已满。雅各对拉班说："请让我带妻子和儿女回到我的家乡去吧。我是怎样服侍您的，相信您都很清楚。"

雅各这些年来给拉班家带来了大量财富，拉班当然不想让雅各走，就挽留他说："我如果在你眼前蒙恩，请你仍与我同住。我知道，上帝赐福与我全是你的缘故。至于工价，你说多少是多少。"

雅各想了想说："我没来之前，您的羊很少，现在您的羊群满坡，上帝随我的脚步赐福给您。如今，我什么时候才能为自己兴家立业呢？"

拉班说："我给你什么，你才能留下来？"

雅各回答："你什么也不必给我，但是你需要答应我一件事，我就仍旧帮你牧放羊群。今天我要走遍你的羊群，把绵羊中凡是黑色的，山羊中有斑点的都挑出来，将来这类羊就归我，算是我的工价。以后你来查看我的工价，如果我的羊群中绵羊有不是黑的、山羊不是有斑点的，就算是我偷你的。这样便可证明出我的公义来。"

那时拉班的羊群中绵羊多数是白色的，山羊也没有几只有斑点的，拉班就说："好啊，就按照你说的来办。"

当日，拉班把有斑的、有纹的公山羊，有点的、有纹的母山羊和黑色的绵羊全部挑出来，交给他的儿子们来牧养，雅各则开始牧养拉班其余纯白的羊。拉班让儿子们牧养的有斑的、有点的、有纹的羊和雅各牧养的纯白的羊相离三天的路程。

雅各当然没有拉班想得那么简单，他这么做自有一番道理。他拿杨树、杏树、枫树的嫩枝，将皮剥成白纹，使枝子露出白的来，将剥了皮的枝子对着羊群，插在饮羊的水沟和水槽里，羊来喝水的时候，对着树枝交配，生下的羊羔就是有纹的、有点的或黑色的。到肥壮的羊交配的时候，雅各就把树枝插在水沟里，使羊对着树枝交配；而到瘦弱的羊交配的时候就不插树枝。雅各把这些有纹和黑色的羊羔分出来，把自己的羊赶到另一处，不叫它们和拉班的羊混杂。这样，瘦弱的就归拉班，肥壮的就归雅各。

就这样又过了六年，渐渐地，雅各的羊群规模越来越来大，他变得富有起来，不但拥有了许多羊群，还拥有了很多仆婢、骆驼和驴。这引起了拉班儿子们的不满，他们对别人说："雅各把我们父亲所拥有的都夺去了。他还不是靠我们父亲才发达起来的？"

这话传到了雅各耳中，他也明显感到岳父对自己一家的态度大不如前了。此时，上帝在梦中给了他启示："你要回你祖你父之地，到你亲族那里去。我必与你同在。"

雅各就对拉结和利亚说:"我看你们父亲对我的脸色大不如前了,但我父亲的神与我同在。你们也知道,我尽了我的力量服侍你们的父亲,你们的父亲欺骗我,十次改了我的工价。然而上帝不容他害我,他如果说:'有点的归你作工价。'羊群所生的都有点。他如果说:'有纹的都归你作工价。'羊群所生的就都有纹。这是上帝把你们父亲的牲畜夺来赐给了我。我在梦中看见羊群交配,见跳母羊的公羊都是有纹的、有点的或黑色的。上帝的使者在梦中叫我的名字,说:'雅各,你举目观看,跳母羊的公羊都是有纹的、有点的或黑色的。拉班对你的所作所为我都看见了。你离开这地方,回你的祖籍去吧。'"

利亚和拉结说:"在我们父亲家里哪还有我们的产业,我们不是被他当做外人了吗?因为他卖了我们,吞了我们的价值。上帝从我父亲那里所夺去的财物,就是我们和我们的孩子们的。你只管按照上帝吩咐你的去做吧。"

为了避免拉班的阻挠,雅各打算偷偷离开,他和妻子们暗自做着准备。到了剪羊毛的季节,拉班全家去野外剪羊毛,雅各就一早起来,唤醒妻子和孩子们,让他们都骑上骆驼,带上他这些年来付出辛苦得来的一切牲畜和财物,踏上了回迦南他父亲领地的路。

临行前,拉结背着所有人悄悄偷了他父亲家的神像。

他们浩浩荡荡一队人,带着财物和牲畜,越过伯拉大河,往基列山的方向行进。在他们离开的第三天,有人把雅各逃离哈兰的消息告诉了拉班。拉班听说后,带着众弟兄前来追赶,追了七天,在基列山追上了雅各的队伍。那天夜里,上帝托梦给拉班说:"你要小心!不可与雅各说好说歹。"

拉班追上了雅各。他们各自搭建帐篷停下来,拉班对雅各说:"你做的这叫什么事？你背着我离开，又拐走我的女儿们，这和用刀剑掳去有何不同？你何必偷偷摸摸地逃走呢？你该告诉我一声，叫我可以欢歌跳舞、击鼓奏乐地为你饯行。你连让我与外孙和女儿们告别的机会都不给我，你干的真是蠢事。我并非没有能力害你，只是你父亲的神昨夜让我不要伤害你，我才就此罢休。你想回故乡去，情有可原，但是，为什么还要偷我的神像呢？"

雅各对拉结偷神像的事并不知情。听完岳父这番话，他松了一口气，就说："我担心你把你女儿从我手中夺去，所以才逃跑的。至于你的神像，你可以随便搜，若搜出来就不容他存活。当着众兄弟的面你认一认，在我这里有什么东西是你的，尽管拿去。"

拉班进了雅各、利亚和两个使女的帐篷，都没搜出什么来，接下来进了拉结的帐篷。拉结已经把神像藏在骆驼的驮篓里，于是坐在那上头。拉班在帐篷里翻了个遍，也没有找到，拉结对她父亲说："现在我身子不便，不能在您面前站起来，求我主不要生气。"就这样，拉班竟没能搜出神像。

这时一直隐忍的雅各，知道自己有理，便怒斥拉班说："我做错了什么？犯了什么罪，你竟这样火速追我？你摸遍了我一切的家具，搜出什么来了？咱们把话说清楚，让各位兄弟评评理。我在你家这二十年，你的母绵羊、母山羊没有掉过胎；你羊群中的公羊，我没有吃过；被野兽撕裂的，我没有拿来给你，而是由我自己赔上。无论白天黑夜，受尽酷暑寒霜，睡觉都不得合眼。我这二十年在你家里，为你的两个女儿服侍你十四年，为你的羊群服侍你六年，你又十次改了我的工价。若不是我父亲以撒所敬畏的神，也就是亚伯拉罕的神与我同在，你如今必定打发我空手而去。上帝看见你对我的所作所为，知道我的苦情和劳碌，才在昨夜责备你。"

拉班自知理亏，就转变了态度，回答雅各说："这女儿是我的女儿，这些孩子是我的孩子，这些羊群也是我的羊群，凡在你眼前的都是我的。对我的女儿和她们所生的孩子，我能怎么样呢？来吧，你我二人可以立约，作为你我和解的证据。"

雅各就拿一块石头立作柱子，又让众兄弟捡来石头堆成一个石堆，大家聚在石堆边吃喝。

拉班说："今日以这石堆为证。我们分开以后，愿上帝在你我中间鉴察。你若苦待我的女儿，或再另娶妻妾，即使没有人知道，却有上帝在你我中间作见证。"

拉班接着说："你看好我在你我中间所立的这石堆和柱子，它们都是证据。我必不过这石堆去害你，你也不可过这石堆和柱子来害我。但愿亚伯拉罕的神和拿鹤的神，即你父亲的神，在你我中间判断。"

雅各就指着父亲以撒所敬畏的神起誓，然后在山上献祭。当天夜里，便在山上住宿。

拉班清早起来，与他外孙和女儿一一吻别，给他们祝福，就回去了。


## 雅各梦中与神较力，改名以色列

雅各带领全家进入迦南境内，途中遇见神的使者，便在那里搭起帐篷驻扎，并将此地命名为"玛哈念"。此地临近他的哥哥以扫的领地西珥（又称以东地）。此时的以扫，已经是西珥统治者，雅各想到自己曾经欺骗过哥哥，想必他依然怨恨自己，如今到了他的地盘，雅各担心哥哥会加害自己，不敢贸然前去见他。经过反复的考虑，雅各先打发人去见以扫，吩咐他们说："你们对我主以扫说：'你的仆人雅各这样说，我

拉班与雅各起誓

在拉班那里寄居直到如今。我有牛、驴、羊群、仆婢，现在打发人来报告我主，为要在你眼前蒙恩。'"过了两天，打发去的人回来了，回禀说："我们到了你哥哥以扫那里，他带着四百人，前来迎接您。"

雅各心里非常害怕，以为哥哥兴师动众来报复他。但是他马上使自己镇静下来，开始部署应对哥哥的方法。他把那些跟他在一起的人和羊群、牛群、骆驼分成两队，这样以扫若来击杀这一队，剩下的一队还可以逃避。

当天夜里，他从自己所有财物中挑选礼物，准备送给他哥哥以扫：母山羊二百只，公山羊二十只，母绵羊二百只，公绵羊二十只，奶崽子的骆驼三十头各带着崽子，母牛四十头，公牛十头，母驴二十匹，驴驹十匹。每样各分一群，交在仆人手下。他嘱咐仆人："你们要在我前头分成三批依次过去，每群牲畜之间要隔开一段距离。"

他吩咐先走的仆人："你见到我哥哥以扫，对他说：'这是您的仆人雅各送给我主以扫的礼物，他自己也在我们后边。'"又吩咐第二、第三批赶牲畜的人，让他们遇到雅各时说同样的话。

送礼的队伍安排在最前面过去了。当天夜里雅各就在队中住宿。夜半时分，他起身带着两个妻子，两个使女，十二个儿女，将他们送到约旦河的雅博渡口，他先打发所有人过去，最后只剩下自己一个人。

恍恍惚惚之间，有一个人来和雅各摔跤，直到黎明，那人见自己胜不了雅各，就在他的大腿窝摸了一把。当雅各再与那人摔跤，大腿窝就扭了。

那人说："天亮了，让我走吧。"

雅各说："你不给我祝福，我就不让你走。"

那人问："你名叫什么？"

他说："我叫雅各。"

雅各与神较力

那人说："你不要再叫雅各了，改叫'以色列'吧。因为你与神较力，都胜了。"[1]

雅各说："请将你的名字告诉我。"

那人说："何必问我的名字？"于是那人为雅各祝福。

原来，与雅各摔跤的正是上帝。雅各便给那地方起名叫"毗努伊勒"，意思是"神之面"。

日头刚出来的时候，雅各经过毗努伊勒，他的大腿就瘸了。因此以色列人不吃大腿窝的筋，这风俗一直延续至今。


## 兄弟重逢

过了约旦河不远，以色列举目眺望，只见以扫带着四百名随从迎面走过来了。以色列依然心有戒备，他把两个使女和她们所生的孩子安排在最前头，利亚和她的孩子紧随其后，拉结和小儿子约瑟被安排在最后头。

以色列在家人之前先过去，一连七次俯伏在地，向哥哥叩头请罪，然后才接近他。没有想到以扫早已将过往的恩怨抛诸脑后了，他跑来迎接以色列，拥抱他，搂住他的脖子亲吻他。阔别已久的兄弟终于重逢，两人都放声大哭。

以扫举目看见女人和孩子们，就问："同你一起回来的是些什么人呢？"

以色列说："这些孩子是上帝施恩给您的仆人的。"

[1] 以色列的希伯来文含义即为"与神较力"，希伯来人从此又称为以色列人。

雅各与以扫相会

于是两个使女和她们的孩子们，利亚和她的孩子们，还有约瑟和拉结都依次前来下拜，行见面礼。礼毕之后，以扫又问："我所遇见的这些成群的牲畜是什么意思呢？"

以色列回答说："是要在我主面前蒙恩的。"

以扫推辞说："兄弟啊，我已经很富有了，这些东西，你还是收回去吧。不必这么客气。"

以色列说："不，我若在你眼前蒙恩，就求您收下这礼物，因为对我来说，见了您的面就如同见了上帝的面，况且您还接纳了我。求您收下我带来的礼物，因为上帝恩待我，使我富足。"

在以色列再三请求下，以扫才收下礼物。

以扫说："跟我一起回去吧，我前头领着你。"

以色列向来谨慎，还是不敢轻信以扫，跟他回去，就对他说："我主知道孩子们年幼娇嫩，牛羊也正在乳养的时候。若是催赶一天，牲畜都会死光。求我主在仆人前头走，我要量着我的畜群和孩子们的能力慢慢地前进，直走到西珥我主那里。"

以扫说："那就让我留几个随从在你这里，听你使唤。"

以色列推辞说："何必劳烦呢？只要在我主面前蒙恩就是了。"

以扫当天便起程回西珥去了。以色列随即掉转方向，前往迦南地的示剑城，那里是希未人的地盘。他在城东搭建帐篷，然后用一百块银子，向示剑王哈抹的子孙买下那块地，在那里为自己建造房屋，又为牲畜搭棚。因此那地方得名叫"疏割"，就是"棚"的意思。

## 血洗示剑城，逃入伯特利

回到迦南的时候，利亚给雅各生的女儿底拿，在家没有姐妹陪伴，就到城里去找希未人的女子玩耍。

底拿正值豆蔻年华，端庄秀丽，非常出众。一天，示剑王哈抹的儿子示剑遇见了她，立刻被她深深吸引。示剑是一个骄纵的纨绔子弟，他纠缠底拿不成，竟强行挟持她，将她玷污了。

底拿受辱，不停地哭泣，示剑是真心地喜欢底拿，便温言软语地安慰她，但她无法平静。示剑就去求他父亲，说："求你为我聘这女子为妻。"

示剑王见儿子做出这样的事，没有办法，也只有如此，况且对方还是以色列族长的女儿，如果处理不当，很可能引起两族纷争。于是，他赶紧带着仆人和厚礼到以色列家提亲。

以色列听说示剑玷污了他唯一的女儿底拿，心中异常悲愤，但那时他的儿子们都在田野里放养牲畜，他便沉默不语，打发人去把他们叫回来。以色列的儿子们听说这个消息，个个气愤不已，立刻放下手里的活儿，赶回家去。示剑竟对以色列的公主做出这种事，让以色列人蒙羞，他们怎么能容忍？

哈抹与他们商议说："我儿子示剑非常爱慕底拿，所以干出了这样的蠢事，事已至此，也没有别的办法，就求你们将她许给我儿子为妻。你我彼此结亲，我们可以娶你们的女儿，你们也可以娶我们的女儿。这样你我两族亲如一家，你们可以和我们同住。这地方都在你们面前，你们只管安心在此居住，做买卖，置产业。"

示剑也讨好底拿的各位兄弟说："但愿我能在你们眼前蒙恩，得到宽恕，你们向我要什么，我都给你们。不管你们要多重的聘金和礼物，我必照你们所说的给你们，只要把底拿嫁给我为妻就好。"

以色列人是不与外族人通婚的，况且以色列的儿子们对示剑恨之入骨，怎么能同意将底拿嫁给他？可是他们都按捺住心里的怒火，按在回家路上商量好的对策，骗示剑和哈抹说："我们不能把我们的妹妹嫁给没有受割礼的人为妻，那是我们的羞辱。除非你们答应一件事——你们所有的男丁都和我们一样受割礼，我们才能把女儿给你们，也娶你们的女儿，我们便与你们同住，两下成为一样的人民。不然，我们就带着妹子走了。"

哈抹和他的儿子示剑想，事情若能这样顺利解决，既能让示剑娶到心爱的女人，又能与实力雄厚的以色列联姻，有何不可？就欣然同意了他们的提议。于是他们决定改变自己的信仰，并对全体男丁实行割礼。

示剑迫不及待地想要娶底拿为妻，就尽快开始行动，召集本城的人到城门口，说："以色列人与我们和睦相处，不如允许他们在这里居住，做买卖；这地方也宽阔，足以容下他们，我们可以娶他的女儿为妻，也可以把我们的女儿嫁给他们。只有一件事我们必须做，他们才肯答应和我们同住，成为一样的人民。这就是我们中间所有的男丁都和他们一样，要受割礼。只要这样，他们的畜群、货物、财产和一切的牲口，不就都归我们了吗？只要依从他们，他们就与我们同住。"

听了示剑的一番话，全城无一人反对，于是，凡是要从城门出入的男丁都受了割礼。就在他们沉浸在和亲的美梦当中，忍受着伤口的阵阵疼痛之时，以色列的两个儿子，就是底拿一母所生的哥哥西缅和利未，手持刀剑，出其不意地来到城中把一切男丁都杀了。然后他们又用刀杀死了哈抹和他儿子示剑，把妹妹底拿从他家带走了。以色列的其他儿子为了替妹妹报仇雪耻，就将示剑城掳掠一空，夺走了希未人的羊群、牛群和驴和田间收获的一切，还抢走了他们的一切财物、妇女和孩子。

事后以色列才知道这事，他没有想到儿子们会做到如此地步，就责怪西缅和利未说："你们连累了我，使我在这地方的居民中，就是在迦南人和比利洗人中有了臭名，我的人丁稀少，他们必然联合起来击杀我，我们全家的人都必灭绝。"

两个儿子不服气地说："怎么能让他像对妓女那样白白玷污了我们的妹妹？就得让他们付出代价。"

不管怎样，示剑已经没有以色列的容身之地。这时上帝指示以色列，让他去伯特利，就是他年轻时逃往哈兰的路上梦见天梯的地方。于是，在上帝的庇佑下，以色列举家迁往伯特利，在那里，他给上帝筑了一座神坛，命名为"伊勒伯特利"，就是"伯特利之神"的意思。

上帝再次现身，赐福以色列，让他正式改名为"以色列"。以色列在上帝与他交谈的地方立了一根石柱，用酒水祭奠，洒上橄榄油。在那里，拉结生下了以色列的第十二个也是最后一个儿子便雅悯，因难产而死。

没过多久，以色列的父亲以撒寿数已到，离开人世，享年一百八十岁。以色列赶回希伯仑，与哥哥以扫一同料理父亲后事，把父亲安葬在亚伯拉罕和撒拉长眠的麦比拉洞中。


## 约瑟被卖

以色列在迦南的伯特利定居下来，转眼间，孩子们都已长大，他最宠爱的约瑟也都已经十七岁了。

约瑟跟他的哥哥们一同牧羊，跟他姨娘辟拉、悉帕的儿子们常住在一处。

因为约瑟的母亲是以色列心爱的妻子拉结，所以以色列对约瑟非常偏爱，哥哥们对此都很不满，非常嫉恨他。约瑟还经常向父亲报告哥哥们的劣迹，甚至还将大哥流便与姨娘辟拉私通的事告知父亲，以色列对约瑟就更加钟爱了，还特意为他做了一件彩衣。

有一天，约瑟做了一个梦，第二天早上无所顾忌地告诉了哥哥们："我昨晚做了一个梦——我们在田里捆麦子，我的麦捆在中间站着，你们的麦捆围着我的下拜。"

哥哥们都气愤地质问他："你这是什么意思？难道你真要做我们的王吗？难道你真要管辖我们吗？"因为这事儿，哥哥们越发恨他了。

后来约瑟又做了一个梦，这次他又当着父亲的面向他哥哥们炫耀："我又做了一个梦，梦见太阳、月亮，以及十一颗星向我下拜。"

他父亲就责备他说："你做的这是什么梦！难道我和你母亲、你弟兄，也要俯伏在地，向你下拜吗？"

哥哥们对他的嫉恨又加深了，父亲虽然一时生气，却将这话放在了心里。

约瑟的哥哥们前往示剑去牧放父亲的羊群，唯独约瑟留在家里。哥哥们一连出去好几天，以色列不放心，就对约瑟说："你的哥哥们不是在示剑放羊吗？我要打发你往他们那里去。你去看看你的哥哥们平安不平安，羊群平安不平安，然后回来报信给我。"

约瑟按父亲的吩咐，前往示剑。到了示剑，他在田野里四处寻找，没有找到哥哥们，自己却迷了路。有认识的人见到他，就问他："你找什么？"

约瑟回答："我找我的哥哥们，求你告诉我，他们在哪里放羊。"

那人说："他们已经走了，我听见他们说，要往多坍去。"

约瑟就按那人所说的赶紧去追赶，果然在多坍遇到了哥哥们。

哥哥们远远地看见约瑟，趁他还没有走到跟前，大家商量着要害死他。他们彼此说："你看，那做梦的来了。来吧，我们将他杀了，丢在一个坑里，就说有猛兽把他吃了，看看他的梦将来怎么实现。"

大哥流便虽然因约瑟向父亲告密非常恨他，但若要杀死自己的亲弟弟，于心不忍，就劝阻弟弟们说："我们不能害他的性命。不可流他的血，可以把他丢在这野地的坑里，不可下手害他。"流便是想先救约瑟逃脱他们的毒手，然后再想办法将他带回到父亲以色列身边。

等约瑟到了，他的哥哥们剥了他的外衣，就是他穿的那件彩衣。年幼的约瑟，被这意外的袭击搞得不知所措，还没有弄清楚怎么回事，就被哥哥们丢进坑里，还好那坑是空的，里头没有水。

到吃饭时，大哥流便先去看羊群，让其他兄弟们先吃，他们只顾自己吃饭，完全不理会坑里苦苦哀求的约瑟。这时，正好有一伙米甸的以实玛利商人经过，他们从基列来，用骆驼驮着香料、乳香、没药，要带到埃及去卖。

犹大看到这队商人，便对众兄弟说："我们杀掉我们的兄弟，有什么益处呢？不如将他卖给以实玛利人，毕竟他是我们的兄弟，不可下手害他。"众兄弟觉得这计策不错，就听从了他。于是，他们叫住那些商人，把约瑟从坑里拉上来，经过讨价还价，以二十舍客勒银子的价钱将约瑟卖给了以实玛利人。他们就把约瑟带往埃及去了。

流便回来吃饭，到坑边一看，见约瑟不在里面，待众兄弟告诉他发生了什么事之后，他见事已至此，也没多说什么，只好想着要怎样才能与父亲交代。吃完饭，他撕裂约瑟的彩衣，回到兄弟们那里，说："童子没有了，我们要怎么跟父亲交代？不如就说他在田野里迷了路，被野兽吃了。"

约瑟被其兄弟卖到埃及

于是他们宰了一只公山羊，把约瑟的那件已经撕裂的彩衣染了血，打发人送到他们的父亲那里说："我们捡了这个，请认一认，是你儿子的外衣不是？"

以色列一眼就认出那彩衣，用颤抖的双手捧着衣服，伤心地说："这是我儿子的外衣，有恶兽把他吃了，约瑟被撕碎了！撕碎了！"

以色列便撕裂了衣服，腰间围上麻布，为他儿子哀悼多日。

儿子们回到家中，假装悲痛地哀悼约瑟，还一起安慰父亲。以色列却无论如何不肯接受安慰，对家里人说："我必悲哀着下阴间，到我儿子那里。"随即继续哀哭不止。

而此时，约瑟已经被米甸的以实玛利人带到埃及，卖给了法老的内臣护卫长波提乏。


## 从奴隶到家臣

约瑟被卖以后，以实玛利人把他带到埃及，被法老的内臣护卫长波提乏买去。

约瑟虽然沦落为他人的奴隶，但是上帝耶和华与他同在，保佑他事事顺利。约瑟本来就聪明伶俐，深知自己处境非比从前，在主人家更是行事谨慎、事事小心。主人交代给他的事，他都能圆满完成，不管事情有多难办，只要交给约瑟，都可以迎刃而解；别人办不到的，约瑟都能办到。因此没过多久，约瑟就在主人面前蒙恩，深得信任，波提乏让他管理家中的事务，将一切都交由他打理，自己一概放手不管了。耶和华因约瑟而赐福给他主人的家，赐给他们更多的财富。

约瑟生得秀雅俊美，又精明干练、少年老成，波提乏的妻子竟爱上了他，向他眉目传情，暗中勾引他。后来见约瑟不为所动，她竟按捺不住，直接对约瑟说："你与我同寝吧！"

约瑟断然不从，对主人的妻子说："这万万不行，我绝不能做对不起主人的事。看哪，一切家务，我家主人都不知道，他只把所有的事都交在我手里，在这家里仆人中没有比我权力大的。并且他没有任何一样东西不交给我，除了您，因为您是他妻子。我怎么能做这样罪大恶极的事，触犯神灵呢？"

但是约瑟义正言词的拒绝，并没有让那妇人就此罢休，她几乎天天缠着约瑟，约瑟却不听从，不与她同寝，还尽量躲着她。

有一天，约瑟进屋里办事，屋里没有一人，那妇人就趁机一把拉住他的衣服，不知羞耻地说："你与我同寝吧！"约瑟急忙挣脱，也顾不上衣服丢在她手里，就慌张地跑了出去。

那妇人见约瑟如此，于是由爱生恨，恼羞成怒。她拿着衣服叫来家里人，对他们说："你们看，这个希伯来人，闯进我们家里，要戏弄我们。他到我这里来，要与我同寝，我就大声喊叫，他听见我放声喊起来，就把衣裳丢在我这里，跑到外边去了。"

那女人就把约瑟的衣裳作为把柄，等波提乏回来，向他告状说："你看你带回来的那个希伯来仆人，竟跑进来要戏弄我，我放声喊起来，他就把衣裳丢在我这里，跑出去了。"

约瑟的主人波提乏听信了妻子的话，非常生气，便将约瑟打入法老关押囚犯的狱中。

约瑟蒙冤进了监狱，但上帝与他同在，向他施恩，使他在司狱的眼前蒙恩。司狱见他为人正直，就把所有囚犯都交到约瑟手下，让他代为管理狱中事务。凡在约瑟手下的事情，司狱一概不问。于是，在上帝的庇佑下，约瑟虽在狱中，却诸事顺利。

## 从囚徒到臣宰

在约瑟管理的犯人里，有两个原来是法老的酒政和膳长。他们因得罪了法老被关进监狱，正好与亚瑟在同一个牢房。

有一天晚上，酒政和膳长各做了一个梦，不知道如何解梦。早上约瑟巡视牢房，看到他们俩都一副闷闷不乐的样子坐在牢里，就关心地问他们："请问，你们今日为什么面带愁容呢？"

酒政和膳长就对他说："我们昨晚各做了一个梦，没人能解。"

约瑟说："解梦不是需要上帝的指引吗？请你们将梦告诉我吧。"

酒政便说："我梦见在我面前有一棵葡萄树，树上有三根枝子，好像发了芽，开了花，上头的葡萄都熟了。法老的杯在我手中，我就拿葡萄挤在法老的杯里，将杯递到他手中。"

约瑟略加思考，领悟出梦的意义，他告诉酒政，三根枝子就是三天，三天之内法老将释放他出狱，官复原职，递杯子到法老手中，像先前做酒政时一样。酒政一听这话，满心欢喜，约瑟借机请求他说："在你得意之时，但求你在法老面前帮我说句好话，救我出这监狱。我是被希伯来人卖到这里的，现在又遭人陷害，沦落至此。"

膳长见梦解得好，也赶忙对约瑟说了自己的梦："我在梦中见我头上顶着三筐白饼，最上面的筐里，有为法老烤的各种食物，有飞鸟来吃我头上筐里的食物。"

约瑟也帮他解释道："你的梦可以这样解释——三个筐也是三天，三天之内，法老必斩断你的头，把你挂在木头上，必有飞鸟来吃你身上的肉。"

到了第三天，事情果然按照约瑟预言的那样发生了。酒政官复原职，膳长惨遭杀害。然而，重新得势的酒政将约瑟的请求忘得一干二净。

两年过去了，有一天法老做了一个奇怪的梦。他先梦见自己站在河边，看见有七头母牛从河里上来，又好看又肥壮，在芦荻中吃草。随后，又有七头母牛从河里上来，又丑陋又干瘦，与前面那七头母牛一同站在河边。这又丑陋又干瘦的七头母牛吃掉了那又好看又肥壮的七头母牛。

梦醒之后，法老再次入睡，就做了第二个梦。他梦见一棵麦子长了七枝麦穗，茁壮而金黄。随后又长了七枝麦穗，细弱而枯干。这七枝细弱的麦穗吞了那七枝肥大又饱满的麦穗。

法老心中非常不安，召来全国上下的术士和博士，却无一人能帮他解梦。这时，酒政才想起当初为他释梦的约瑟，为了邀宠，便将约瑟解梦的经过告诉了法老。法老一听，立刻差人前去狱中释放约瑟，带到他身边。

法老给约瑟原原本本地讲述了自己的梦，约瑟听了，胸有成竹地给法老解释道："您的两个梦其实意义相同，这是上帝的启示。他已经把自己将要做的事情指示给您了。七头肥壮的母牛和七枝沉甸甸的麦穗都表示七年，是七个丰收年；七头干瘦的母牛和七枝细弱的麦穗，是七个荒年。上帝要告诉法老的是，埃及全国必将迎来七个大丰年，随后就是七个大荒年。那随后七年的饥荒，非常严重，使全埃及的人都忘了曾经有过丰收年。至于法老两次做梦，是上帝在催促您尽快做好准备。您应当挑选一个聪明能干的人，派他治理埃及。还要派官员到各地任职，在这七个丰年里，征收地里出产的五分之一，积蓄五谷，运到各城，由法老您亲自掌管，以备荒年之需。只有这样，埃及才不会为饥荒所灭。"

法老和他的大臣们听了约瑟的一番话，都连连称是。

法老对大臣们说："像这样的人才，有上帝的灵在他身体里头，多难

约瑟为法老解梦

得啊。"

法老当着众人的面对约瑟说："上帝既将这事指示给你，可见没有人像你这样聪明睿智。我现在封你为臣宰，你可以掌管我的国家，除了宝座上的我之外，我的人民都听从你的命令。"接着法老走下宝座，摘下手上象征权力的戒指，戴在约瑟的手上，还亲手给他穿上细麻衣，把金链戴在他的脖子上，完成了册封约瑟为臣宰的仪式，给了他治理整个埃及的权力。没有约瑟的命令，任何人不得擅自行事。

法老又带着约瑟出巡，载他在副车上。喝道的在前面呼叫："跪下！"所有的百姓就都跪下，拜见法老和新任命的臣宰。

法老还赐名给约瑟叫"撒发那忒巴内亚"，又将安城的大祭司波提非拉的女儿亚西纳指配给他为妻。这时，约瑟已经三十岁了。

约瑟上任之后，开始到埃及各地巡行，走遍了埃及每一个地方。七个丰年里，埃及各地丰收连连。约瑟按计划将出产粮食的五分之一聚敛在一起，储存在各个城里。积蓄的五谷，如同海边的沙，不可胜数。

这期间，约瑟的两个儿子相继出生。大儿子的叫"玛拿西"，就是"使之忘了"的意思。因为约瑟说："上帝使我忘了一切的困苦和我父的全家。"次子叫"以法莲"，就是"使之昌盛"的意思。因为约瑟说："上帝使我在受苦的地方昌盛。"

随后，七个荒年如期而至。不光埃及，各地都有饥荒，灾情非常严重，只有埃及有粮食。因为约瑟之前的准备，埃及没有人饿死。不久，各地的人纷纷来到埃及买粮，其中也包括曾经卖掉约瑟的他的哥哥们。

## 兄弟埃及重逢

那时候，各地都出现饥荒，约瑟的故乡迦南的灾情非常严重，存粮所剩无几。以色列听说埃及有粮食，就召集儿子们来商议，说："你们还彼此观望什么？我们不能坐以待毙。我听说埃及有粮食，你们可以到埃及去买些粮食回来，以解燃眉之急。"

于是，约瑟的十个哥哥听从父亲的吩咐到埃及去买粮，但是以色列把约瑟的弟弟便雅悯留在身边，没有让他跟哥哥们一起去。因为当年痛失约瑟，让他心有余悸，他害怕便雅悯与哥哥们同去会有什么三长两短。

十兄弟长途跋涉来到埃及，掌管粮食的正是他们的弟弟约瑟。十几年过去，他们万万没有想到，会在这样的情境之下遇到被自己贩卖的弟弟。他们面见约瑟，向他下拜，脸伏于地。曾经的少年已经成为精明能干的男子汉，并且是管理一国的臣宰，操着异国的语言，他们完全没有认出约瑟，约瑟却一眼就认出了他的哥哥们。

此情此景，让约瑟百感交集，心中五味杂陈，但心中积聚最多的还是久别重逢，见到亲人的喜悦。他看着哥哥们给自己下拜，十几年前做的梦浮现在脑海中。这岂不就是梦中的情景？

但是，哥哥们曾经对自己的所为，让他不得不按捺住心中的感情，先要考验一下他们。于是约瑟装做不认识他们，厉声问道："你们从哪里来？"

他们说："我们是从迦南来贵国买粮。"

约瑟呵斥他们说："撒谎！你们是来我国窥探虚实的奸细。"

哥哥们一听，赶忙申辩："不是的！我主啊，仆人们并不是奸细。"

约瑟坚持说："不对。你们这么多人成群结队，肯定是来探听虚实的。"

哥哥们惶恐地解释说："仆人们本是弟兄十二人，是迦南那个地方一个人的儿子，顶小的现在在家中跟父亲在一起，还有一个弟弟早年夭折了。"

约瑟说："既然你们这么说，我指着法老的性命起誓，如果你们的小兄弟不能被带来这里，就证明你们在撒谎，你们就不能离开这里。现在需要打发你们当中一个人回去，把你们的兄弟带来，好证明你们说的是真话。我只能先把你们囚禁在这里。如果你们的弟弟来不了，我以法老的性命起誓，一定把你们当奸细严惩。"

约瑟把哥哥们关进监狱里。到了第三天，约瑟对他们说："我是敬畏上帝的，你们照我说的去做，就可以活命。你们如果是诚实的人，可以留下你们中间一个人做人质，其他的人可以先带着粮食回去，解救家里的饥荒。然后把你们的小兄弟带来，我便可以相信你们，让你们平安回去。"

众兄弟只得按约瑟的要求而行。他们不由得想起当年合谋贩卖约瑟的场景，十分懊悔。他们有的人就说："我们在兄弟身上实在有罪，他向我们哀求时，我们看出他心里的愁苦，却不肯听，所以现在苦难降临到我们头上了。"

大哥流便抱怨说："我不是对你们说过不可伤害那孩子吗？可是你们不听，现在报应到了。"

就在他们自己忏悔的时候，他们丝毫没有回避约瑟，因为约瑟平时与他们沟通都是通过通事（翻译）进行，他们以为约瑟听不懂他们在说什么。但是这些话深深触动了已至中年的约瑟，他有些按捺不住，赶忙转身离去，痛哭了一场。最后，他在众兄弟中挑出西缅留下。

　　约瑟背地里吩咐人装满哥哥们的粮袋，把各人买粮的钱币都分别放回他们的口袋里，还给他们带上路上吃的食物。

　　第二天一早，哥哥们就赶着驮满粮食的牲口，离开埃及回家去了。

　　赶了一天路，太阳落山时，他们找了地方投宿。其中一人打开口袋，要拿料喂驴，才发现自己的钱币仍在口袋里。他赶紧告诉了众兄弟，大家纷纷打开口袋查看，都发现了自己的钱币。他们心中惶惑，战战兢兢地彼此说："这是什么意思？上帝要对我们做什么呢？"

　　他们就这样一路提心吊胆地赶回了迦南，将在埃及的遭遇详细地告诉了父亲以色列，包括约瑟让他们把小兄弟带去做证据换回西缅的要求。

　　以色列听了他们的话，看到一个个装满粮食的口袋和全部退还的钱币，也感到很害怕，不知道是什么意思。他对儿子们说："你们使我失去了两个儿子，约瑟没有了，西缅也没有了，又要将便雅悯带去，你们还让我活吗？"

　　流便对他父亲说："我父，我若不把便雅悯带回来交给您，您可以杀我的两个儿子。请放心把他交给我吧，我们一定带他平安回来见您。"

　　以色列叹了口气，凄凉地说："我不能让我儿子跟你们去。他哥哥约瑟死了，只剩下他，他要是在跟你们去埃及的路上也遇害了，那你们不是要我这白发苍苍的老头悲悲惨惨地下阴间去吗？"听到这话，众兄弟心中惭愧，也不好强求，只得作罢。


## 兄弟埃及相认

　　然而，迦南的饥荒非常严重，从埃及运回来的粮食很快就吃光了。人们再次面临饥饿的威胁，老以色列就对儿子们说："你们再去买些粮来。"

犹大对他说:"当初埃及臣宰曾反复告诫我们:'你们的兄弟不来,你们别想再见我的面。'您若让便雅悯跟我们同去,我们就去买粮;你若不让他去,我们也没法去,因为去也是白去。"

以色列无奈地问:"你们为什么这样害我,告诉那人你们还有兄弟呢?"

兄弟们解释说:"那人怀疑我们是奸细,详细询问我们的身世背景,他问:'你们的父亲还在吗?你们还有兄弟吗?'为了买粮,我们就如实告诉了他。谁能料到他会要求我们把便雅悯带去呢?"

犹大接着说:"您就让弟弟跟我们一起去吧,只有这样才能买回粮食,不然我们以色列人就都要饿死了。我可以担保,如果我不能带他回来交给您,我情愿承担一切罪责。倘若我们没有耽搁,现在第二趟都已经回来了。"

为了人局着想,以色列只好忍痛答应了他们的请求。他行事谨慎,嘱咐儿子们说:"如果必须带便雅悯去,你们要这样做——挑选迦南的土产中最好的乳香、蜂蜜、香料、没药、榧子、杏仁,各备一些,带去埃及,献给那位臣宰作礼物。你们要加倍地带钱,还要把上次退给你们的钱币带上,主动还给他,上次可能是弄错了。你们可以带上便雅悯,一同去见那位臣宰。但愿全能的上帝能使你们在那人眼前蒙怜悯,释放你们的兄弟西缅,让你们一起带着便雅悯回来。"

最后,老以色列叹了口气,有气无力地说:"有什么办法呢?若上帝注定要我丧子,那就这样吧。"

于是,九兄弟带着礼物、钱币以及便雅悯再次来到埃及,觐见约瑟。约瑟见到便雅悯与哥哥们一起来了,就吩咐家宰说:"将这些人领到家里,宰杀牲畜,预备筵席,中午我要与他们一起吃饭。"

家宰奉命而行,带众兄弟去臣宰府。兄弟们见自己被带到臣宰家中,都很害怕，私下揣测说："领我们进到这里来，必是为上次归还我们的钱币找我们的碴儿，扣留我们，夺去我们的驴，强迫我们为奴。"

他们就站在约瑟家的门口，对约瑟的家宰说："我主啊，我们上次来确实是要买粮，投宿时我们打开口袋，不料各人的钱币分毫未动，仍在各人的口袋内，现在我们又带回来了。我们还带了更多的钱币来买米。不知上次是谁把钱币装在我们口袋里的。"

家宰为了打消他们的疑虑，就说："你们可以放心，不要害怕，那是你们的神和你们父亲的神赐给你们的财宝，你们的钱币我早已收了。"他还把西缅带来交给他们，又吩咐仆人为他们打水洗脚，给他们草料去喂驴。

等约瑟回来，众兄弟马上向他呈上礼物，又俯伏在地上向他下拜。约瑟问他们好，又问："你们的父亲还平安健在吗？"

兄弟们回答："您的仆人、我们的父亲很平安，他还健在。"说完又再次低头下拜。

约瑟看见他同母的兄弟便雅悯，问："这位就是你们的小兄弟吧？"

他又对便雅悯说："小伙子呀，愿上帝赐福给你。"说着，约瑟的爱弟之情一时无法自控，他急忙转身离开，大哭了一场。

心情平复后，约瑟吩咐仆人摆饭。仆人们为约瑟单独摆了一桌席，给以色列人摆了一桌席，也为和约瑟一同吃饭的埃及人摆了一桌席。因为埃及人厌恶与以色列人同桌吃饭。

约瑟按照长幼次序为众兄弟排列坐席，次序排列竟一丝不差，这使他们感到很诧异。约瑟把自己的食物分给他们，但便雅悯所得的比别人多五倍。约瑟还与他们一起饮酒。

众兄弟并未敢多耽搁，他们要尽快回去，让年迈的父亲安心，带回粮食解救以色列的人民。约瑟就吩咐家宰说："把粮食装满这些人的口袋，只要他们的驴子能驮得动，就尽量多装一些。把各人的钱币装回各人的口袋里，并将我的银酒杯和买粮的银子一起放到那位年龄最小的少年人的口袋里。"家宰按照约瑟吩咐的做了。

天一亮众兄弟就出发了。他们刚刚出城不远，约瑟就让家宰去追他们，问他们说："你们为什么以恶报善呢？为什么要偷我主人占卜用的银酒杯？你们怎么能这样作恶？"

众兄弟回答说："我主为什么这样说话呢？你的仆人们断不会做这样的事。我们从前在口袋里发现的钱币尚且从迦南带回来还给你们，又怎么会从你主人家里偷窃金银呢？你可以搜，如果在我们之中谁的口袋里搜出来，就叫他死，我们都做你主人的奴仆。"

家宰说："那就搜吧，如果在谁的口袋里搜出来，他就在我主人家做奴仆，其余的人无罪。"

家宰便开始逐一搜查，最后银酒杯竟在便雅悯的口袋里搜出来。众兄弟气得撕裂了衣服，只好又带上驼粮队跟家宰返回。

犹大和他的兄弟们进去见约瑟，俯伏于地拜见他。约瑟对他们说："你们做的是什么事啊？你们难道不知道，像我这样的人必能占卜吗？"

犹大无可奈何地说："我们实在无话可说，现在我们百口莫辩。上帝已经查出仆人的罪孽了，我们与那在他手中搜出银酒杯的人都是我主的奴仆。"

约瑟说："我断不能这样做。在谁的手中搜出银杯，谁就做我的奴仆。至于你们，可以平平安安地回到你们父亲那里去。"

犹大向前一步，挨近约瑟说："我主啊，求您不要发怒，容仆人说一句话。我们的父亲年事已高，他最疼爱晚年所生的两个小儿子，其中一个已经死了，他们的母亲也已经去世，就剩下您面前的这个，他是我们父亲的命根子。我们临来之前，他曾说：'我的一个儿子已经没了，若你们把这个也带走，让他也遇害，那便是让我这白发苍苍的老头悲悲惨惨地下阴间去了。'如果失去了小儿子，我父亲必然也活不了了。求我主慈悲为怀，让仆人留下代替弟弟做您的奴仆。让他同兄弟们一起回去，不然我们有什么脸面见父亲啊？就求您怜悯我们的老父亲吧。"

听了犹大情真意切的肺腑之言，约瑟情不自禁放声大哭，甚至连法老家中的人都听到了。最后，他对兄弟们说："我就是约瑟。"

众兄弟都说不出话来，不敢相信这是真的，惊慌失措。

约瑟又对他们说："请你们近前来，我就是约瑟，被你们卖到埃及的兄弟。现在你们不要因为把我卖到这里而自忧自责了，这一切都是上帝的安排。现在这里的饥荒已经有两年了，还要持续五年。上帝差我在你们之前来，为要给你们留余种在世上，又要大施拯救，保全你们的生命。上帝让我在埃及如法老的父，做他全家的主，并做埃及全国的宰相。

"你们赶快回到父亲那里，对他说：'您儿子约瑟现在主宰埃及，请您马上到那里去，不要耽搁。您和您的儿孙子民，连牲畜和所有的一切，可以住在埃及歌珊，与他相近。他要在那里奉养您，让您安然度过剩下的五个荒年。'你们也要将我在埃及的一切荣耀和你们所看见的事都告诉父亲，让他赶紧搬到我这里来。"

说完这些，约瑟再也忍不住，与便雅悯拥抱在一切，两兄弟放声痛哭。接着约瑟又与其他兄弟拥抱亲吻，众兄弟交谈起来。

这消息传到了法老的宫中，鉴于约瑟的功绩和威望，法老恩准他举家搬到埃及来居住。他让约瑟派自己的哥哥们从埃及带上车辆和路上用的食物，把他父亲和族人接来，要赐给他们一块富饶之地安身，享用这土地出产的一切。

约瑟就按照法老的吩咐做了安排。他又给每个兄弟一套衣服，还特

约瑟与兄弟埃及相认

意给便雅悯三百两银子和五套衣服。他送给父亲公驴十匹，驮着埃及的特产，母驴十匹，驮着粮食、饼和蔬菜，以备父亲来埃及的路上食用。

众兄弟回到迦南，把在埃及发生的一切告诉了父亲以色列，告诉他约瑟还活着，并且已经是埃及的臣宰，约瑟和法老让他们回来接他去埃及住。以色列早已心灰意冷，开始并不相信他们的话，但他看到约瑟送的礼物和派来的车辆时，心才苏醒了。他悲喜交加地说："罢了！罢了！我儿子约瑟真的还在，趁我未死之前，我要去见他一面。"

## 以色列举家迁往埃及

以色列决定举家迁往埃及，与约瑟相聚。动身之前，他先到别是巴为神献祭。夜间，神现出异象对他说："你下到埃及去，不要害怕，因为我必使你在那里成为大族。我与你同下埃及去，也必定带你上来。你临终前，约瑟必将用手合上你的双眼。"

以色列就从别是巴出发，带着全族老小，带上所有牲畜、财物，乘着法老送来的车，顺利地来到埃及。加上约瑟和他的两个儿子，以色列家来到埃及的共有七十人。

以色列打发犹大去见约瑟，派人引路前往歌珊。约瑟就乘马车前往歌珊去迎接他父亲。父子相见，约瑟抱着父亲的脖子哭了许久。

以色列对约瑟说："我既然已经见到你还活着，就是死了也甘心了。"

约瑟随后带家人去了埃及都城，他嘱咐好家人面见法老时要如何应对，然后从兄弟中挑选五个去见法老。法老问他们："你们以何为业？"

"您的仆人是牧羊的，连我们的祖宗也是牧羊的。"他们毕恭毕敬地回答。

接着又按照约瑟的嘱咐说："迦南的饥荒很严重，连仆人的羊群都没有草吃，蒙法老恩赐，来到这里寄居，求您容仆人住在歌珊。"

法老慷慨地答应了他们，说："你们既然已经到这里来了，你们只管住在全埃及最富饶的地方。歌珊这地方宽阔肥沃，水草肥美，很适合你们放牧，你们就在那里住下吧。"

以色列家族便在约瑟的照看下，开始了在埃及的生活。

以色列迁到埃及那年已经一百三十岁，他在埃及又住了十七年才死去。

以色列自知死期临近，便让人把约瑟叫来，对他说："我若在你眼前蒙恩，请你把手放在我大腿底下，给我发誓，不要把我葬在埃及，把我带回迦南，让我长眠在我祖和我父所葬的地方。"

约瑟答道："我父，放心吧，我必遵照您的命令而行。"

以色列去世的那天，约瑟得知父亲病重，便带了自己的两个儿子玛拿西和以法莲去见他。以色列给了约瑟祝福，他看到约瑟一手牵着一个孩子，就问他："他们是你什么人？"

约瑟告诉他："这是上帝在这里赐给我的两个儿子。"

以色列对约瑟说："耶和华曾降旨给我，我没来埃及之前你在这里生的孩子应归在我名下，你生的其他孩子就是你的。让他们过来，我要给他们祝福。"

于是以色列挣扎着坐起来，把右手放在次孙以法莲的头上，把左手放在长孙玛拿西头上。希伯来人向来以右为尊，约瑟以为父亲老眼昏花，颠倒了长幼顺序，就提示父亲。以色列却说："我儿，我知道玛拿西为长子，他会成为一族，必然会昌隆，但弟弟会比哥哥还大，他的后裔要成为大族。"接着便给他们祝福。

于是，约瑟的这两个孩子与他们的伯伯们一起成为以色列民族十二支派的始祖。

___以色列举家迁往埃及

以色列祝福众子已毕，便躺在床上，气绝身亡了。

按照埃及的习俗，约瑟吩咐人把父亲的尸体用香料熏制做成木乃伊。熏尸的常例是四十天。满四十天后，全埃及人又为他哀哭了七十天。随后，约瑟征得法老的同意，按照父亲的遗嘱，跟哥哥们一起将他送回迦南。

送葬的队伍浩浩荡荡，到了约旦河外，亚达的禾场，在那里哀哭了七天。迦南的居民都为之惊讶，出来围观。最后以色列的儿子们，将父亲安葬在希伯仑麦比拉洞中，完成了他的遗愿。

父亲去世后，约瑟仍然像以前一样对待哥哥们和父亲的眷属，和他们一起在埃及生活。约瑟活到一百一十岁死在了埃及，他活着的时候已是三世同堂。临终前，他对他的兄弟们说："我死后，上帝必眷顾你们，把你们引到他许诺要赐给我们祖先的土地上去。你们要把我的骸骨从这里搬过去。"

约瑟死了，人们用香料熏了他的尸体，收殓在棺材里，停在埃及。

# 第四章
# 摩西创教立约

## 以色列人在埃及受虐待

　　到了大约公元前十五世纪，以色列人迁到埃及之后，已经繁衍生息了四百余年。他们人口增加很快，遍布埃及全境，甚至超过了当时埃及人的人口数。

　　这时，一位新法老登上了王位。这位法老不承认约瑟对埃及曾经有过的功绩，他对希伯来人生养众多、繁荣强盛深感不安。

　　法老说："以色列民族比我们强盛，人口比我们的还多，对我们是一种威胁。一旦发生战争，他们可能跟敌人联合起来攻打我们。我们必须设法阻止他们人口增加。"

　　当时法老正在尼罗河三角洲建新都拉姆塞，还要建一座粮库和军械库城。他就派以色列人去干最苦最累的活：和泥，烧砖和田间的农活。监工对他们非常狠毒，不给水喝，不让休息，企图用这种办法来损坏他们的身体，减少以色列人的寿命。结果却相反，以色列人受的苦越多，他们繁殖生命的能力就越强，人丁反而越兴旺。

　　希伯来人有两个接生婆，一个叫施弗拉，一个叫普阿。埃及法老命令她们说："你们为希伯来妇女接生，看她们临盆的时候，若是男孩就杀掉，若是女孩就留下，让她活命。"

　　但是，这两个接生婆敬畏上帝，她们不愿意干这种事情，没有杀死希伯来人的男孩。

　　法老知道后，就把她们叫去责问道："你们为什么不听我的话把希伯来人的男孩都杀死？"两个接生婆机智地回答说："因为希伯来女人与众不同，她们身体非常健壮，每次都是在我们未到时就生产了。"

　　最后，埃及法老对全国颁布了一道命令："希伯来人新生的男婴都必须扔到尼罗河去，只准女婴活着。"


## 摩西降生

　　当时，以色列的利未族有个叫暗兰的男子，与同族的女子结婚，生了一男一女。女儿是姐姐米利暗，儿子是弟弟亚伦。在埃及法老发布溺死以色列男婴的命令后，这对夫妇又生了一个儿子，长得非常俊美。他们不忍心把这孩子扔到河里，在家里悄悄地养了三个月。三个月后再也藏不住了，因为这孩子的哭声很大，在大街上都听得见。

　　他们想到法老的女儿十分善良，常常做好事帮助以色列人，又打听到公主每天都到王宫附近的河边去洗澡。于是，他们找了一个蒲草箱，在上面抹上防水的石漆和沥青，将孩子放进去，把箱子搁在王宫附近河边的芦苇中，希望公主能够看到。

　　孩子的姐姐米利暗远远地躲着，看孩子的下落如何。

　　公主像往常一样来到河边洗澡，洗完澡后就带着使女们在河边散步。她们看到了装婴儿的箱子，公主就打发使女把箱子拿过来。

　　公主打开箱子的盖，一看，是一个男孩。那孩子一见生人就哭了，公主看着小生命在哭泣，非常怜悯他，说："这是希伯来人的孩子，长得

漂流在尼罗河上的婴儿

多怜人啊，我来收养他做义子吧。"

一直躲在一边的米利暗姐姐听说公主要收弟弟为义子，急忙上前去问："尊贵的公主，我到希伯来女人中去给你请个奶妈来，为您奶这孩子，好吗？"

公主见那姑娘长得纯真可爱，就欣然应允道："好吧。"

米利暗回家叫来了自己的母亲，来给公主的义子做奶妈。

公主打量了孩子的"奶妈"一番，吩咐她："你把这孩子抱去，为我好好抚养，我会给你报酬的。"

"奶妈"非常高兴地应声而去，孩子又回到了生身母亲的怀抱。

那孩子在亲生母亲的精心照顾下长得很好。断奶后，母亲把孩子带到宫中，交给公主。公主给孩子起名为"摩西"，意思是"水里拉上来的孩子"。

## 摩西流亡米甸

摩西从此以后就生活在王宫里，享受宫廷的物质生活，接受宫廷的教育。

他非常热爱敬重自己的"奶妈"，经常去看她。这位"奶妈"一有机会就给他讲述以色列民族的历史，教给他本族的语言，教导他不要忘记自己的以色列血统，到他懂事以后，还对他讲了全部的真情——她是他的生身母亲。

摩西长大了，经常去探望自己的同胞。他看见，他们被迫服苦役，过着水深火热的生活。

一天，他看见一个埃及监工殴打一个以色列同胞。摩西四顾无人，

埃及公主收养摩西

就把那个监工打死，埋在了沙土里。

第二天，他照样出去，看见两个以色列同胞争斗，非常生气，就上去教训欺负人的那一个，对他说："你为什么打你的同胞呢？"没想到那人竟说："谁立你做我们的首领和审判官呢？难道你要杀了我，像杀那埃及人一样吗？"

摩西听到这话，顿时惧怕起来，心里说："昨天的事恐怕被人发现了，所以今天传扬出来。"他想，法老一定已经知道了他杀人的事，绝不会饶他。果然，一位好心人给摩西报信，说宫廷卫队来捉拿他了。摩西顾不上换衣服，仓皇逃出都城。

米甸在阿拉伯沙漠中，那里住着亚伯拉罕和他的二房妻子基土拉所生的儿子米甸的后代。这里是米甸人的住地，地名也叫做"米甸"。米甸人与以色列人有亲属关系，所以摩西想去投奔他们。

从歌珊到米甸，路程有四百五十公里，沿途是沙漠和草原。当摩西到达米甸时，长途跋涉已经使他精疲力竭。他仓皇出逃时穿的那身宫廷服装已经又脏又破，昔日的华丽连一丁点儿痕迹也没有留下，他完全像一个到处流浪的乞丐。

摩西在当地水井旁的一块石头上坐下休息，好奇地观看七个姑娘饮羊。突然有几个牧羊人赶着羊群来到井边，他们把那七个姑娘推开，饮起自己的羊来。摩西见到牧羊人如此无礼，十分愤慨，不顾疲惫，冲上前去，挥拳就打。那几个牧羊人害怕了，就赶着羊群走了。原来这七个牧羊的姑娘是米甸当地很有威望的祭司叶忒罗的女儿。

叶忒罗听到女儿们讲起摩西的勇敢，就对女儿们说："那个人现在在哪里？为什么撇下他呢？快去请他来家里吃饭。"

叶忒罗打发人把摩西请到家里来做客。谈话中，他还了解到摩西是自己的远亲，就留他在家与自己同住，还把女儿西坡拉许给摩西做妻子。那一年摩西四十岁。

西坡拉给摩西生了两个儿子，一个叫做革舜，另一个叫做以利亚撒。

摩西在岳父家居住了四十年，帮助岳父经营家业，放牧牲畜。

## 上帝赐予的使命

摩西八十岁那年的一天，他照常去放羊。他领着羊群横跨沙漠，来到了何烈山（西奈山）下。他忽然看见一个奇异的景象——一丛荆棘燃烧起来，却未被烧毁。摩西说："这可怪了，为什么荆棘会燃烧呢？我上前去看看吧。"

上帝见他要过去，就从荆棘里呼叫说："摩西，摩西！"

摩西答道："我在这里。"

上帝说："不要再走近。脱掉你的鞋子，因为你所站的地方是圣地。我是你祖宗的神，是亚伯拉罕、以撒和雅各的神。"摩西遮着脸，不敢看上帝。

上帝在荆棘丛的熊熊烈焰烘托下，在天上对摩西说："我已经看见我的子民在埃及受虐待，我已经听见他们渴望挣脱奴役的哀号。我知道他们的痛苦，所以要从埃及人手中把他们拯救出来，领他们到肥沃宽广、流奶与蜜的地方，那里是迦南人、赫人、亚摩利人、比利洗人、希未人和耶布斯人居住的地方。现在我差你到埃及王那里去，去把我的子民从埃及领出来。"

摩西对上帝说："我算什么？我怎么能见到埃及法老，将以色列人从埃及领出来呢？"

上帝回答："我要与你同在。你领以色列人出埃及后，要到这山上敬拜我。这就是我差遣你的凭证。"

摩西仍然信心不足，对上帝说："我到以色列人那里，对他们说：
'你们祖宗的神打发我到你们这里来。'他们若问我说'他叫什么名字'，
那时我该怎么回答呢？"

上帝说："我是耶和华[1]。你去告诉他们：'那位叫耶和华的差我到你
们这里。'我是上帝，是他们祖宗的神，是亚伯拉罕、以撒、雅各的神。
我的名永远叫耶和华，世世代代都要这样称呼我。

"你去召集以色列人的领袖，告诉他们，上帝，他们祖宗的神，亚
伯拉罕、以撒、雅各的神，曾向你显现。要告诉他们，我来到他们当中，
已经看见埃及人怎样对待他们。我决定要领他们出埃及。他们已经受够
了苦头，我要带他们到流着奶与蜜的肥沃土地，就是迦南人、赫人、亚
摩利人、比利洗人、希未人和耶布斯人居住的地方。我的子民会听从你
对他们讲的话。

"然后你要带以色列的领袖们去见埃及王，对他说：'上帝，希伯来

[1] 希伯来文《圣经》中，上帝对摩西所说的是Eyeh asher eyeh三个字，由于当时
希伯来文献只标记辅音，所以用拉丁语字母来表示这个单词就是YHVH或YHWH。
YHWH一般只用于书写。平时犹太人用"主人"（adonai）这个单词的发音来诵读
YHVH，而不按正式发音读出来，以表达对这个名字的敬畏；只有每年犹太历七月
初十日大祭司进入至圣所时，才能在约柜前说出这个单词的正确发音。欧洲的宗
教改革时期，马丁·路德将《圣经》从原语种翻译成德语，必须解决YHVH的发音
问题，所以他很有想象力地把adonai的元音嵌入YHVH中，成了YaHoVaH，其英语形
式即为Jehovah，这个发音翻译成中文，即为"耶和华"。不过，后世的学者考
证，希伯来人真正的发音应该是Yahweh，中文一般译作"雅威"。
《圣经》的英文译本一般将希伯来文Eyeh asher eyeh翻译成英文I am who I am。
也就是说，发音为"耶和华"或者"雅威"的这个名字，其含义可以翻译为"我就是
我"。而基督教传入中国时，传教士经过推敲，将其翻译成"我是自有永有者"。

人的神曾向我们显现。现在请你准许我们走三天的路程，到旷野去，向上帝，我们的神献祭。'我知道，除非我逼他，埃及王是不会放你们走的。但是我要用我的权能行各样神迹来惩罚埃及，最后埃及王会让你们走。

"我要使埃及人尊敬你们，所以，当我的子民离开那里时，他们不会空手离去。每一个以色列女子要到邻居的家去，向埃及妇女索取金银、首饰和衣服。以色列人要把这些东西给儿女穿戴，这样就把埃及人的财富带走。"

摩西又问："我凭什么能使以色列人相信我，听从我的命令，跟我出埃及呢？我光是知道您的圣名就能完成使命吗？"

上帝指着他的手问："你手里的东西是什么？"

摩西答道："是手杖。"

上帝命令他："把它丢在地上。"

摩西把手杖丢在地上，手杖立刻变成一条蛇在地上爬行。摩西吓得赶紧跑开。

上帝告诉他："你不要怕。伸出手来拿住它的尾巴，它必在你手里变为杖。这样你就可以向他们证明，你们祖宗的神曾向你显现，与你同在。"这是上帝赋予摩西的第一个神迹。

接着上帝又赋予他第二个神迹。上帝说："把手放在怀里。"

摩西把手放在怀里，然后抽出来，不料手上长了大麻风，风疹像雪那么白。

上帝又说："再把手放进怀里。"

摩西再把手放进怀里，然后抽出来，仔细端详，手上的大麻风已经好了，手上的皮肤跟其他部位没有什么两样。

上帝说："这两个神迹他们若都不信，也不听你的话，你就从河里取些水，倒在旱地上，你从河里取出来的水必在旱地上变成血。"

摩西又提出一个新的问题。他对上帝说："上帝啊，我是个笨嘴笨舌的人，一向不擅长言辞，我怎么去说服法老和众人呢？"

上帝说："你不是有你的哥哥利未人亚伦吗？我知道他能言善辩。他会出来帮助你，他将替你对百姓说话，你要把他当做你的喉舌，他要把你当做神。"

上帝又叮嘱他："你手里要拿着这手杖，好行神迹。"

摩西回家向岳父讲了上帝对自己的神谕，岳父同意他带着妻子西坡拉和两个儿子回埃及去拯救以色列人。

亚伦按照上帝的指示，往西奈山去迎接摩西。摩西把上帝要他到埃及去做的一切事，就是他要讲的话和要行的神迹都告诉了亚伦。

摩西和亚伦到了埃及后，立即召集以色列的长老们。亚伦把上帝告诉摩西的话都告诉他们；摩西也在人民面前行了上帝要他行的神迹。他们都相信了，他们一听见上帝眷顾他们，也知道上帝看见他们受虐待的情形，就都跪下敬拜。

# 摩西会见埃及王

经过一番准备，摩西和亚伦去见了埃及法老。他们对法老说："耶和华以色列的神这样说：'让我的百姓，去埃及的旷野里敬拜我。'"

法老说："耶和华是谁，凭什么要我听他的话，要我允许你们到旷野里去呢？我不认识他。"

摩西和亚伦说："耶和华是以色列人的神。求您允许我们带着我们的人民去旷野里三天给他献祭，否则他就会用疾病或战争消灭我们。"

___摩西和亚伦在法老前显示神迹

亚伦把手杖丢在法老和百官面前，变成一条蛇在地上爬行，以此证明上帝的神迹。对此，法老只是冷冷一笑。他召来术士。术士施行埃及法术，各人把手杖丢在地上，都变成一条蛇。虽然最后亚伦变出的蛇吃掉了术士们的蛇，但法老并不为之所动。

当天，法老命令埃及监工和以色列人领班，说："不准再给以色列人做砖的草秸！叫他们自己去找，但是要他们完成跟以前同样数量的砖，一块也不准少。他们懒惰才要求让他们去向他们的上帝献祭。叫他们做更重的工作，忙一点，他们就没有时间去听信这些谣言。"

埃及地处沙漠，很难找到柴草。以色列人散布到埃及全国去捡柴草为法老烧砖。监工鞭打以色列人领班，责问他为什么工人不能交出跟从前一样多的砖头。

于是，那些领班去请求法老，说："陛下，为什么这样对待我们呢？监工不给我们草秸，却要我们交出跟从前一样多的砖头！现在我们都挨打受罚，这是你们埃及人的过错。"

埃及王说："你们懒惰，一味偷闲，才来请求让你们去向上主献祭。快回去工作！我们不给草秸，你们仍要交出跟从前一样多的砖头。"

领班们出来，看见摩西和亚伦两人在外面等候。他们就愤恨地对摩西和亚伦说："上帝一定知道你们做的是什么事！你们使国王和他的官员憎恨我们，使他们有了杀我们的借口！上帝一定会惩罚你们！"

摩西感到非常惭愧，他觉得自己没有尽到责任，却给同胞带来了更大的灾难。他求告上帝说："主啊，您为什么苦待百姓呢？为什么我回来向法老说您的名字，他却不允许我们离开呢？您一点也没有拯救以色列人啊。"

上帝对摩西说："你就要看见我怎样对付埃及王了。我要严厉地惩罚埃及，给埃及降下灾祸。但我要使法老的心变得顽固，起先无论我对埃及行多少神迹，他还是不会听你的话。直到最后，我才给他们最严厉的惩罚！逼他们不得不请求我，领我子民的各支族离开这地方。当我伸手严惩他们，以色列人离开他们国土的时候，他们就会知道我是上帝！"

## 降十灾威迫埃及王

上帝先后向埃及降下了血灾、蛙灾、虱灾、蝇灾、瘟灾、疮灾、雹灾、蝗灾、黑暗之灾九样灾难。但正如上帝所说的，他使法老的心变得顽固。起先无论他对埃及行多少神迹，法老还是不为所动，于是，上帝向埃及实施最后最严厉的惩罚——杀死埃及所有的头生子。

上帝晓谕摩西和亚伦，要他们传达圣命给以色列人说："你们要以本月为正月，为一年之首；本月初十，每一户的户长必须为他一家挑一只小羊或小山羊。如果他家人少，吃不了整只羊，他可以跟邻居分一只。你们用绵羊或用山羊都可以，但必须是一岁大的公羊，而且是没有残缺的。到了十四日，你们要把羊羔宰了，把羊血涂在自家门上。当天夜里，我将巡行埃及。埃及的每一个长子，从继承王位的太子一直到在磨坊里做奴工的婢女所生的儿子，都要死亡，头胎的牲畜也都要死亡。而门框上的羊血是你们所居住房屋的记号。我看到这血，就越过你们的家。这样在我惩罚埃及人的时候就能不伤害到你们。"

上帝说："羊肉不可生吃，也不可吃用水煮的，必须吃烤的整只羊，包括头、腿和内脏。不可剩下留到第二天，剩余的要在当夜烧掉。这晚你们必须吃烤的羊肉、苦菜和无酵饼。"

上帝对摩西说："你去告诉以色列人，当晚你们吃的时候，要快快地吃；要束紧腰带，穿上鞋子，拿着杖。当我惩罚了埃及人后，你们去向

___摩西施威使埃及牲畜染瘟疫

邻居埃及人索取金、银、首饰，夺走埃及人的财富。"

到了十四日，摩西对埃及王说："上帝这样说：'今晚约在半夜，我要巡行埃及。埃及的每一个长子，从继承王位的太子一直到在磨坊里做奴工的婢女所生的儿子，都要死亡，头胎的牲畜也都要死亡。埃及全国将有号啕大哭的声音，这是空前绝后的。但是在以色列人的家里，连狗也不会向人或牲畜吠叫。那时候，你会知道我是上帝；我使埃及人和以色列人有所分别。'"

最后摩西说："你的臣仆要到我面前来，跪在地上求我带走我的同胞，到那时候，我才离开这里。"

到了半夜，上帝派天使杀了所有埃及人的头胎，上自国王的长子——就是将来要继承王位的太子，下至地牢里囚犯的长子；连一切牲畜的头胎也都杀了。那一夜，埃及王、他的臣仆和全国的人民都被惊醒了。在埃及只听见一片号啕哀哭的声音，因为家家都死了人。

当夜，埃及王就召见摩西和亚伦，对他们说："快走！你们跟你们的以色列人赶快离开我的国境！照你们所要求的去敬拜你们的上主吧！带着你们的羊群、牛群赶快离开吧！"

埃及人催促以色列人赶快离开他们的国家："你们再不走，我们就都死光了！"

以色列人把无酵的面团放在锅里，用衣服包起来，背在肩上。然后他们照摩西所吩咐的，向埃及人索要金银首饰和衣服。上帝使埃及人畏惧他的子民以色列人，他们要什么，埃及人就给什么。这样，以色列人抢走了埃及人的财富。

上帝对摩西说："以后你们必须纪念这一天，因为这一天是上帝的逾越节，我越过你们杀埃及人的头生子；我在这天带领你们各支族离开埃及。你们的子孙也应该守这节，立为永远的定例。从正月十四日晚到

黑暗笼罩埃及

上帝击杀埃及人的长子

二十一日晚，你们不可吃有酵的饼。在这七天中，你们家里不准有酵；凡吃有酵食物的人，无论在本国出生或外国出生，他们的名字必须从我的子民中除名。"

## 杖劈红海

以色列人抢劫了埃及人的财物以后，已是黎明时分。他们在埃及的兰塞整队后，浩浩荡荡地向东前进。以色列人在埃及居住了四百三十年，来时只有七十人，现在光步行的男子就有六十万之多。

白天上帝走在他们前面，用云柱指示方向；夜间，上帝走在前面，用火柱照亮他们。这样，他们就可日夜兼程地赶路。

上帝对摩西说："我要使埃及王的心再次顽固，出来追赶你们。那时我要战胜埃及王和他的军队，他们就会尊敬我，知道我是上主。"果然，法老听说以色列人出走以后，又改变了主意："我们做了什么呢？我们让以色列人逃脱，失掉了一群奴隶！"

于是法老亲自带领埃及所有的六百辆战车和所有的骑兵来追赶以色列人，一直追到了红海边境他们扎营的地方。

以色列人回头看见尘土飞扬，知道是埃及的追兵赶来，都感到很害怕，他们七嘴八舌地抱怨摩西说："难道埃及没有坟地，你把我们带到旷野里来送死吗？"

"我们祖辈服侍埃及人已经四百三十年了，已经习惯了。"

"我们告诉过你别管我们的事，让我们在埃及做奴隶好了。做奴隶总比死在这荒漠强！"

摩西安慰陷入绝境的百姓说："不要惧怕，今天你们要看见上主怎样

___埃及军队葬身红海

救你们！你们今天看到的埃及人，以后再也不会看到了。上主要为你们作战，你们只管镇定。"

上帝的天使原先走在以色列大队的前头，现在转到后面；云柱也转到后面，隔开了埃及人和以色列人。云使埃及人陷入黑暗中，却照明了以色列人，因此整个晚上，埃及的军队无法接近以色列人。

上帝对摩西说："举起你的杖，向海伸去。海水会分开，以色列人就能在干地上走过去。我要使埃及人顽固，因此他们要进到海里追赶你们。但是我要击败埃及王、他的军队、战车和骑兵，他们就会尊敬我。我击败他们的时候，他们就知道我是上帝。"

于是摩西向海伸出手杖，上帝掀起了一阵强烈的东风，把海水吹退。这风直吹了一夜，到了第二天拂晓，红海底已经变成了干地，海水分开，好像两堵墙，以色列人就走在这条旱道上过海。

法老看见以色列人过海，暴跳如雷，命令埃及将士赶快尾追上去。法老的一切马匹、车辆和步卒都跟着以色列人下到海中间的旱道上去。上帝在云柱和光柱中观察他们，使他们的车轮陷在泥中，进退两难。

这时，摩西向海里伸手，海水便开始合拢。埃及军队更加慌张，兵、马、车相互践踏倾轧，一个也没有逃到岸上，全部被海水吞没。

以色列人看到埃及人的尸体和他们牲畜的尸体漂在海面上，黑压压的一片，他们更加敬畏上帝，也更加信服上帝的使者摩西了。


## 天降的水和食物

摩西率领以色列人从红海往前走，到了书珥的荒漠。他们走进了无水区，走了三天都没有找到水喝。好不容易到了玛拉，那里的水又是苦的，人畜不能饮用。

以色列人渴得要死，他们难以忍受这样的打击。不满和怨言再次在以色列人中爆发。为了安定民心，摩西请求上帝显示神迹。上帝指示给摩西一棵树，告诉他，那树的枝叶可以使水变甜。摩西就摘下一些树枝扔在井里，井水顿时就变甜了。人们喝足了水，喂饱了牲畜，稍事休息，又继续前行。

以色列人到了以琳，那里有十二股泉水，七十棵棕树。他们就在那里安营扎寨。不过以琳不是目的地，他们还要继续往前走。

从埃及出来已经六个星期了。他们来到以琳和西奈中间的荒漠，一个叫做"汛"的地方，便在这里安营扎寨。

在沙漠中，太阳热得像火烤一般，更糟的是，带的粮草和水也都用尽。

人们又叫嚷起来："我们要水！我们要食物！我们还不如早早地死在上帝手下，死在埃及呢，那时我们还可以坐在肉锅边吃个饱。你把我们领出来，到这个荒无人烟的沙漠中，是成心要我们全都饿死吗？"

摩西向上帝祈祷。上帝对摩西说："我要从天上降下食物给你们。人民每天必须出去捡当天所需的食粮。"

第二天清晨，营地的四围就全是露水。露水一蒸发，在旷野的地面上有一层薄薄的像霜一类的东西。以色列人看见这东西，不知道是什么，就彼此询问，摩西对人们说："这是上帝赐给你们的食物。上帝曾经吩咐，每人各取所需。"

以色列人照着吩咐做了，有些人捡得多，有些人捡得少。量的时候，捡多的没有剩，捡少的也不缺；每一个人所捡的刚刚是他所需要的。这些东西是白色的，吃起来像掺蜜制成的饼，以色列人把它叫做"吗哪"。

从此，他们每天都收集上帝所赐的食物吗哪，以此在沙漠中生存。

## 西奈山人神初立约

以色列人出埃及以后刚好满三个月的那一天，他们来到西奈山对面的荒漠里安营扎寨。西奈山峰直耸入云，从远处望去阴森森的，使习惯于尼罗河三角洲平原景色的以色列人心中产生一种神秘、敬畏的感觉。

摩西上山朝见上帝。上帝说："你们已经看见了我——上主，怎样对付埃及人。我背着你们，正像母鹰把小鹰背在翅膀上，把你们带到这里，归我自己。如果你们服从我，守我的约，你们就是我的子民。全世界都属于我，但只有你们是我的选民，是神圣的国民，是侍奉我的祭司。"

上帝对摩西说："你去告诉人民，今天和明天他们要洁净自己，要洗涤衣服，到后天一切都准备好。同时不可亲近女人。因为第三天我要在百姓面前降到西奈山上，使百姓能够听到我与你的对话。这样百姓就会更加相信你。

"要在山的四周划界限，告诉人民不可越过，也不可上山，或接近这山。凡踏上这山的人，就必须处死。"

第三天早晨，雷电交加，一朵密云在山上出现，号角声响起。所有以色列百姓都聚集在西奈山脚下，心中的畏惧之情使他们不住地发抖。

摩西用牧羊杖在山脚下画了一条线，警告众人："你们不可越过这道界线，违背者无论是人是兽，都必定死。"

不久，西奈山全山冒烟，上帝耶和华在火中降于山上。这时全山的烟气更浓，徐徐上腾，如烧窑一般；山体如被一只巨手在摇动着。上帝从火焰和浓密的云层中向以色列人颁布十条诫命，但人民的耳朵里听到的是震耳欲聋的雷鸣。人们担心听见过永生上帝从火焰中发出的声音将

摩西上西奈山

无法存活下去，上帝意识到了这一点，于是把摩西召唤上山。

摩西这一去，就是四十个昼夜。

在西奈山顶上，上帝亲自用手指把十条诫命刻在石板上，授予摩西，并向摩西颁布了一系列规定条例，作为以色列人的生活行为准则。

上帝这次显现，是《圣经》中记载的唯一一次向全部以色列人显现。

## 平叛背教者

几十天来，以色列人见摩西迟迟没有下山，开始出现骚乱。有人开始争夺食物和水，对流落沙漠的抱怨在民众中蔓延。进而，他们对上帝的信念动摇了。要知道，对他的崇拜和信仰还是不久之前在出埃及的过程中才建立起来的。

成群的民众惊慌不安地聚集到亚伦的帐篷前，高声要求说："领我们出埃及的那个摩西，我们不知道他出了什么事。我们要祭拜我们在埃及一直崇拜的神！快为我们制造神像！"

亚伦惊慌失措，无法控制局势，只能顺从了百姓的要求。他让妇女们都把自己的金耳环等饰物捐献了出来，用这些金子铸成了一头金牛——以色列人在埃及崇拜的偶像。民众纷纷说："以色列啊，这是带领我们离开埃及的神明！"

于是，亚伦在金牛像前筑了一座祭坛，宣布说："明天要为神明守节。"

第二日一早，人们牵来了牲畜，有的当牲祭烧化，有的当平安祭吃。他们坐下大吃大喝，狂欢作乐。

上帝在西奈山上看到了这一切，顿起雷霆之怒。他对摩西说："你从

摩西怒摔法板

埃及领出来的人民竟敢背弃我！他们已经偏离了我命令他们走的道路！他们用金子铸造了一头牛，向它跪拜，向它献祭。他们说，这牛是领他们出埃及的神明。这些人民竟然这么冥顽不化！现在，你不要拦阻我，我要灭绝他们！然后我要使你做一国之父，使你的子孙成为大国！"

但是摩西向上帝恳求说："上帝啊，为什么向你的子民发怒呢？他们不是你用神力从埃及救出来的吗？为什么让埃及人说，你故意领他们离开埃及，又要在山里把他们完全消灭了呢？求你息怒，回心转意，不要向你的子民降大灾祸。求你念在你的仆人亚伯拉罕、以撒、雅各的分上，记得你向他们发了严肃的誓言，要使他们子孙繁多，像天上的星星那么多，并且应许把这整块土地赐给他们的后代，作为永久的基业。"

一番话使上帝渐渐平息了怒火。于是上帝改变了心意，令摩西立即下山处理这件事情。

于是，摩西拿着上帝亲自做的两块法板下了山。他走近营地的时候，看见了金牛和跳舞的人群，禁不住大怒，就在山脚把带来的两块法板摔在地上，摔碎了。他把人民铸造的金牛熔化掉，磨成粉末，撒在水上，然后叫以色列人喝。

他痛斥亚伦说："这些人对你做了些什么，你竟使他们犯这样的重罪？！"

亚伦申辩说："我主不要发怒。这些百姓专于作恶，你是知道的。他们来围攻我，要我出面为他们铸一个偶像，我也不能不听呀。"

摩西见亚伦软弱，不堪大任，就说："凡属耶和华的，都到我这边来。"利未的子孙都到他跟前聚集，摩西就命令他们："以色列的神——上帝命令你们：'各人把刀挎在腰间，在营中往来，从这门到那门，杀你们的兄弟、同伴与邻居！'"

利未的子孙遵命而行。这一天，他们杀死了将近三千名背教者。

摩西褒奖利未人说:"今天,你们奉献了自己,履行祭司侍奉上帝的职务,杀了犯罪的儿子和兄弟。上帝必会赐福给你们。"

第二天,摩西召集全体民众,说:"你们犯了严重的罪。现在我要再上山,到上主那里去,也许能够为你们求得上主的饶恕。"

于是摩西回到上帝那里,说:"人民犯了严重的罪,他们铸造金牛像膜拜。求您赦免他们的罪,否则,求您从您子民的名册上除掉我的名字。"

上帝回答:"我要从我名册上除掉的是那些得罪我的人的名字。现在你去吧,把人民带到我指示你的地方,我要差天使在你前面引导你。可是时候将到,我要惩罚他们所犯的罪。"于是,上帝在以色列人民当中降下了瘟疫。

## 西奈山上再立约

由于摩西在下山处理叛教事件的时候,愤怒之中把上帝赐予的法板摔碎了,因此,上帝对摩西说:"你要凿取两块石板,像从前那两块一样,再用木头造一个安藏法板的约柜。我要把你摔碎了的那石板上的话写在这两块石板上,以后你要好好把这法板收藏在约柜里。明天早晨,你要准备好,上西奈山顶见我。不准任何人跟你上来,整座山不可有人,也不可有牛羊在山下吃草。"

于是摩西凿取两块石板,第二天一早,他照上帝的吩咐把石板拿上山去。上帝重新向摩西颁布了他为以色列人订立的十条诫命和一系列条例。摩西在上帝那里停留四十昼夜,不吃不喝,把这些诫命和规定条例记了下来。

临下山的时候，摩西对上帝说："求您让我看见您的光辉。"

上帝回答："我会向我所拣选的人显示慈悲怜悯，但我不能让你看见我的面容，因为看见我的人都不能存活。但你可以站在我旁边的磐石上。当我的光辉经过的时候，我会把你放在岩洞中，用我的手遮掩你，等我过去，我缩回我的手。你会看见我的背，却看不见我的面容。"

摩西瞻仰过上帝的背容，拿着两块法板下了山。他不知道自己见到耶和华的真身后，脸上发出了耀眼的光辉，所以没有掩饰面部。以色列民众看到他脸上发光，都不敢直视他。摩西这才用帕子蒙上自己的脸，代表上帝和众人说话。他把上帝在西奈山上交代的话都传达给以色列人。

## 上帝立的约

刻在两块法板上的就是著名的《摩西十诫》：

第一条：我是上帝，你们的神；我曾经领你从被奴役之地埃及出来。除我以外，不可敬拜别的神明。

第二条：不可为自己造任何偶像；也不可仿造天上、地上、水中或地底下的任何形象。不可向任何偶像跪拜，因为我是上帝，你们的神；我绝不容忍跟我对立的神明。恨恶我的人，我要惩罚他们，甚至到第三、第四代的子孙。但爱我、遵守我命令的人，我要以慈爱待他们，甚至到千代子孙。

第三条：不可滥用上帝的名；凡滥用上帝名的人，我一定惩罚他。

第四条：当记念安息日，守为圣日。你要劳碌做六日工作，但第七日是向上帝——你的神当守的安息日。这一日，你和你的儿女、仆婢、牲畜，以及你城里寄居的客旅，无论是何工作都不可做；因为六日之内，上帝造天、地、海和其中的万物，第七日便安息，所以上帝赐福与安息日，定为圣日。

第五条：要孝敬父母，好使你在我要赐给你的土地上享长寿。

第六条：不可谋杀人。

第七条：不可奸淫。

第八条：不可偷窃。

第九条：不可作假证陷害人。

第十条：不可贪图别人的房屋；也不可贪图别人的妻子、奴婢、牛、驴，或其他东西。

除了这十条诫命，上帝令摩西向以色列人颁布了如下条例：烧化祭的条例、素祭的条例、平安祭的条例、赎罪祭的事例、赎过祭的条例、祭司的条例、祭坛的条例、出家人的条例、关于食物的条例、产妇洁净礼的条例、有关麻风病的条例、有关发霉的条例、有关男子遗精的条例、有关女子月经的条例、赎罪日的条例、有关血的神圣的条例、有关乱伦和淫乱的禁令、有关圣洁的条例、死刑的条例、赎回土地的条例、许愿还愿的条例、有关奴隶的条例、有关财物纠纷赔偿的条例、借钱给穷人的条例、什一税捐的条例、保持军营整洁的条例、关于节日和安息年及禧年的规定等。

此外，上帝还吩咐了摩西关于圣幕及其内部设施的制造要领。

上帝颁布给摩西的为以色列人所立的约，标志着摩西时代的开始，以色列人从此建立了系统的法制。

## 守约将蒙福、背约必受罚

上帝说："如果你们遵守我的法律，实行我的诫命，我要赐福给你们。

"我要按时降雨给你们，使土地出产五谷，果树结出果实。你们要不断地收割五谷，一直到葡萄成熟的时候；你们要不断地摘葡萄，一直到播种的时候。你们会有充足的粮食，将在自己的土地上安居乐业。

"我要使你们境内太平，可以高枕无忧。我要除掉境内凶猛的野兽；境内不再有战事，你们将战胜敌人。你们五个人能击败一百人，一百人能击败一万人，他们都要倒毙在你们的刀下。

"我要使你们多子多孙。

"我要坚守与你们订立的约。我要在我的圣幕里与你们同住，绝不离弃你们。我要与你们同在，做你们的神；你们要做我的子民。我是上帝，你们的神。"

上帝说："你们若不听从我，背弃我的诫命，你们将受我的惩罚。

"我要降灾祸给你们，使你们患绝症，害热病，眼睛昏花，精力消耗。

"要是你们经历了这些灾难还不听从我，我就要加重七倍惩罚你们。我要打击你们的顽固和骄傲。我不降雨，你们的土地将干旱，像铜铁一样坚硬。你们劳力也没有收获，因为土地不生产，果树不结果子。

"要是你们继续固执，不听从我，我要再加重七倍惩罚你们。我要放凶猛的野兽到你们中间。它们要吃掉你们的儿女，吞掉你们的牲畜，使你们所剩无几，道路荒凉。

"经过这些惩罚以后，要是你们还不听从我，继续抗拒我，我就要敌对你们，再加重七倍惩罚你们。我要用战争惩罚你们背约的罪。要是你们蜂拥到城里求安全，我要向你们降瘟疫，你们将被迫向敌人投降。我要断绝你们的粮源，使十个女人共用一个烤炉。她们要配给定量的饼给你们，你们就是吃了也吃不饱。

"经过这些惩罚后，要是你们还继续抗拒我，不听从我，我就要在盛怒下对付你们，要比以前再加重七倍来惩罚你们。你们要饿得吃自己儿女的肉。我要摧毁你们山丘上的神庙，拆除你们的香坛，把你们的尸体丢在仆倒的偶像上面。我将厌弃你们。我要使你们的城市变成废墟；我要摧毁你们敬拜的场所，拒绝你们的祭物。我要使你们的土地完全荒废，连占领这土地的敌人看了都惊讶！我要使你们遭遇战争，把你们驱散到外国去。你们的土地将荒废，你们的城镇将变成废墟。这样，土地就能完全休息，享受你们住在那里时不肯给它的休息。在你们流亡到外国后，土地将因荒废而得到安息。我要使流亡在敌人领土的人非常惊慌，连风吹草动的声音都会使你们惊骇逃跑。你们要像在战场被追击一样地奔逃，即使没有人追赶，也要跌倒，没有人追击，也要彼此相撞。你们无力抵抗任何敌人。你们要在流亡中死亡，被敌人的土地吞没。残存在敌人土地上的人将因自己和祖先的罪，跟祖先一样消灭。

"但是，你们的后代将承认自己的罪过，也承认祖先的罪过，因为他们抗拒了我，叛逆了我，惹我来对付他们，把他们放逐到敌人的土地上。只要你们的后代知道谦卑，为自己的罪过和叛逆接受惩罚，我就会记起我与雅各、以撒和亚伯拉罕所立的约，重新应许把土地赐给我的子民。然而，必须先把住在这土地的居民清除，让土地完全休息；原住民必因违背我的法律和诫命而受应得的惩罚。虽然这样，他们还在敌人土地上的时候，我绝不完全丢弃他们，或毁灭他们，这样会废弃我与他们所立的约。我是上帝，他们的神。我要和他们重新订立我与他们祖先立过的约。"

## 基博罗哈他瓦——贪欲之人的坟墓

西奈山立约后的第二年，也就是以色列人离开埃及的第二年的二月初一日，摩西按照上帝的神谕，组织以色列人进行了第一次人口普查，统计出当时以色列民族总人口为六十万三千五百五十。在当时的沙漠及周边地区，以色列人无疑是一个大民族。

当年二月二十日，过完逾越节，摩西按照上帝的指示，带领以色列人离开西奈山地，继续往他们的目的地——上帝应许给他们的流着奶与蜜的迦南进发。

在沙漠中艰苦跋涉的路途上，以色列人中又出现了不满和抱怨。

一些民众抱怨说："我们干嘛要从埃及出走呢？在埃及的时候，我们常吃鱼，不用花钱，还有黄瓜、西瓜、韭菜、洋葱、大蒜等好吃的东西。现在呢？我们整天流浪在沙漠里，每天除了马奶，什么东西都没的吃！哪里还有力气继续在沙漠里走下去？"

上帝听到了以色列人的抱怨，愤怒地对摩西说："你要吩咐人民，说：'明天大家都要洁净自己，你们会有肉吃。上主听见了你们的怨言，说你们想吃肉，你们觉得在埃及还好过些。上主就要给你们肉吃，你们一定得吃下去。你们不是吃一天两天，不是吃五天十天，也不是吃二十天，而是吃一整个月，直到肉从你们的鼻孔里喷出来，成为你们厌恶的东西，因为你们轻视了住在你们中间的上帝，在他面前抱怨不该从埃及离开！'"

当天，上帝使大风从海上吹起来，把成群的鹌鹑从海上吹到了营地四周。风直吹了一天，鹌鹑多得布满了整个营地四周。它们越堆越高，一直堆到有一米高。以色列人那一天一夜和次日一整天，都在捕捉鹌鹑，最少的也捕捉了约两千公斤。

他们兴高采烈地烤鹌鹑肉吃。肉在他们牙齿之间，还没有嚼烂，上帝的怒气就向人民发作，降下极重的瘟疫给他们。从此，那地方便叫做"基博罗哈他瓦"（"贪欲之人的坟墓"），因为他们在那里埋葬了那些起贪欲之心的人。


## 侦察迦南四十天，流浪荒漠四十年

摩西遵照上帝的指示带领以色列人从基博罗哈他瓦起行，前往哈洗录；没多久又从哈洗录起行，前往巴兰的旷野安营。

上帝指示摩西："你派人去侦察我所赐给以色列人的迦南地。每个族各出一个人，而且都是做首领的。"

摩西就照上帝的指示，从十二支族里各选了一个领袖人物，派他们前往迦南侦察情况。

摩西吩咐他们说："你们要留意当地居民是强是弱，是多是少；所住之处是营盘还是坚城；那地方的土地是肥美是瘠薄，其中有树木没有；你们要放开胆量，把那地的果子带些来。"

这十二人领命而去。过了四十天，他们才带着从迦南摘来的葡萄返回巴兰旷野。在巴兰旷野的加底斯，摩西、亚伦和以色列的全体民众一起听取了他们的汇报。

他们对摩西说："我们到了你所打发我们去的那地，果然是流着奶与蜜之地，这就是当地的果子。"

摩西和民众都露出兴奋的神情。上帝应许给他们的迦南果然是流着奶和蜜的肥沃之地！但接下来的消息顿时给他们泼了冷水："不过，当地

的居民非常强壮，城邑也坚固宽大。我们在那里看见了亚衲族的人。亚
玛力人住在南地；赫人、耶布斯人、亚摩利人住在山地；迦南人住在海
边并约旦河旁。"

甚至有人说："我们在那里所看见的居民都身量高大。我们在那里看
见了亚衲族人，他们就是巨人的后裔。我们在他们面前就如蚱蜢一样！"

"我们不能攻打他们，因为肯定会被他们打败的！"

民众开始骚动。他们向摩西、亚伦怨言："我们还不如早死在埃及，
或是死在这荒漠里！耶和华为什么要把我们领到迦南，让我们倒在刀
下，让我们的妻子和孩子被掳掠呢？我们回埃及去岂不好吗？"

甚至有人鼓动说："我们不如立一个首领，带我们回埃及去吧！"

十二名探子中有两个人，约书亚和迦勒，是有远见和勇气的年轻
人，支持摩西的战略。他们眼见情况危急，就撕裂衣服，对以色列全体
民众说："不可背叛我们的上帝！我们所侦察经过之地是流着奶与蜜的富
庶之地。上帝若喜爱我们，就必将把我们领进迦南，把那土地赐给我们！
不要害怕当地的居民，荫庇他们的神已经离开他们。有上帝与我们同在，
我们必定可以打败他们！"

民众听了，要用石头打死他们两人。

突然间，上帝的光辉出现在圣幕上面。

上帝对摩西说："这些人藐视我要到什么时候呢？我在他们中间行了
这么多神迹，他们仍旧不相信我！他们怀疑我要到什么时候呢？我要降
瘟疫毁灭他们，但我要立你做一国的父，你的国要比他们的强大！"

可是，摩西对上帝说："您用您的大能领这些人离开了埃及。当埃
及人听见您对您的子民所做的事以后，如果您这样就消灭这民族，那些
听见过您名声的国家，就必定会议论纷纷，说：'上帝因为没有办法把
以色列人领到所应许的地方去，所以就在荒野把他们杀掉算了。'现在，

求您以伟大的慈爱赦免这些人的罪过吧。从埃及出来，直到现在，您不是一直在饶恕他们吗？"

上帝说："我听你的祈求，赦免他们。但我指着我的永生起誓：大地必充满我的荣耀！这些人虽然看见了我的荣耀，看见我在埃及和荒野所行的神迹，却不服从我，还试探了我十次之多，所以，他们绝不能进到我许给他们祖先的地方去。藐视我的人都不能看到那地！你们去把我的话告诉以色列人：'我指着我的永生起誓，我一定照你们所抱怨的话，应在你们的身上。你们当中二十岁或以上、曾经向我发怨言的，必倒毙在这荒野中。我曾答应让你们住在那里，可是现在，除了迦勒和约书亚，没有一人可以进去！因为他俩的态度跟其他人完全不同，他们一心跟从我。他们的子孙必得到那地方为产业。但你们的孩子，也就是你们怕被人掳去的，我要领他们进去，让他们认识你们自己放弃的地方。至于你们，你们必毙倒在这荒野！你们的儿女在荒野流浪四十年，为你们的不信而受苦，直到你们都死在荒野为止！你们侦察那地方的日子一共是四十天，你们要为每一天受罪罚一年，合共是四十年。那时候，你们就知道你们跟我作对是怎么一回事了！'"

由此，以色列人跟随摩西出了埃及后，在埃及到迦南之间的荒漠中辗转流浪了四十年之久。

在此次侦察迦南、选择立场的政治事件中，约书亚表现出了对摩西的坚定拥护和支持，也表现出了超人的胆略和远见，于是摩西把约书亚作为自己可靠的助手留在身边，并在以后的岁月里悉心培养他。约书亚也不负摩西的栽培，领导能力和威望与日俱增。

### 陨落摩押地，至死望迦南

以色列人在荒漠中流浪的四十年间，经历过几次瘟疫的打击，经历过数次与其他民族的战争，也经历过民族内部的政治夺权斗争。如上帝四十年前所言，出埃及时二十岁以上的、曾经抱怨上帝的以色列人大都已经相继死在了荒漠中。以色列民族基本上已经由出埃及时尚且年幼的人和出埃及后出生的人所组成了。

到了出埃及后的第四十个年头的正月间，已经一百二十岁的摩西老人带领着以色列人再次来到了汛旷野的加底斯。

他们扎营的地方没有水。民众聚集到摩西和亚伦那里，埋怨说："你为什么领我们离开埃及，到这不毛之地来呢？这里没有五谷，没有无花果、葡萄和石榴，甚至连水都没的喝！是不是要我们跟牲畜一起死在这里？！"

摩西和亚伦离开民众，到圣幕门口，他们俯伏在地上，上帝的荣光向他们显现。上帝对摩西说："把约柜前面那根杖拿来。你和亚伦要集合全体民众，在他们前面对磐石说话，水就会从磐石涌流出来。这样，你可以让人民和牲畜喝从磐石流出来的水。"

摩西照着上主的命令去把杖拿来，并集合全体民众到磐石前面。在全体民众的瞩目下，摩西要使磐石中流出水来。他记起上帝的命令："只须对磐石说话。"可是，从前上帝都是让他用手杖击打磐石才出水的。这次，万一水不来……他不敢冒这个险，他不能在民众面前失败。因此，他没有按照上帝指示的那样对磐石说话，而是使用以前击打磐石的方式。上帝保佑，很大的一股水从磐石中涌了出来。民众和牲畜都高兴地

摩西击石出水

去喝水。

上帝却不高兴，他责备摩西和亚伦，说："你们在以色列人面前没有足够的信心坚信我神圣的大能，你没有照我的吩咐去做。所以你和亚伦都不能进入迦南地，你们也要死在旷野。"上帝又对摩西说："你可以远远地看到这地，可是不得进去。"

随后，以色列人从加底斯起行，安营在何珥山以东地的边界。五月初一日，祭司亚伦遵着上帝的吩咐登上何珥山，就在那里去世了，享年一百二十三岁。以色列人为他举哀三十天。他的儿子以利亚撒接替了他的祭司的职位。

以色列人在摩西的带领下继续向迦南挺进。经过几次战争，他们推进到了约旦河东岸的摩押平原。而约旦河的西岸，就是他们梦寐以求的迦南。

摩西从摩押平原登上尼波山。在那里他看到迦南全地：从基列到北面的但城，拿弗他利全境，以法莲和玛拿西地区，犹大全境，向西伸延到地中海，犹大的南部和从琐珥到棕树城耶利哥中间的平原。

摩西上了尼波山以后，就再也没有人看到他下来。如上帝所说，他让摩西看到迦南，却不让他进到迦南。摩西死的时候，身体仍然强健，视力很好。

人们只知道，上帝把摩西埋在比珥城对面的摩押山谷；但是，直到今天，也没有人知道他埋葬的具体位置。

以色列人民在摩押平原为他举哀三十天。

摩西带领以色列人从埃及人的奴役中走出来，建立起了以色列人对上帝的唯一信仰，并为以色列人建立了一套系统的约法。他是以色列历史上一位杰出的先知和领袖，并被犹太教、基督教和伊斯兰教共同崇拜。

流着奶与蜜的地方

# 第五章
# 约书亚及其后的士师时代

## 约书亚率军民渡过约旦河

从四十年前侦察迦南事件开始，约书亚越来越受到摩西的器重，并成为他的助手得到培养；在以后四十年的岁月里，拥有军事天赋的约书亚在摩西的帮助下，在以色列民众中树立了很高的威信。因此，摩西在世时，就明确了把约书亚作为自己的接班人。摩西去世前夕，按照上帝的神谕，向以色列全体民众宣布了约书亚为自己的接班人。

由此，摩西去世后，约书亚顺利继位，担任以色列人新一代的政治、军事和宗教领袖。

约书亚即位时，他所面临的主要任务是非常明确的，那就是带领以色列人占领迦南。

约书亚一边整训军队，一边派了两个探子，要他们到迦南秘密侦察，特别是要侦察他们渡过约旦河后首先要攻击的耶利哥城的情况。

探明敌情后，约书亚命令以色列军民到约旦河岸边扎营，等待渡河。那时正是收割的季节，约旦河水流湍急，河水涨过两岸。

三天以后，即犹太历正月初十，上帝对约书亚说："今天，我要使所有以色列人民尊崇你为大领袖。他们会看出我与你同在，像从前我与摩西同在一样。你要吩咐抬约柜的祭司们，在到达约旦河边的时候，他们要走进河里，靠岸边站着。约旦河水会停止流动；上游流下来的水会汇集在一个地方，成为一道水堤。"约书亚把上帝的神谕下达给以色列民众。

渡河的命令下达，祭司们抬着约柜走在最前面。如上帝所说，祭司们脚一入水，河水就停止流动，上游的水在撒拉旦附近的亚当城汇集成一道水堤，下游流进死海的水完全被切断。

于是民众从约旦河中间的干地上向对岸走去。全体民众都过了约旦河以后，约书亚从十二支族里各选出一个人，吩咐他们："你们到约旦河里，走到上帝你们的神的约柜前头。每一个人从河底取一块石头，扛在自己肩上。每一块石头代表一个以色列的支族。你们要堆这些石头做纪念碑。将来，你们的子孙问起你们，这些石头是纪念什么的，你们要告诉他们，上帝的约柜过约旦河时河水停止流动。这些石头要永远使以色列人纪念在这里所发生的事。"

那十二个人遵照上主吩咐约书亚的话，从约旦河中取了十二块石头，每一块石头代表一个以色列支族，带到营地，放在那里。

约书亚也在约旦河中，在祭司抬着约柜站立的地方，另外堆了十二块石头。那些石头至今还留在那里。

抬约柜的祭司们抬着上帝的约柜最后走上岸，然后走到队伍的前头去。祭司们一踏上河岸，河水又开始流通，跟先前一样涨过两岸。


## 智取耶利哥城

犹太历的正月十四，是第四十个逾越节，也是他们在迦南度过的第一个逾越节。那一天，他们吃上了迦南生产的粮食做成的无酵饼和其他丰盛的食品，从此以后，他们再也不用吃吗哪充饥了。这更加激励了以色列士兵攻下迦南诸城的决心。

约书亚摸透了亚摩利人畏怯的心理，为了尽量减少伤亡，他决定智取。

他让一队手拿武器的士兵走在最前面，后面跟着七个祭司，手拿七支羊角号，一边走一边吹，最后跟着上帝的约柜。士兵们只绕城行走，不出声呐喊。每次绕城时离城的远近是刚好使城墙上的人看得清楚，又让他们的弹弓和弩伤不着士兵们。

就这样一天天地重复绕城，连续六天。被困城里的居民感到非常好奇，不知道他们的上帝又在施什么法。他们攀上城墙围观以色列人绕城的游行队伍，一边看一边恐慌："这下可要大难临头了。"

到第七天，以色列军队又绕城。这次，他们绕城七圈。前六圈他们都照旧一言不发。但走第七圈时，以色列人一听到号角声，就一起大声地喊起来，喊声震天动地，城墙随之倒塌。以色列军队一拥而上，攻入城中，见人就杀，见金银财宝、铜铁器皿就抢。他们不分老幼，把全城所有的人都杀光了。

将耶利哥城杀劫一空之后，约书亚命令放火烧城。冲天大火烧了几天几夜，耶利哥城自此成为一片废墟。

约书亚对着被焚毁的耶利哥城发誓说："以后任何人不得重修耶利哥城，如有人修这城就会在上帝面前受诅咒。修城的人起地基的时候必丧长子，安门的时候必丧幼子。"

智取耶利哥城使约书亚名震迦南。

## 示剑重立约

经过多年的征战，到约书亚年老的时候，以色列人已经相继击败了约旦河西岸地区的诸王，共三十一个王。这三十一王的所有城池都被屠城。整个迦南地区，除了耶路撒冷以及海边和山区的几个城外，已经全部被以色列人征服了。

年迈的约书亚在示剑召集以色列各族来到上帝的圣幕前。

约书亚对全体人民说："上帝——以色列的神这样说：'很久以前，你们的祖先，他拉以及他的儿子亚伯拉罕和拿鹤住在幼发拉底河那一边，他们拜别的神明。我带你们的祖先亚伯拉罕从那里过了幼发拉底河，领他走遍迦南各地，又赐给他许多子孙。我赐给他以撒，又给以撒两个儿子——雅各和以扫。我把以东的山区给以扫，作为他的产业；但你们的祖先雅各和他的子孙下埃及去了。后来，我差派摩西和亚伦带领你们的祖先出来。埃及人用战车骑兵追赶他们。你们的祖先到红海的时候，他们向我求救。我用一层黑暗把他们和埃及人隔开，我使海水淹没埃及人。你们在荒漠中漂泊了很长一段时间。后来，我领你们到约旦河东岸，到亚摩利人所住的土地。他们攻打你们，但我把他们交在你们手中，使你们夺取了他们的土地。你们推进的时候，我除灭了他们。你们渡过约旦河，到耶利哥。耶利哥的居民攻打你们，像亚摩利人、比利洗人、迦南人、赫人、革迦撒人、希未人、耶布斯人攻打你们一样，但我把他们交在你们手中。你们推进的时候，我使他们惊慌混乱，把两个亚摩利王赶走了，这并不是因为你们动过刀或弓。我赐给你们的土地不是你们用劳力得来的；我赐给你们的城市并不是你们建造的。你们现在就住在那里；你们吃的并不是你们自己种的葡萄和橄榄。'"

约书亚继续说："你们要敬畏上帝，真心诚意地侍奉他。你们要除掉祖先在美索不达米亚和埃及所拜的神明，专一侍奉上帝。如果你们不愿意侍奉他，那么，今天必须决定，你们要侍奉的是谁：是你们祖先在美索不达米亚所拜的神明，还是你们现住地的亚摩利人所拜的神明？至于我和我的家人，我们要侍奉上帝。"

民众回答："我们永远不离弃上主去侍奉别的神明！上主——我们的上帝曾经领我们的祖先和我们脱离了在埃及做奴隶的处境；我们亲眼看见了他所行的神迹。在我们经过的国家中，无论什么地方，他都保护我们。我们进入这片土地时，上主赶走了所有住在这里的亚摩利人。所以，我们也要侍奉上主，他是我们的上帝。"

于是，约书亚为人民立约；他颁给以色列人法律和条例。约书亚把这些命令写在上帝的律法书上，然后在上帝圣所的橡树下竖立一块大石。

他对全体人民说："这块石头将为我们作证，它听见了上主对我们所说的每一句话。因此，它将为你们作证，免得你们背叛你们的上帝。"

示剑立约没过多久，约书亚就去世了，享年一百一十岁。以色列人民把他安葬在他分得的土地上，就是迦实山北边以法莲山区的亭拿西拉。


## 肋下的荆棘


约书亚死后，以色列民族进入士师统治时期。士师这个词是"审判官、法官"的意思。士师在打仗时是群众的统帅，平时则是管理民事的审判官。

约书亚领导以色列人征战迦南的过程中，上主并没有把迦南所有的原住民全部赶走。他留下的有非利士五个城和所有迦南人、西顿人，以及住在黎巴嫩山区的希未人。上主留下这些民族是要考验以色列人，看看他们是否服从上主使摩西颁布给他们祖先的诫命。他要教以色列的每一代都学会打仗，尤其是从来没有上过战场的人。

出埃及后的以色列人一直生活在沙漠地区。他们虽然征服了迦南，但农业文明不及迦南原住居民发达。定居迦南后，他们从迦南人那里学会了耕作土地，也从迦南人那里学会了对各种农业保护神的崇拜。在当地，父神巴力和母神亚舍拉（又称"亚斯他录"）被认为是天帝和天后。以色列人还和迦南人通婚。

上帝看到这种情形，非常气愤，决心惩罚这些背叛的人民。他派天使来到百姓中间，对他们说："我使你们从埃及出来，领你们来到我向你们祖先许之地，我要你们永不废弃我与你们立的约，也不能与这地的居民立约，要拆毁他们的祭坛。你们竟没有听从我的话！因此我要惩罚你们！我必不将这地的人从你们面前赶出去；他们必作你们肋下的荆棘！"

就这样，以色列人因为受到迦南当地民族的影响，宗教信仰不再纯粹；各宗族之间为了领土和权势不断出现争执和纠纷；整个民族失去了摩西和约书亚时代的凝聚力和向心力。整个士师时代，以色列民族一共经历了十二位士师的领导。但是，没有任何一位士师的威望能与摩西或约书亚相提并论。

以色列进入了一个反复交替的循环中：先是沦于迦南某个新崛起的民族的压迫之下；随后，上帝又把民族英雄送给他们，做他们的士师，领导他们从迦南人的压迫中解放出来。安定若干年后，以色列人又会陷入新的内乱；进而，被当时强大的民族压迫。

这正是上帝用做惩罚以色列人的"肋下的荆棘"。

# 第六章
## 士师时代向王国时代的过渡——撒母耳、扫罗和大卫之间的是非恩怨

## 撒母耳出世

在以利担任以色列人的大祭司兼士师的时候，在以法莲山地的拉玛琐非小镇上，有一个以法莲人，名叫"以利加拿"。他有两个妻子，一个名叫哈拿，一个名叫毗尼拿。毗尼拿有儿女，哈拿没有儿女，因此哈拿经常受到毗尼拿的虐待，不过以利加拿更爱哈拿。

一天，哈拿又受到毗尼拿的当众羞辱。她哭泣着来到耶和华大殿的门框边，坐下来，默默对上帝许愿说："万军之耶和华啊，你若垂顾婢女的苦情，眷念不忘婢女，赐我一个儿子，我必使他终身归于您，终身侍奉您。"

在哈拿祈祷的时候，大祭司以利注意观察，看到她祈祷的时候只是嘴不停地动，而不发出声音，以为她喝醉了，就走过去厉声说："你上神殿来之前不应该喝酒！"

哈拿回答说："主啊，不是这么回事：我滴酒未进，只是有苦难言啊。"

以利再仔细看她，只见她面色苍白，眼睛里笼罩着忧愁的神情，就安慰她说："你放心地回去吧，耶和华会赐福与你，你将有求必应。"

哈拿感激地向以利一拜，说："愿婢女在你眼前蒙恩。"

哈拿回到家里，与丈夫同床后，果然怀孕了。

第二年，向耶和华献年祭前，哈拿生产了，是一个儿子，她为儿子取名叫"撒母耳"。

撒母耳断奶后，哈拿带着他到了示罗，还带了三头公牛，一伊法细面，一皮袋酒。她把小撒母耳领到以利跟前，对他说："主啊，我就是从前在这里起誓的女人。我曾说如果耶和华赐给我孩子，我一定要将他归于耶和华，终身侍奉他。这就是耶和华赐给我的孩子，今天我是来还愿的。"

献祭之后，哈拿把撒母耳交给以利，自己心怀喜悦地回拉玛琐非去了。以后她每年都为撒母耳做一件小外袍，在全家到示罗献年祭时交给他。以利为以利加拿和哈拿祝福，哈拿后来又生了三个儿子和两个女儿。


## 上帝呼唤撒母耳

以利带着撒母耳，既当导师，又当父母。撒母耳很听他的话，成长得非常快。

但是，以利的两个儿子，一个叫做何弗尼，一个叫做非尼哈，都很不成器，他们仗着父亲的权势胡作非为。有人来献祭，正在煮肉的时候，他们就用叉子插到罐里或锅里，拿这些肉请示罗的浪荡公子们吃喝。他们甚至与守大殿的女人们鬼混。以利几乎一见面就苦口婆心地教育他们，责骂他们，要他们改邪归正，但这两个逆子一句话也听不进去，仍旧我行我素。百姓对这两个人恨之入骨，直怪大祭司纵子作孽。

尽管周围男盗女娼，撒母耳却一尘不染，虔心敬奉耶和华，少年时就担任了祭司。他品行端正，美名远播。

一天夜里，神殿约柜上的灯还没有熄灭，劳累了一天的撒母耳已经睡着了，忽然听到有人喊："撒母耳！"

撒母耳惊醒了，他以为是年迈的以利在叫他，答道："我在这里。"

他跑到以利身边，接着说："刚才您呼唤我吗？我在这里。"

以利回答说："我没有呼唤你，你去睡吧。"

撒母耳回到床上，还没有入睡，又听见有人喊："撒母耳！"

撒母耳起来，跑到以利跟前，说："刚才您呼唤我吗？我在这里。"

以利回答："我的儿，我没有呼唤你，你去睡吧。"

撒母耳有些莫名其妙。他刚刚躺下不久，第三次听到有人叫他，他第三次跑到以利面前说："我刚才听到您呼唤我，我在这里。"

阅历丰富的以利这才明白，是上帝在呼唤这个少年，就对撒母耳说："你回去睡吧，如果再听到有人呼唤你，你就说：'耶和华呀，请说。仆人敬听。'"

撒母耳回到原处睡下，一会儿，同样的呼唤再次出现了："撒母耳，撒母耳啊！"

撒母耳按照以利的吩咐，回答说："我主请说，仆人敬听。"

耶和华对撒母耳说："我在以色列人中必行一件事，叫听见的人都必耳鸣。我指着以利家所说的话，到了时候，必然应验在以利身上。以利知道自己儿子作孽却不忍心割爱，就等于纵容包庇。我要永远降罪给他全家，无论奉献多少祭物，他家的罪恶也不能赎去。"

第二天，以利问撒母耳："我儿撒母耳啊，昨天夜里耶和华对你说了些什么？"

撒母耳支吾着："这……"

以利追问道："你不能向我隐瞒，你若将上帝对你所说的隐瞒一句，他就会重重地降罪在你身上。"

撒母耳只好把一切都照实说了。以利听了这番话，吓得呆了。半晌，他恭敬地说："这是出于耶和华，愿他凭自己的意志而行。"


## 约柜被劫，以利灭门


那一年，以色列人与非利士人打仗，安营在以便以谢；非利士人安营在亚弗。

两军交战，以色列军队战败，非利士人在战场上杀了以色列士兵四千人。以色列人撤回营地，长老们聚在一块儿开会，他们说："摩西和约书亚的时代，打仗从不离耶和华的约柜。显然，这一仗失利的原因就是未带约柜。我们应该马上派人去把约柜抬来。"

于是前线打发人回到首都示罗，要从那里把上帝的约柜抬来。大祭司以利对这件事非常重视，他派了自己的两个儿子何弗尼和非尼哈押送约柜。

耶和华的约柜抬到了营中后，以色列人齐声欢呼，声音很大，有地动山摇之势。这样非利士人就知道以色列人抬来了约柜，一定是要决一死战，他们赶忙动员士兵说："非利士人哪！你们要刚强，要做大丈夫，免得做希伯来人的奴隶，如同他们现在做你们的奴隶一样。"

以色列人与非利士人再度交锋，败得更惨。以色列军队的营地被冲破，战士四散逃去，有三万人阵亡，其中包括来不及逃跑的何弗尼、非尼哈，两人也死在非利士人的乱刀之下。

最令以色列人痛心的是，耶和华的约柜被非利士人掠去了。

当天有一个便雅悯人从阵地上逃跑出来，他衣衫破裂，灰尘满面，来到示罗。他一边跑，一边向街上的人们报告战败的消息，全城人听见这个噩耗，一阵阵地呼喊起来。九十八岁高龄的以利，正坐在大殿外的甬道边忧心如焚地等待战斗的结局，听到全城人的呼喊就问："百姓为什么喧闹呢？"

那个便雅悯人来到以利跟前，对他说："我是从阵地上逃回来的。"

以利迫不及待地问："情况怎样了？"

便雅悯人说："情况糟透了。以色列人在非利士人面前逃跑，死伤甚多；您的儿子何弗尼、非尼哈也阵亡了；神的约柜被掳去了。"

那人一提神的约柜被掳，老以利吓得从椅子上栽下来，头撞在门楣上，折颈而死。以利就这样结束了他四十年的士师生涯。

那一天，以利的儿媳、非尼哈的妻子临盆在即，听到战败的消息，又听说丈夫和公公相继身亡，因惊吓过度难产而死。

上帝向撒母耳——他的仆人——说的话一句也没有落空，这是耶和华显现亲自选择先知的方式。整个以色列，从但到别是巴，所有的人都在流传耶和华立撒母耳为先知的事情。


## 约柜显神迹

非利士人长驱直入，占领了以法莲部落的全部领地；铁蹄所至，把以色列的宗教政治中心示罗踏为废墟；示罗神殿也在大火中化为灰烬。他们把在战争中缴获的以色列约柜抬到亚实突，放在大衮神庙里，跟大衮神像放在一起。

第二天清早，亚实突人发现，大衮神像仆倒在耶和华的约柜前，脸俯伏于地，便把它扶起来立在原处。可是到了第三天早晨，人们又发现大衮神像倒在地上，匍匐在约柜跟前，而且头和两只手都在门槛上折断了。与此同时，亚实突地区鼠疫盛行，大人小孩都生了痔疮。

于是，亚实突人去找非利士人的头领，对他们说："以色列人的约柜不可留在我们这里，因为他们的神耶和华重重地降灾在我们的神大衮身上。"

非利士人就把约柜运到迦特，没多久，迦特也鼠疫成灾，人人都长了痔疮。迦特人强烈要求把约柜抬走，约柜就被抬往以革伦。约柜还没有进入以革伦城，以革伦人就拦住抬约柜的队伍，说："你们不要来害我们，这是以色列人的神的约柜，还是归还给以色列人吧。"

非利士的首领们聚集起来开会，商量如何处置约柜，他们对约柜的神力已经害怕至极，只好决定将约柜给以色列人送回去。他们把约柜放在一辆刚刚造好的新车上，套上两头刚刚下过牛犊的母牛，又把装着非利士五个城市赔罪的礼物的箱子放在旁边。那个箱子里边放着五个金痔疮像，五个金老鼠像。他们在母牛的屁股上狠抽一鞭，那两头母牛撒开四蹄径直朝以色列的土地跑去，尽管它们都处在哺乳期，牛犊还关在身后农户的牛棚里。

非利士人这回确信大灾是耶和华降在他们身上的，是上帝的手打击他们。两头母牛沿着通往伯示麦（以色列与非利士交界上的小镇）的大道一直往前走，一面走一面叫。伯示麦人正在平原上收割麦子，举目看见约柜，便欢呼起来。他们立即将约柜和箱子抬到一尊大磐石上，把牛车劈碎作为木柴，把牛杀死祭献给上帝。

没有多久，就有五万人聚集在约柜周围。有七十个胆大的人忍不住心头的好奇，擅自打开约柜观看里面的东西，亵渎了神灵，被耶和华当场击杀在众人面前。

就这样，约柜在离开以色列人七个月后又物归原主。

后来，约柜被运到基列耶琳，放在山上亚比拿达的家中，由他的儿子以利亚撒看守，约柜在这里停放了很多年。后来撒母耳并没有把约柜迎回来，直到几十年后，大卫王才把约柜迁移到耶路撒冷。


## 撒母耳力挽狂澜

以利死后，撒母耳受命于危难之际，继承了大祭司和士师的职位。撒母耳虽然年轻睿智，也难以挽回已成定局的战争趋势——以色列人仍然节节败退。

示罗陷落后，撒母耳把陪都建在米斯巴。他每年在伯特利、吉甲、米斯巴几个城市巡行，审理案件。平时他则住在老家拉玛，在那里他为上帝筑了一座坛。他对以色列人说："你们若一心归顺耶和华，就要把外邦的神和亚斯他录从你们中间除掉，专心归向耶和华，单单侍奉他，他必救你们脱离非利士人的手。"以色列人此时也意识到拯救民族危亡需要统一的信仰，于是，他们抛弃了巴力和亚斯他录等神，专一侍奉耶和华。

那一年，撒母耳召集以色列长老在米斯巴举行大祭，非利士人趁机前来攻打米斯巴，想把以色列的精英全部消灭。撒母耳把一只吃奶的羊羔献给耶和华作全牲的燔祭，为以色列人呼求耶和华。以色列人在上帝的鼓舞下，英勇地向非利士人开战。耶和华在天上发出雷鸣闪电，惊乱了非利士人，使他们大败而逃。以色列人乘胜追击，直到伯甲城附近。

从此，以色列人把握战局，收复了大片领土，非利士人再也不敢前来侵犯。为了全力对付非利士人，撒母耳还使以色列人与摩押人建立了和睦友好的关系。在后面的二十多年里，撒母耳逐步带领以色列人民走上了民族复兴之路，他在以色列人民心中树立起崇高的威望。

## 君主制的呼声

又过了好些年，撒母耳已经年纪老迈，就立他儿子做以色列的士师。但是他步了先师以利的后尘。他的长子名叫约珥，次子名叫亚比亚，这两个儿子都不行正道，贪财图利，收受贿赂，屈枉正直。人民对此非常失望，因此强烈希望能有一位贤明豁达的领袖帮助撒母耳治理国家，好在撒母耳去世以后统领他们继续为自由争战。

以色列各族的长老聚集起来，来到拉玛见撒母耳。对他说："您年事已高，儿子又不行正道，现在求您为我们立一个国王治理我们，像我们的邻国一样。"

百姓的请愿深深地刺伤了撒母耳的心。但是，他毕竟是一位贤明正直的领袖，他认为，这样大的事情要由上帝来裁决。耶和华对他说："百姓的请愿，你尽管依从，因为他们不是厌弃你，而是厌弃我，不要我做他们的王。自从我领他们出埃及到如今，他们常常离弃我而侍奉别的神。不过你得告诫他们，告诉他们将来那王会怎样管制他们。"

撒母耳按上帝的旨意，同意为以色列选立国王，但非常勉强。因为国王会成为大祭司政治上的对手，分享大祭司的权力。他对代表百姓来请愿的长老们说："管辖你们的王必这样行——他必派你们的儿子为他赶车、跟马，奔走在车前；又派他们做千夫长、五十夫长，为他耕种田地，收割庄稼；打造军器和车上的器械；必取你们的女儿为他制造香膏、做饭烤饼；也必取你们最好的田地、葡萄园、橄榄园赐给他的臣仆；你们生产的粮食和蔬菜水果，他们必取十分之一给他的太监和臣仆；又必取你们的仆人、婢女、健壮的少年人和你们的驴，供他的差役；你们也必做他的仆人。那时你们再哀求耶和华不要立，耶和华却不应允你们。"

但是，撒母耳并没有说服代表百姓的长老们。他们说："不，我们一定要一个王治理我们，统领我们，为我们征战。"

撒母耳说服不了百姓，就对他们说："我将为你们立一个王，你们各归各城去吧。"

## 撒母耳初会扫罗

有一个便雅悯人，名叫基士，住在基比亚，是个力大无比的勇士。他有一个儿子，名叫扫罗。扫罗身材高大，比普通人要高出一头，身体健壮，武艺超群。而且，他容貌英俊，才智出众，简直是一个完美的男子，以色列人中没有一个能与他相比。

有一回，扫罗的父亲基士丢了几头驴。基士就吩咐扫罗说："你带一个仆人去寻找那几头驴。"

扫罗带着仆人走过以法莲山地，又走过沙利沙地，都没有找着。他们寻遍沙琳、便雅悯、苏弗等地还是没有见到驴的影子。扫罗对跟随他的仆人说："我们不如回去，恐怕我父亲现在不是在为驴担心，而是在为我们担心了。"

仆人告诉他："这城里有一位神人，为众人所尊重，凡他所说的话全部能应验。我们不如到他那里去，或许他能指示给我们应当走的路。"

他们来到城门外，上了一个缓坡，就遇见几个当地的女子出来打水，就上去问她们："可爱的姑娘们，你们知道那位有名的先见 [1] 住在什

[1] 那个时候，以色列人把先知叫做先见。

么地方吗？"

有一个姑娘对他们说："你们一直往前走，就可以找到，因为今日百姓要在祭坛献祭，献完祭后，那个最先吃祭物的就是你们要找的人。"

主仆按照姑娘的指引向前走，将进城的时候，撒母耳正迎着他们走来，要上祭坛去。原来，那天撒母耳是按照耶和华的神谕到苏弗选拔以色列国王的。

撒母耳看见扫罗的时候，耶和华就对他说："看哪，这人就是我对你所说的，他必治理我的人民。"

扫罗走到撒母耳跟前，说："尊敬的长者，请告诉我，先见的寓所在哪里？"

撒母耳回答说："我就是先见。你在我前面上丘坛去，因为你今天必与我同席；明天早晨我送你回去，将你心里的事都告诉你。三天前你们家丢的驴已经找着了。以色列人民所仰慕的人是谁呢？不是你和你的全家吗？"

扫罗显得有些吃惊地说："预知一切的先见哪，我的籍贯不是以色列支派中最小的便雅悯吗？我家不是便雅悯支派中最小的家庭之一吗？您为什么对我说这样的话呢？"

撒母耳不由分说把扫罗主仆二人请进了客堂，在三十位贵宾中把扫罗让进首席。撒母耳对厨役说："我交给你收存的那一份祭肉，现在可以拿来。"厨役就把收存的羊腿拿来，摆在扫罗面前。

撒母耳说："这是所存留的，放在你面前，吃吧！因我特意为你存留这肉到现在。"

席后，撒母耳和扫罗一同登上屋顶，在那里促膝谈心到深夜。

## 以色列迎来首位国王

次日清晨，撒母耳唤醒扫罗，把扫罗送到城角。撒母耳对扫罗说："叫你仆人先走。你且留步，我要将神的话转告给你。"

仆人走远了。撒母耳就拿膏油涂在扫罗头上，与他亲吻，说："你今天与我离别后，途经神的山，必遇见一班先知从祭坛下来，前面有鼓瑟的、击鼓的、吹笛的、弹琴的，他们都受神的感动而说话。耶和华将赐灵感于你，你就同他们一道说笑唱跳。然后，你先下到吉甲，献上燔祭和平安祭。你在那里等候七天，听我的进一步指示。"

大祭司膏立扫罗为王的仪式就这样简单而秘密地完成了。

那一天撒母耳的话应验了。当扫罗在神的山受神的感动与众先知一起说唱的时候，平时认识扫罗的人奇怪地问："基士的儿子怎么了？扫罗也列在先知中吗？"[1]

扫罗回到家里，并没有把大祭司膏立自己为王的事情告诉亲人们。国王的人选虽然事先由撒母耳选定了，但还是要以抽签的形式向以色列人宣告，才可以使以色列各支派的民众心悦诚服，得到他们的支持和赞同。

七天以后，撒母耳把百姓召到米斯巴，对他们说："你们要求立一个国王来统治以色列，耶和华应允了你们的请求，现在开始选举第一任国王。各支派宗族，让你们的代表站到耶和华面前来。"

---

[1] 后来，"扫罗也列在先知中吗？"成了以色列人的一句俗话，表示对某人突然之间改变了自己的形象感到惊讶。

各支派的代表站出来了，撒母耳就在他们面前抽签。第一签，抽到便雅悯支派；第二签，抽到便雅悯支派中的玛特利族……到很多次签以后，终于抽到便雅悯支派、玛特利族、基士的儿子扫罗。就这样，扫罗被耶和华选中成为以色列历史上的第一个国王。

撒母耳公布这个结果后，却在人群中找不到扫罗。原来扫罗极其谦虚腼腆，在宣布最终结果之前，就躲到牛车下面去了。以色列人在耶和华的指引下才把他从躲藏的地方拉出来。他站在百姓面前，比其他人高出一个头。撒母耳对全部以色列人夸赞他说："你们看耶和华拣选的人，众民中有可以与他相比的吗？"

虽然在撒母耳的精心安排之下，扫罗被立为王，但在以色列各支派内部，面对这位名不见经传、天上突然掉下来的国王，态度并不统一。在立王仪式上，有一部分民众当场表示不支持扫罗，他们不向他跪拜，也没有送礼物给他。但那时的扫罗才刚刚为人所知，还没有任何作为来树立声望，他只得装做什么也没看见，对这些人不去理睬。

这位新生的以色列王国的首位国王，只是尴尬地挂着王的名，没有获得任何国王的权力。他只好回到基比亚老家，一如既往地过着种田养家的日子。


## 首战告捷，国王立威

扫罗称王那年四十岁。在他赋闲在家期间，他的三个儿子和两个女儿也长大成人了。这三个儿子中有一个名叫约拿单，他力能拔山、胆识过人。

在约旦河东岸的基列山区有一座以色列人的城市，叫做基列雅比。亚扪人的王拿辖率兵包围了这座城市，扬言要攻破这座城市，将居民斩尽杀绝。雅比人无力对抗，就推举长老出城与亚扪人讲和。

长者们对拿辖说："你与我们立约，我们就服侍你。"

拿辖认为雅比已是掌中之物，就想凌辱以色列人，说："你们若让我们剜出你们各人的右眼，我就与你们立约。"

雅比的长老只好说："那这样好不好：求你宽限我们七天，等我们打发人往以色列全国去求援，若没有人来救我们，我们可以同意你们的条件。"

拿辖同意了。

于是，雅比派使者到以色列各部去。派到国王扫罗老家基比亚的使者把拿辖的话讲给百姓听，百姓群情激奋。扫罗赶着牛从田间回来，听到百姓们转述的话，气得毛发直立。他挥刀杀死牵着的那对耕牛，又把它大卸八块，命令使者送给以色列各支派，说："凡不出来相随扫罗和撒母耳的，罪同此牛。"

以色列各支派在此民族大义面前，面对国王的号召，无不响应。各支派迅速组织民众参军，最终组成了一支三十万人的大军，光犹大支派就来了三万。

雅比人有了全国的支援，回去却对亚扪人说："全以色列都没有人愿意救我们，明天我们出来归顺你们，你们愿意怎样待我们，就怎样待我们。"亚扪人就被麻痹了。

第二天，扫罗将百姓分为三队，在凌晨突然袭击亚扪人的营地，击杀他们直到太阳当顶。亚扪人有的被杀死，其余的四处逃散。

一夜之间，扫罗获得了国王应有的威望。

拥护扫罗的人找到撒母耳说："那些从前反对扫罗的人们都是谁呢？应当把他们诛灭。"

扫罗听到这话，只是淡淡地说："今天是胜利之日，我们不可杀自己人，做那种扫兴的事。"

雅比人大捷后，撒母耳在吉甲再次召开全民大会，重新为扫罗举行了登基仪式。以色列终于有了真正的国王。

## 扫罗冒犯撒母耳

雅比之战以后，扫罗把绝大多数战士都打发回家，只留下精锐部队三千人，其中两千人归自己指挥，驻扎在密抹和伯特利，一千人归儿子约拿单指挥，驻在老家基比亚。

约拿单年轻气盛，有一股初生牛犊不怕虎的劲头。一天夜里，他率兵攻打基比亚附近的迦巴，把占领那里的非利士人打得丢盔弃甲、一败涂地，并收复了迦巴。

胜利的捷报风驰电掣般传遍以色列，在扫罗的号召下，以色列人的起义风暴如燎原之火，迅速在被非利士人占领的地区蔓延开来。

非利士人遭到扫罗军队的正面攻击，又面临着被占领地区的以色列人民的普遍反抗，决定对以色列人进行严厉的镇压。他们调动了大规模的正规军：三万辆战车和六千骑兵，至于步兵，多得像海边的沙粒。非利士人的大部队向以色列的边界进发，在伯亚文东边的密抹安营。

扫罗的部队驻扎在吉甲。他的士兵不仅人数少，装备也非常简陋。那时候，征服者非利士人因为害怕以色列人制造武器，不准他们学铁匠，所以以色列人中没有一个铁匠，他们要打制农牧用具只能去找非利士人。因此，全部以色列军队中只有扫罗和约拿单手里拿着真正的武器，其他人都拿着锄头、斧子、土铲、犁铧、三齿叉和赶牛锥当武器。以色列人见非利士人如此强大，不免望而生畏，不少士兵逃离了军营。有的人藏进了山洞里、丛林中、石穴下和土坑里；有的过了约旦河，逃到迦得和基列等地。

此刻，扫罗的部队正等待着撒母耳前来向耶和华献战前的燔祭。按照与撒母耳的约定，本应该七天前就举行仪式的。现在，已经过了七天还未见撒母耳到来，这严重动摇了部队的军心。最后，扫罗手下只剩下六百名忠勇之士了，如果再不举行战前燔祭，稳定军心，不言而喻，以色列人将不战自败。在这种危急的情况之下，扫罗只好自行给耶和华奉献燔祭。他知道这将触犯撒母耳大祭司，但在十万火急的军情面前，已经顾不了那么多了。

谁知，刚献完燔祭，撒母耳就到了。扫罗赶忙出去迎接他，向他问好。但是撒母耳在来军营的路上已经得知扫罗擅自献燔祭的事。撒母耳立刻愤怒了。他无法容忍扫罗这种严重越权的行为，他认为这是对他的权威的极其严重的挑战。他一路上思索权衡，甚至产生了废掉扫罗王位的念头。

扫罗向他问好的时候，撒母耳当着众人的面，极其严厉地责问扫罗："你都做了些什么？"

扫罗说："因为我见战士离我散去，您也没照约定的日期来到，而非利士人马上就要向吉甲进军了，情况万分紧急，我不得不自作主张，勉强献了燔祭。请您谅解！"

撒母耳对扫罗说："你做了糊涂事！没有遵守耶和华你的神所吩咐你的命令。你的王位必定不能长久！耶和华已经寻着一个合他心意的人，立他做以色列的王！"

撒母耳说完，就转身离去。扫罗慌忙恳求撒母耳至少进大营一趟，好让士兵们知道国王仍旧得到大祭司的支持。但撒母耳不为所动，径直离去。

## 约拿单出奇制胜

同撒母耳发生冲突，扫罗失去了以色列人的精神领袖祭司阶级的支持，这使他深感不安。但在十万火急的军情面前，扫罗知道自己要振作，如果自己都气馁了，那所剩不多的部下势必立刻溃散。

扫罗经过冷静分析，选择通过游击战与敌人周旋。当时非利士人分三队进入以色列国土，一队往俄弗拉向书亚地去；一队往伯和仑去；一队往洗波音谷对面的地段向旷野去。

扫罗决定先集中力量打击往洗波音谷去的那支敌军。他率领六百名战士进入离基比亚不远的山区，在米矶仑的石榴树下安营扎寨。

有一天，扫罗的儿子约拿单对给自己拿兵器的侍卫，也是最要好的一个伙伴说：“今天晚上，我们不如到非利士营中去冲它一遭，把那马蜂窝捅个底朝天。我们有耶和华保佑，不怕人少，定能取胜。”

他的伙伴说：“听你的。我必和你一条心。”

到了晚上，两人趁黑潜入敌营，一连杀掉二十个非利士人。敌营顿时大乱，他们在营地中到处奔跑，大声呼喊，寻找藏在暗地里的偷袭者。

在敌营外的山上负责监视的以色列守兵看见非利士营中人影晃动，听到哭喊声此起彼落，立即跑回去报告扫罗。扫罗事先并不知道儿子冒险深入虎穴，他对传令兵说：“你们清点一下人数，看看从我们这里出去的是谁。”

不一会儿，传令兵回来报告说：“只有约拿单和他的卫兵不在营地。”扫罗这才知道是约拿单他们在偷袭敌人，于是立即带着剩下的士兵来到战场增援，加入了战斗。非利士人因为天黑看不清对方面貌，竟然自相残杀起来。非利士军队有不少士兵是以色列人,他们听说本民族的军队杀进来了,就纷纷倒戈,帮助扫罗和约拿单砍杀非利士人。在这种情况下,先前离开部队躲在丛林和山洞里的以色列人也一齐出动,前来助战。非利士人终于支持不住,大败而逃。以色列人追杀非利士人直到伯亚文。

非利士人被赶回到了故土,但是仍然威胁着以色列。

## 撒母耳与扫罗决裂

扫罗虽然把压迫以色列人的非利士人赶出了国门,但他明白,与非利士人的最后决战还未到来,即使非利士人被以色列人彻底打败了,在迦南,以色列人仍处于异教民族的汪洋大海中。因此,扫罗继续招兵买马,他任命了具有统兵才能的堂弟押尼珥为元帅,他经常出击,攻击以色列国境周围的仇敌,并先后打败了摩押人、亚扪人、以东人和琐巴诸王。

当时除非利士人外,以色列面临的最大威胁,是住在西奈山和迦南之间广阔土地上的亚玛力人。他们经常成群结队地到迦南南部地区烧杀抢掠,严重威胁着以色列民族。几年来,扫罗因为忙于对付邻近的其他民族,没有顾得上攻击亚玛力人,这使大祭司撒母耳很不满。

撒母耳教训扫罗说:"耶和华差遣我膏立你为王,治理他的百姓,你应该听从他的话——'以色列人出埃及的路上,亚玛力人怎样待他们,怎样抵挡他们,我都没忘。现在你要去击打亚玛力人,灭尽他们所有的,不可怜惜他们。不分男女老少,不分牛、羊、骆驼或驴,都要尽行杀死。'"

扫罗遵旨，召集起二十多万人的庞大兵团，在亚玛力人都城外的河谷地带设下埋伏，大败亚玛力人。他们追杀亚玛力人一直到临近埃及的书珥，生擒了亚玛力王亚甲。

但是扫罗再次严重触犯了撒母耳。因为他没有按照撒母耳的命令灭绝一切亚玛力人的牛羊牲畜，而是私自保留了其中肥美的部分，只把丑陋瘦弱的杀死。而且，扫罗因为钦佩亚甲王的坚强不屈，竟然没有杀掉他而是赐以活命。更令撒母耳恼火的是，有人向他告密，扫罗在迦密为自己立了歌功颂德的纪念碑。

撒母耳来到扫罗军营驻扎的吉甲。扫罗毕恭毕敬地迎他到营地之外，对他说："愿耶和华赐福与你，他的命令我已经执行了。"

撒母耳却问："我听见有羊叫、牛鸣的声音，是从哪里来的？"

扫罗说："这些是从亚玛力人那里带来的，因为百姓看到上好的牛羊觉得白白地杀了可惜，就留了下来，要献于您的神耶和华。其余的我们都灭尽了。"

撒母耳生气地大声喝道："你住口吧！等我把耶和华昨夜向我所说的话告诉你！"

扫罗一听，感到情况不妙，急忙说："请讲。"

"耶和华说，他后悔膏立你为以色列的王！因为你现在不遵守他的命令！"

扫罗一听这话急了，竭力辩解说："我实在听从了耶和华的命令，完成了耶和华派给我的任务。我灭了亚玛力人，擒了他们的王，把最好的牲畜拉回来献给耶和华您的神。"

撒母耳说："耶和华喜欢燔祭和平安祭，难道不是更加喜欢人听他的话吗？听命胜于献祭，顺从胜于公羊的脂油。忤逆的罪，与行邪术的罪相等；顽梗的罪，与拜虚神和偶像的罪相同。你既厌弃耶和华的命令，耶和华也厌弃你做王。"

扫罗看到辩解没有任何意义了，赶紧说："我知道我有罪了。现在求您同我一同回营去，我好敬拜耶和华。"

撒母耳并不愿意给扫罗这个面子，因为跟他进营地，就等于承认他作为王的地位。他坚决说："今天耶和华使以色列国与你断绝关系，将这国赐予比你更好的人。"说完，他转身要走。

扫罗为了保住国王的地位，顾不得国王的尊严了。他赶紧扯住撒母耳外袍的衣襟，不肯撒手，直到把衣襟扯坏。他再一次苦苦哀求："我承认我有罪。尽管如此，在还没有新国王代替我发挥作用之前，求你看在耶和华的面子上，跟我进去一趟，在民众面前抬举我。"

撒母耳想了想，终于改变了主意，转身跟随扫罗回去。扫罗就作为大祭司的助手，敬拜了上帝。

行完敬拜礼，撒母耳说："把亚玛力王亚甲带来。"

亚甲一听以色列的大祭司召见，以为会有赦令发布，就高兴地来了。

撒母耳宣布了对亚甲的死刑判决："你既用刀使妇人丧子，同样，你母亲在妇人中，也必丧子。"撒母耳说着在吉甲耶和华的神坛前将亚甲杀死。

当时在吉甲的将士还不知道国王与大祭司之间的冲突。

不久，撒母耳回到拉玛琐非，至死未同扫罗见面。但他放出风声说，他不该立扫罗为王，耶和华后悔立扫罗为王。

撒母耳开始隐秘地物色新国王的人选。

# 大卫受膏

撒母耳慑于扫罗的军权，也不敢贸然行事。他在四处查访新王的时候十分谨慎，不敢让扫罗知道。

一天，上帝对撒母耳说："你将膏油盛满了，我将差你到伯利恒人耶西那里去，因为我在他的众多儿子之中预定了一个做王的。"

"可是，我怎样去呢？扫罗如果听见风声，必来击杀我。"撒母耳心有顾虑。

耶和华给他出了个主意："你可以带一头牛犊去，就说：'我来是要向耶和华献祭。'你请耶西过来吃祭肉，我就指示你所当行的事。我所指示给你的人，你要膏他。"

撒母耳遵照耶和华的指示，来到伯利恒。伯利恒的长老对撒母耳同扫罗决裂一事有所风闻，他们战战兢兢地询问其来意："您是为平安祭来的吗？"

撒母耳说："是为平安祭来的，我是来给耶和华献祭的。你们当自洁，来与我同吃祭肉。"

来吃祭肉的有耶西和他的儿子们。耶西家属犹大支派，有八个儿子。撒母耳首先看到的是高大英俊的以利押，一下子就喜欢上这个孩子，但是耶和华不同意："不要看他的外貌和他身材高大，我不拣选他，因为耶和华不像凡人看人。人是看外表，耶和华是看内心。"

耶西又让他看了六个孩子。一共看了七个孩子都不满意，撒母耳就问耶西："你所有的孩子都在这里吗？"

耶西回答说："还有个小的，现在在放羊。"

撒母耳急切地说："你赶快打发人把他叫回来，他若不来，我们不坐席。"

耶西就打发人叫来了小儿子。撒母耳打量他，见他生得眉清目秀，面色白里透红，身材不高但很匀称。耶和华在撒母耳的耳边说："就是他，就是他。"

撒母耳从牛角里倒出膏油来，抹在最小的孩子的前额上。就这样，在伯利恒的祭肉宴上，继承王位的涂油仪式秘密地完成了。耶西家的小儿子成为以色列第二位国王的候选人，他名叫"大卫"。

## 扫罗初会大卫

这时，国王扫罗正在前线基比亚加紧构筑城堡。但是在军营里，在大街上，扫罗随便一留神就可以听见人们在议论耶和华另立新王的事。扫罗王一下子成了风暴的中心，陷入各种非议和敌意之中，受到各种有意无意的中伤。

他内心极其苦闷，整天郁郁寡欢，日不思食，夜不成眠，脸无血色，就连心腹臣仆也以为他真魂出窍、恶魔附体。医治这种疾病的最好药方莫过于优美动听的音乐。一名近臣替他在士兵中打听，有一位少年告诉他："伯利恒城中有一个少年，是我的好朋友，他很会弹琴。"扫罗就差遣使者到伯利恒，找到那位少年。原来，这个少年就是撒母耳新膏立的大卫。

大卫到了扫罗跟前，扫罗非常喜欢多才多艺且相貌英俊的大卫。大卫成了王家琴师，每当扫罗心情不好的时候，大卫就弹一支畅快的曲子，给他解闷。不久，扫罗要大卫作为他拿兵器的人（侍卫）。不过，大卫遇到农忙或扫罗出征的时候，依然回伯利恒去帮父亲放羊。

那一年，非利士人经过休整之后，又重新发动对以色列的战争。他们的军队安营在梭哥和亚西加中间的以弗大悯。扫罗的部队也聚起来，在以拉谷安营。两军隔着一个山谷对垒。

非利士人首先出来挑战，他们只派了一个人走出来站在两军之前的谷地里骂阵。这是个名叫歌利亚的迦特人，他身材高大，声音犹如暴雷；头戴铜盔，身穿铠甲，甲重五千舍客勒，腿上有铜护膝，两肩之中背负铜戟，铜戟的杠粗如织布的机轴，铁枪头重六百舍客勒。在他的前面，有一个拿盾牌的士兵作为防护。

歌利亚对着以色列的军队呼叫："你们摆出队形来做什么？我不就一个人吗？你们也选一个人出来，和我比试比试，他若能与我战斗，将我杀死，我们就做你们的仆人；我若胜了他，将他杀死，你们就做我们的仆人，服侍我们。"

扫罗和以色列全军听见非利士人的这些话，都惊慌失措，极其害怕。好在非利士人吃过以色列人的败仗，仍然心有余悸，不敢轻易出战，要不然，扫罗他们免不了要付出很大的代价。扫罗见自己和百姓只有躲在营中挨骂受气的份儿，就传令下去：如有能杀歌利亚者，必重金加赏，免其赋税，并嫁自己的长女与他为妻。可是四十天过去了，以色列仍然营门紧闭，没有人敢出去应战。


## 大卫立功首露锋芒

耶西的八个儿子中有三个在扫罗军中服役，儿子在外打仗，老父亲时时惦记着他们。小儿子大卫这阵子暂时在家放羊。有一天，耶西对大卫说："你拿一伊法烘干了的穗子和十个饼，速速地送到营中去，交给你哥哥们。再拿十块奶饼，送给他们的千夫长，且问你哥哥们好，向他们要一封信来。"

大卫早晨起来，将羊交托给一个看守的人，遵从父亲的吩咐，带着食物去了。伯利恒离以拉谷不远，大卫到军营时，以色列人和非利士人正摆开队伍对峙着。大卫把他带来的食物交给看守军营的人，就跑到战场上去准备向他哥哥们问安。这时，歌利亚从非利士阵营中走出来，开始了他每天一次的叫骂。站在阵前的以色列士兵看见歌利亚过来了，就往后退，显得非常害怕。

一个以色列士兵对大卫说："看见了吗？那个骂阵的人就是非利士人的一张王牌。他这样天天出来骂阵已经有四十天了。国王有令，谁能杀了他，就赏给谁大笔财富，把自己的女儿嫁给他，还要免除他父家的三年赋税和差役。"

大卫看着歌利亚张狂的样子，气愤地骂道："畜生，我要宰了你！"

大卫的长兄以利押看到大卫在阵地上待着不赶快下去，还口出狂言，便厉声呵斥他："你在阵地上待着干什么？还不快回去放羊？年纪不大，心倒不小。你以为这是好玩的吗？这是打仗！"

大卫心里不服气，嘴里嘟囔着："我可不是来玩儿的。"

大卫转身离开阵地，到大营去找国王扫罗。他开门见山地说："陛下，其实那个非利士人并不可怕。您的仆人我愿意出去试试。"

扫罗只知道大卫会弹琴，还未见过他有什么特别的武功，就说："你还小，不能与他对阵。他可是从小在沙场上锻炼出来的老将了。"

大卫不紧不慢他说："您的仆人我从小为父亲放羊，有时来了狮子，有时来了熊，从羊群中叼走羊羔。我就追赶它们，击打它们，将羊羔从它们口中救出来。如果它们反过来要咬我，我就揪着它们的胡子，将它们打死。您仆人曾打死狮子和熊，这未受割礼的非利士人向永生神的军队骂阵，也必像死在我手下的狮子和熊一般。耶和华救我脱离狮子和熊的爪，也必救我脱离这非利士人的手。"

扫罗王终于被说服了，对大卫说："你就去吧，耶和华与你同在。"

扫罗把自己的战袍拿出来给大卫穿上，将铜盔给他戴上，又给他穿上铠甲。大卫穿好了，把战刀挎在战袍外，试着在帐篷里走了一圈，觉得不习惯，就对扫罗王说："我穿戴这些行走不便，不习惯。"

大卫脱了那身盔甲。他左手拿着牧杖，右手拿着甩石机弦（一种类似弹弓的东西），走到阵地旁的溪边，在水中挑了五块光滑的石子，放在口袋里，拍拍手来到阵地前，朝歌利亚站着的地方走去。

歌利亚见有人从以色列阵地中走出来，四十多天来，这还是第一次。他以为这个以色列人必定是个骁勇的战将，虽然自己久经沙场，但也不可太轻敌。于是，他让为他拿盾牌的人走在前头，迎着大卫慢慢走过来。待走得比较近的时候，歌利亚看清了大卫的面目，原来只是一个眉清目秀的少年，手里还拿着放羊的牧杖。

歌利亚不禁大笑："哈哈！小崽子，你拿着牧杖来做什么？这里可没有你们家的羊。"

"老杂种，我来是要杀了你！"大卫毫不示弱。

歌利亚挥舞着手中的钢刀，吼着："小子！我今天要将你的肉砍了给空中的飞鸟、田野的走兽吃！"

大卫大声说："我今天杀你不靠钢刀铜戟，我要靠万军之耶和华的名。今天耶和华必将你交到我手里！我要砍你的头，剥你的皮，要把你们非利士人杀光，将你们的尸首喂空中的飞鸟、地上的野兽！"

歌利亚气得嗷嗷直叫，迎着大卫就冲过来。大卫站定，从口袋里取出石子，搭在甩石机的机弦上，等着歌利亚跑近。突然，大卫抬臂拉满弓弦，凝神瞄准，发射。只听"嗖"的一声刚落，歌利亚便"啊"地大叫一声，像墙塌一样轰然倒地。大卫发射的卵石正好打中歌利亚头盔下的印堂，打破了歌利亚的额骨，钻进了头颅内。他身前拿盾牌的卫兵，见势不妙急忙转身逃窜。大卫跑到歌利亚身旁，将他的刀从刀鞘中拔出来，割下他那颗硕大的头。

阵前的两军士兵都看呆了。非利士人看见他们不可一世的勇士死了，阵脚顿时大乱，以色列人乘机冲杀过去，非利士人溃散而逃。以色列人一直追到非利士国境内的迦特和以革伦城下。非利士人在逃跑的路上，死伤不计其数。以色列人追杀返回后，捣了非利士人的营盘，夺了大批牛羊和金银财宝。

大卫把歌利亚的首级献给扫罗，把他的兵器挂在自己的帐篷里。扫罗王对他大加褒奖，把他留在部队里，提拔他担任战士长。

就此，大卫一战成名。


## 扫罗王由妒生恨


大卫在部队中住了一些日子，与扫罗的长子约拿单惺惺相惜、相见恨晚，关系日渐亲密。约拿单视大卫如同自己的性命，他把自己的战衣、刀、弓和腰带都给了大卫，又和大卫结拜兄弟，成为生死之交。

国王扫罗无论差遣大卫往何处办什么事，他都做得非常漂亮，无懈可击。所以，最初一段时间里，扫罗王也很欣赏大卫。

大卫英雄的美名传遍了以色列，以至于他每到一个城市，那里的妇女们都出城迎接。她们欢欢喜喜，打鼓击缶唱道："扫罗杀死千千，大卫杀死万万。"无论到哪座城市，百姓们都唱这首歌。

没有多久，这歌就传到扫罗耳朵里。扫罗听了，顿感威胁。他说："将万万归大卫，将千千归我，只剩下王位没有给他了。"

从此扫罗对大卫心存芥蒂。他心中十分不安，联想到了撒母耳说要废掉他的话，想："这一切一定是撒母耳策划的！他一定是要大卫来取代我做王的！"原先撒母耳两次当面扬言要废掉他的时候，他就已经心神不宁。现在，似乎撒母耳所选的新王都已经浮现出来了。因此，扫罗的心病就更加严重了。扫罗感到每一个人都在议论他，疏远他，哪怕是一些毫不相关的路人也是如此。他变得神经失常，间歇性地会出现胡言乱语、神志不清的情况，这时不管大卫如何弹琴，也无济于事。

有一次，扫罗患病，大卫正在为他弹琴，扫罗突然抡起一把枪，朝大卫投去。大卫眼疾手快，急忙闪身，枪从他身边擦过，钉在墙上。但是当扫罗清醒一点以后，他也知道自己的行为将会遭到民众怎样的议论。扫罗为了向民众和大卫表白自己只是一时神志不清而非仇视大卫，就破格提拔大卫为千夫长，十几岁的大卫成了以色列历史上最年轻的高级军官。

大卫在国王的部队中领兵作战，百战百胜，声名日隆，越来越受百姓的拥戴。与此同时，扫罗对大卫的嫉妒也越来越深。扫罗渐渐下定决心，一定要除掉大卫。碍于撒母耳的权威和民意，他不敢公开加害大卫。他决定暗设圈套，借刀杀人，要用外族人的手杀死这个威胁自己王位的年轻人。

扫罗先是主动提出要把大女儿米拉嫁给大卫，但是到了成亲的前夕，扫罗却把大女儿给了外族人米何拉人的王子亚得列做新娘，以此来激起大卫的愤怒，使他与情敌决斗，从而死于决斗中。但是，大卫并不爱米拉，对国王的变卦没有反应。

扫罗的计策没有得逞，又酝酿新的计策。他听说自己的小女儿米甲与大卫相爱，就对大卫说："你可以第二次做我的女婿。"

大卫说："您的地位如神一样，我怕是不能与您的女儿相配。"

扫罗说："这没关系，我不要什么聘礼，只要一百个非利士人的包皮，作为你结婚之前给国家的献礼。"

扫罗的意思是要使大卫死在非利士人的手里。没想到，约定的日期还没有到，大卫就杀了二百个非利士人，割了他们的包皮交给扫罗王。扫罗不得不把米甲嫁给大卫为妻。米甲嫁给大卫以后，他们相亲相爱，聪慧的米甲成了大卫的贤内助，扫罗因此更为不安，心病更重。

尽管国王扫罗忌恨大卫，但王子约拿单对大卫仍然情深义重。扫罗反复告诫约拿单，大卫会成为他继承王位的最大障碍，约拿单却丝毫不为所动。

又一次，大卫在为扫罗弹琴的时候，扫罗的精神病突然发作，拿起身边卫兵手中的枪，再次向大卫刺去，大卫一侧身，枪刺在墙上。再一次惊险地死里逃生，使大卫下了决心，非逃走不可。

大卫偷偷溜出王宫，回到家中。天刚黑，就有扫罗派的探子在房子四周窥视。大卫把白天在宫中发生的一幕告诉了妻子米甲。米甲对他说："你今夜若不逃命，明天可能就不在人间了。"

米甲用绳子把大卫从窗户上吊下去，大卫就在探子们的眼皮底下溜走了。米甲把家中的神像放在床上，头枕在山羊毛装的枕头上，用被子盖严。扫罗派人去传大卫进宫，米甲说："他病了。"不让他们动手。

扫罗接到报告，愤怒地骂道："饭桶！连床带人给我一起抬来，我要亲手杀了他。"

士兵们再次来到大卫家，推开米甲，走进卧室，发现被子下面盖着的是一尊神像，就把米甲带回去交差。扫罗见了米甲，问她："你为什么这样欺骗我，让我的仇敌逃走呢？"

米甲哭了起来，骗扫罗说："大卫很凶啊，他说：'你放我走，不然，我就杀了你。'"

大卫逃出家门，径直跑到拉玛去见撒母耳，将扫罗所做的事情述说了一遍，撒母耳就带着他到拿约居住。

有人偷偷地向扫罗告密，扫罗立刻派人去拿约捉拿大卫。撒母耳为了掩护大卫，领着一班先知出来应付，他们口中念念有词，边唱边跳，手舞足蹈。卫兵见此情境，先是有点害怕，后来渐渐看入了迷，也跟着手舞足蹈起来。扫罗一连三次派人去，结果都一样：士兵们都不由自主地跟着先知们说灵语，跳灵舞。无可奈何，扫罗只好亲自出面。他带人来到拿约，看到撒母耳带着众先知在跳舞，看着看着，国王本人也跟着又唱又跳起来，并且表现得比谁都痴迷疯狂。他脱光了衣服，口吐白沫，最后晕倒在地，赤身裸体地在那里躺了一天一夜。人们见到这种情形，就又说起那句俗话："扫罗也在先知中吗？"

待扫罗苏醒以后，大卫已经逃离拿约，到了约拿单的驻防地。大卫说："我做错了什么？在你父亲面前犯了什么罪？他为什么如此拼命地寻索我的性命呢？"

约拿单听了有些奇怪，说："我父亲有什么事都要跟我商量。这事我怎么不知道？"

大卫说："可能是你父亲知道我们要好，有意回避你，害怕你走漏风声。"

约拿单问大卫："那么现在我能为你做点什么？"

大卫说："明天是初一，全部的臣仆都要参加国王的宴会，在会上议论国家大事，直到初三的晚上。我明天是不去的，你父亲若问起我，你就回答他说，我回伯利恒跟全家献年祭去了。这样看他会有什么反应。如果他说：'好，让他去吧。'我们还有和解的可能。如果他发怒，就是决心置我于死地了。求你与我发誓，如果你父亲发怒，一定要想办法通知我。"

于是，约拿单对天发誓，然后说："到初三，你守在你藏身的地方，就在以色磐石那里。我要向磐石旁边射三支箭，如同射靶一样，我要打发童子把箭找来，我若对童子说：'箭在后头，把箭捡回来。'就表明没事，你可以回来，我如果说：'箭在前头。'你就要赶快离去。"

宴会上，扫罗王看到大卫的位置空着，就问侍立在身边的约拿单："耶西的儿子这两天怎么没来吃饭呢？"

约拿单把大卫嘱咐他的话如实转告给父王。扫罗大怒道："你这顽梗背逆的妇人所生的，我岂不知道你喜欢耶西的儿子！你自寻羞辱，还要你母亲也露体蒙羞吗？耶西的儿子若在世上活着，你和你的王位必定不保。现在你马上差人把他给我抓回来，他是注定该死的！"

父王的话约拿单听不进去，他反问："他为什么该死呢？"

扫罗大怒，抓过卫兵的枪就要刺他，众臣子赶忙劝止，约拿单才跑了出来。

初三那天晚上，约拿单如约来到大卫的藏身处以色磐石，按照预定的方式通知他赶快逃离。


## 大卫逃难

大卫逃到挪伯，找到以利的长孙——著名的祭司亚希米勒。大卫知道亚希米勒胆小怕事，不敢告诉他发生了什么事。但亚希米勒仍然感觉到了什么，战战兢兢地出来迎接大卫，问："你怎么独自来，没有随从呢？"

大卫回答："王吩咐我一件事，说：'我差遣你去办理这件事，不要使人知道。'因此我已派手下人在某处等候我，我就一个人到这儿来了。现在求您给我五个饼，或是别的食物。"

祭司对大卫说："我手下没有寻常的饼，只有圣饼；若少年没有亲近妇人，才可以给。"

大卫对祭司说："说实在的，我已有三天没有亲近妇人了；我出来的时候，虽是寻常旅行，可器皿还是洁净的；何况今天也不是主日。"祭司这才拿圣饼给他。

大卫又问亚希米勒："您这里有枪有刀没有？因为王的事甚急，动身的时候连刀剑器械都没来得及带。"

祭司说："你在以拉谷杀非利士人歌利亚的那刀在这里，裹在布中，放在以弗得后边，你要就去取吧。除此以外，再没有别的武器了。"

大卫说："这刀是无可比拟的，求您给我。"

大卫带着少量的食物和那把刀上路了。他逃到迦特，那是非利士人的地盘，他以为没有人能认识他。谁知有人一眼就认出来了："这不是以色列的大卫吗？不就是他杀了我们的英雄歌利亚吗？"

大卫将这话听在心里。为了避免遭到报复，他改变了寻常的举止模样，穿着油光发亮的衣服，疯疯癫癫地在城里乱唱、乱跳、乱写、乱画，使口水流到胡子上。

那里的国王亚吉看到大卫这副模样，就说："你们看，这人是疯子。为什么带他到我这里来呢？难道我缺少疯子，你们要带他来我面前疯癫吗？还不赶快把他赶出家门！"

大卫离开迦特，逃到亚杜兰洞，亚杜兰洞在耶路撒冷西南二十五公里。因替家人的性命担心，大卫捎信让全家老小都逃到这个山洞里来。

## 扫罗追杀大卫

大卫藏在亚杜兰洞的消息不胫而走，各种各样的穷苦人：受逼迫的、欠债的、心里苦恼的都从全国四面八方来找大卫，要跟随他。于是，大卫身边很快就聚集了四百人。

大卫设法疏通摩押王，把父母转到摩押国寄居，解除了后顾之忧。

先知迦得来见大卫，建议他："你不要住在这山里，要往犹大地去。"

大卫就依言而行，离开亚杜兰洞，进入哈列的丛林。他带领人马，经常出其不意地袭击王室的军队，抢夺粮食和衣物。

扫罗不断接到关于大卫的战报，却抓不到他，心中十分焦急。

一天，扫罗在拉玛，坐在垂柳下，手里拿着枪，要大家表示忠诚。

司牧长以东人多益就站出来说："我曾看见耶西的儿子到了挪伯祭司亚希米勒那里。亚希米勒为他求问耶和华，又给他食物，并给了他非利士人歌利亚留下来的刀。"

扫罗闻奏，心中大惊："原来是祭司们同大卫结党要扶他上台啊。我以前没有证据，这下把柄可留在我手上了。"扫罗打发人把亚希米勒全家和他父亲的全家都召来，没有等他们多作申辩，就将他们全部杀死。他吩咐左右的侍卫说："你们去杀耶和华的祭司，因为他们帮助大卫，知道大卫逃跑，竟没有告诉我。"

但是侍卫怕沾祭司的血，一致拒不执行命令。扫罗无奈，只得对多益说："你去杀祭司吧！"

多益领了王命，率手下冲进城中，杀了城中所有的祭司，共八十五人；又把全城男女老幼杀得一个不剩。只有一人死里逃生，就是亚希米勒的儿子亚比亚他。他连夜逃到大卫那里，成了大卫的忠实助手。

大卫带领手下转战于丛林间，靠袭击非利士人，抢夺他们的牛羊财物来补充给养；他们从不动以色列百姓的一草一木。有一天，有人告诉大卫说："非利士人攻击基伊拉，抢夺禾场。"

大卫就带着自己的部队火速前往基伊拉，打败了非利士人。没想到，基伊拉人虽被大卫所救，却有败类以怨报德，跑去报告扫罗说："大卫到了基伊拉，现在正在城里。"

扫罗大喜，说："他进了有门有闩的城，这是上帝将他交在我手里了。"扫罗马上集合军队，要去攻打基伊拉，围困大卫。

扫罗的军队还没有到，大卫就得到了情报，马上率领自己的人再次进山。扫罗扑了个空。

这时候大卫的士兵已经有六百人了。这支队伍就住在西弗旷野里，扫罗派人四处打探也找不到他们的踪迹。

这期间，约拿单按照大卫派出的人的指引，来到丛林深处会见了大卫。他们密商大计，最后约拿单说："不要害怕，我父王的手是伤不到你的。你必做以色列的王，我也要做你的宰相。"二人就在耶和华面前立约。

西弗的居民有很多是拥护扫罗的，大卫住在那里的日子久了，被他们认出来，就有人偷偷跑到扫罗那去告密："大卫现在就藏身在我们旷野南边的哈基拉山的树林里。"

扫罗多次扑空，这次不敢轻易相信人，就对报信的人说："你们要核查清楚，要把他的行踪弄准确，再来禀告我。他如果在犹大境内，我必从千门万户中把他搜出来。"

第二次，那些西弗人终于搞得一清二楚，大卫住在玛云旷野南边的亚拉巴。扫罗这次隐蔽行军，神不知鬼不觉地包围了大卫的住地亚拉巴。

扫罗想，此次必定要擒住大卫了。突然有人来报："非利士人大举进犯，烧杀抢掠，请王快快回去。"扫罗大惊失色，急忙下令回师迎战非利士人。

大卫看到扫罗军队撤离，立刻起程，转移到隐基底的山里安营。


## 暂时和解

扫罗打退非利士人后，杀大卫之心仍然不死。有人告诉他说："大卫在隐基底的旷野里。"扫罗就调集三千精兵，到隐基底旷野去追索大卫和他的人马。

对扫罗这次围剿，大卫采取了化整为零的战术与他们周旋。他们经常神不知鬼不觉地出现在扫罗的部队面前，稍一接触，又不见了。

有一次，扫罗走进一个山洞大便，大卫和跟随他的几个人正藏在同一个洞里的深处。大卫的人很兴奋："现在耶和华把仇敌交在我们手里，这是个千载难逢的机会。"

大卫就站起来，蹑手蹑脚地走到洞口扫罗蹲着的黑暗角落里，悄悄地割下他的外袍衣襟，转身回到洞深处。手下人对大卫的行为非常不解，责怪他错过了杀死扫罗的好机会，要自己去动手。大卫拦住他们说："我的主扫罗乃是耶和华的受膏者，我在耶和华面前万不敢伸手害他。"

扫罗解完大便，走出洞来继续赶路。大卫登上山头，扬着割下来的衣襟，高声对扫罗喊道："我主，我王！"扫罗回头看，大卫就屈身伏地下拜，然后接着说："你在追捕谁呢？是追捕一条死狗，一只跳蚤吗？你听信谗言，千方百计要追杀我。今天耶和华把你交到我手中，我却没有杀你，你该相信我没有恶意背叛你了吧。"扫罗听了，若有所思。

又有一次，大卫带着他的一名卫士深夜潜入扫罗的军营，摸进了国王和元帅尼珥睡的帐篷，扫罗的卫士、尼珥的儿子押尼珥坐在帐篷外面进入了梦乡。大卫的手下要杀死扫罗他们，但大卫制止了他，他们只偷了放在扫罗头边几案上的水瓶和插在扫罗头边地里的标枪返回本寨。

第二天大卫走到扫罗营地外的山顶上，远远地呼唤尼珥的儿子押尼珥说："押尼珥啊，你为什么不答应呢？你不是全军的勇士吗？为什么连国王的水瓶和标枪都守不住呢？"押尼珥听了，脸上红一块白一块，很不好意思。扫罗王也听到了大卫的话，至此他才相信，大卫并没有要夺他王位的心思。于是，他远远地对大卫说："我儿大卫，你比我更有义，愿耶和华赐福于你！你必做大事，也必得胜。以色列的国必竖立在你手里！"

扫罗决定收兵回朝，不再追捕大卫。以色列历史上的这场围绕王权而进行的尖锐斗争，暂时就这样告一段落。

## 大卫的意外情缘

与扫罗和解以后，大卫仍然不方便住进城市，因为住进城市可能使人产生大卫与扫罗分庭抗礼的感觉。他带着自己的士兵，来到巴兰旷野，驻扎在山上。

驻地附近的玛云城中有个富甲一方的人名叫拿八，属迦勒族。拿八有三千只绵羊，一千只山羊。有一天，大卫打发十个随从去找拿八，想要他赞助点粮食。

随从们进了城，敲开拿八的家门，向主人行礼，对他说："我的朋友，我们的主人大卫向您请安，祝您全家平安。他听说您家里正在剪羊毛，特派我们来向您道喜。您知道，您的牧人一向跟我们在一起，彼此和睦相处，他们在这里从来没有丢失什么东西。不信您可以问问他们，他们一定会如实地告诉您。您看今天这么个羊毛丰收的好日子，我们来到府上，您总不能让我们空着手回去吧。"

拿八是个出了名的吝啬鬼。他听着大卫的使者讲完了，慢吞吞他说："大卫，他是谁呀？我没听说过。近来背逆主人逃跑的奴隶很多，我怎么照顾得过来？别看我宰牛杀羊的，那是为我剪羊毛的雇工准备的。况且，拿八的东西从来不送给来路不明的人。"

没想到粮食没有筹到，还被人家奚落了一通。十个士兵回到营地向大卫禀报，大卫气得跳了起来，他立即点兵，留下二百人看守辎重，其余的四百人都拿上武器跟他出发。

拿八用"软钉子"顶走了大卫的使者，有一个机灵的仆人见事不妙，便跑去给女主人拿八的妻子亚比该报告说："刚刚大卫打发使者来向我们主人讨要粮食，主人却把人不软不硬地奚落了一通。大卫那些人从前对我们向来秋毫无犯，我们在原野里剪羊毛他们从来不会劫掠。往年这个时候保不齐会来一伙强盗，今年有他们在，我们才这么安全。今天，他们既然上门讨要点粮食，我们理应结交他们才是。谁知主人这样顶回去了，我看怕是要大难临头了！"

亚比该原是个美丽又聪明能干的女人，她听了仆人这番话，深以为然。她思虑再三，决定立刻弥补丈夫的这个大过失，立即差人背着丈夫准备了一大堆东西——二百块饼，两皮袋葡萄酒，五只羊羔肉，五细亚烘好了的穗子，一百块葡萄饼，二百块无花果饼。她让仆人们把这些东西驮在几只驴的背上，自己骑了一头驴，向大卫的驻地赶过去。

她们翻过了一座山，正要下坡，只见坡上急步走来一队士兵，走在最前面的，亚比该远远地认出来，就是以色列大名鼎鼎的英雄大卫。亚比该和她的仆人们赶忙下驴，步行迎着他们走过去。这时还隐隐约约地听见大卫一边走一边说："我过去为什么要在荒郊野外替这家伙保护财产呢？自从我们来这里以后，他家一点东西也没丢，他对此竟然没有丝毫表示。我今天过去一定要把拿八家的男丁杀光，一个也不留。"

快到跟前了，亚比该匍匐在大卫脚前，向他谢罪："我主啊，愿这罪归我。求您听婢女一席话。请您别与我那蠢货拿八一般见识，他名字叫'拿八'，真是个名副其实的拿八（拿八是'混蛋、无赖'的意思）。您仆人来寒舍的时候，我不在场。我若在场，必定不会出现这不该发生的事。上帝从来不为自己报私仇而流别人的血，所以我指着永生的耶和华起誓——那些想谋害你的仇敌都要和拿八一样，不得好死。上帝要使您和您的子孙为以色列的王，您将一辈子逢凶化吉。如果有人攻击您，追索您的性命，上帝会保佑您安全无恙，就像保护价值连城的珍宝一样；您仇敌的性命，上帝必将抛去，如用机弦甩石一样。今天，我主您若不亲手报仇而流无辜人的血，到了上帝应许你的赐福于你、立你做王的时候，你一定不会于心有愧！如今您的婢女献上这点东西，只是略表寸心，还请我主您的兄弟们收下。"

听了这番讲述，大卫被她的美丽和智慧深深打动，扶起她来说："耶和华以色列的神是应当称颂的，因为他使你来迎接我；你的智慧也是应当称赞的，因为你今天使我避免犯'为报私仇而流他人血'的罪。你放心地回去吧。祝你们全家平安。"

回到家里，亚比该看见拿八正在为羊毛丰收大摆筵席，饮食丰盛无比。拿八喝得酩酊大醉，不省人事，所以亚比该无法把发生的事情告诉他。第二天早晨，拿八醒了酒，亚比该将事情一五一十地讲给他听，惊得拿八一下子瘫痪了。过了十天，拿八就一命呜呼了。

大卫听说拿八死了，感慨地说："赞美您啊，我的上帝！拿八污辱了我，您替我报了仇，又使仆人我一身清白。"

之后，大卫想到亚比该，那个曾经打动了她的女人，就派人去向亚比该求婚。仆人奉命到迦密，见到亚比该，对她说："大卫打发我来见你，想娶你为妻。"

亚比该从座位上站起来，俯伏在地，说道："我情愿做婢女，洗我主仆人的脚。"亚比该立刻起身，骑上驴，带着五个使女和拿八留下的家财，随着大卫的仆人来见大卫，从此做了他的妻子。

大卫先前娶了耶斯列人亚希暖，现在又娶了亚比该。至于早年跟大卫结婚的米甲，在他走后，她父亲扫罗已经让她改嫁给帕提了。

# 大卫出离以色列

大卫与扫罗虽然表面上和解了，但是扫罗对大卫并不放心，他虽然不再派兵追杀，但总是有人在大卫的营地附近监视。

大卫心里想："看来国王对我还是不放心，总有一天他会派人来把我杀死。不如趁早远走他乡，离开以色列的好。扫罗见我不在以色列境内，就会安下心来，不再追索我，这样我才能安全。"

于是，大卫派手下的人去与邻近的迦特国王亚吉联系，对他说："我与国王扫罗不和，他想方设法追杀我，使我在以色列境内无立足之地。请陛下允许我到贵国去，在你的麾下效力吧。"

亚吉大喜，说："大卫是了不起的英雄，他如果愿意前来，这当然是求之不得的事情。"

大卫就带着自己的六百名士兵和家人来到迦特投奔亚吉。派去监视大卫的人马上把消息报告了扫罗。

大卫没有住到迦特京城里去，他请求亚吉把京郊的洗革拉赐给他，作为他和他的士兵的居住地。

亚吉王给大卫一个任务，骚扰和攻击以色列，但大卫去攻击以色列人的宿敌亚玛力人和基述人、基色人。大卫所到之处，把男女老幼统统杀光，把牛、羊、骆驼、驴等牲畜留下，带回去献给亚吉，告诉他这是从以色列某地抢来的。

大卫说的地名都是迦特与以色列接壤的地方。亚吉看到那么多好东西，于是高兴地说："大卫本族以色列人憎恶他，所以他只得永远做我的仆人了。"

大卫就这样骗取了亚吉的信任，在迦特站稳了脚跟。他在迦特总共待了一年零四个月。

那时候，非利士人聚集军队，准备向以色列开战。亚吉给大卫下命令说："你应当知道，你和跟随你的人都要与我一起出征。"

大卫先应承下来，准备到时候见机行事。他回答说："仆人所能做的事，王必知道。"

亚吉见大卫这么爽快地答应了，高兴地说："你就做我的护卫长好了。"

非利士人将军队聚到亚弗，与以色列人安扎在耶斯列泉旁的营地遥遥相对。大卫带着自己的人紧跟在亚吉身边，成了国王的卫队。有一个非利士将军看到国王用以色列人做卫队，担心地问亚吉："这些希伯来人来这里干什么？"

亚吉说："你还不知道。这就是与以色列国王扫罗不和的大卫和他的队伍，他们跟我已经有一年多了，非常会打仗，我就把他们也带来了。"

非利士将军一听就急了，对亚吉说："陛下啊，您怎么这样糊涂！他们毕竟是以色列人，要是他们临阵倒戈，取了我们这些人的头，献给扫罗王，作为与他和解的礼物，我们后悔也来不及了！"

亚吉一听有理，就把大卫找来，对他说："自从你投奔我以来，没有什么过错，我本来要重用你，但是我的臣下有人坚决反对你跟我出征。我看，你还是回去吧。"

大卫连日来正在为开战以后如何行动发愁，现在一听，心中暗喜，但假装痛苦地说："王啊，不知道我做了什么事得罪了你的臣子，使他向你进谗言，使我不能击杀我主的仇人？"

亚吉说："我知道，我知道。你回去帮助守卫都城，也可以立功。"

大卫带着自己的人返回，行军三天到了离洗革拉不远的地方，只见洗革拉上空烟尘缭绕。走近一看，才知道洗革拉已经被烧成焦土，除了几具留守战士的尸体之外，一个人影也没有。经过打听才知道，是亚玛力人趁洗格拉士兵出征，将所有的财物和妇女儿童掠走了。

大卫立即带兵追赶亚玛力人。他带着六百人以最快速度行军，到了比梭溪这个地方，已经有二百来人疲乏至极，再也走不动了；剩下的四百人也只能勉强维持。这时，他们在路边野地里看到一个昏倒的人。他们给他喂了些水和食物，那人渐渐苏醒后，用极其虚弱的声音说："好人哪。我已经三天三夜没吃没喝了。"

大卫就问："你是什么人？住在哪里？"

那人回答说："我是埃及人，是亚玛力人的奴隶。因为我三天前患病，我主人就把我撇在这儿了。我们先侵夺了基利提的南方和属犹大的地方，而后我们还火烧了洗革拉。"

大卫问："你肯领我们到亚玛力人那里吗？我们好为你报仇。"

埃及人说："只要你们不杀我，也不把我交给我的主人，我就领你们去。"

大卫带领士兵跟着这个埃及人到了亚玛力人的营地。亚玛力人分散在平原上，正在吃喝歌舞，庆祝他们的胜利。大卫率领士兵们猛然冲上去，砍杀他们。亚玛力人猝不及防，慌乱地边抵抗边逃跑。大卫带人追杀他们，从第一天黎明一直战斗到次日黄昏，才把他们大部分杀光，只有四百名骑骆驼的士兵逃脱了。大卫与妻儿团聚，并夺回了所有被抢去的财物和牲畜。

## 撒母耳与扫罗之死

大卫投奔迦特王的那一年，对以色列来说，是祸不单行的一年。就在非利士大军压境之际，撒母耳大祭司与世长辞，以色列人民沉痛地悼念他。

战场前线，扫罗看到非利士人多如牛毛，旌旗鲜明，而自己的将士却精神不振，这使他感到心慌意乱。他祷告上帝，上帝却保持沉默。扫罗因为与撒母耳暗中争斗，所以非常讨厌祭司、先知和巫师之类的人，军队中也不带随军祭司。这回上帝不理他，而他要急于预见未来，却找不到能帮助他的人。他听说营地附近隐多珥有一个女巫，就在夜里微服前往去见她，说："请您用法术，让我见一个已死的人。"

女巫说："你明知道国王要剪除行巫术的人，你要我这么做，不是要我的命吗？"

扫罗发誓说："我指着永生的耶和华起誓，您不会因为这事受任何惩罚。"说着叫随从递给她一包钱币。

女巫说："你想见谁呢？"

扫罗说："撒母耳。"

女巫端坐出神，一会儿就好像看到了撒母耳，大声呼叫起来："你是扫罗，为什么欺骗我呢？"

扫罗安慰她说："不要害怕。你都看见什么了？"

"我看见有神从地里上来。"

"他是怎样的模样？"

"是一个老人，身穿长衣。"

扫罗知道是撒母耳，就屈身下跪，脸伏于地下拜。

"你为什么搅扰我呢？"撒母耳的声音从女巫口中发出来。

"我害怕。非利士人来攻击我，上帝也离开我，不再理我，所以请您指示我应当怎样做。"

"耶和华已经离开了你，而且要与你为敌，你何必问我呢？你违背了上帝的意志，上帝要惩罚你，已经把王权交给大卫了，还要把你和以色列人交到非利士人手里。明天你和你的众子一定要来与我为伴了。"

扫罗闻言，猛然跌倒，挺身在地。

女巫恢复过来，来到扫罗跟前，对他说："婢女听从您的话，不顾惜自己的性命，是遵从您。下面求您听从婢女的话，让我给您做点东西吃，吃饱了好有力气行路。"

扫罗不肯，说："我不吃。"

他的随从和女巫再三相劝，扫罗才听了他们的话，从地上起来，坐在床上。女巫急忙将家里的一只肥牛犊宰了，又拿面做成无酵饼烤了，摆在扫罗和他的随从面前。他们吃完，当夜就回营地了。

第二天，非利士人攻破了以色列的营地，以色列人四散逃跑，死伤惨重。扫罗随军的三个儿子阵亡，包括约拿单。扫罗骑马逃跑，被弓箭手追上，射中了肩胛，身负重伤。扫罗穷途末路，就吩咐卫兵说："你拔出刀来，将我刺死，免得那些未受割礼的人来凌辱我。"但是那卫兵不肯刺死他，扫罗就自己拔出刀来，自杀而死。忠诚的卫兵见国王已死，也自杀了。

非利士人打扫战场，发现扫罗和他儿子们的尸体，就割下他们的首级，剥了他们的军装。他们把扫罗的头颅送到非利士国内各地示众，报信给全国百姓和神庙里的神像；把扫罗的军装放在亚斯他录神庙里；将他的尸身，钉在伯珊的城墙上。

基列雅比的以色列人听说非利士人对扫罗所做的一切，他们中间的勇士就联合起来，走了一夜，将扫罗和他儿子的尸身，从伯珊城墙上取下来，送到雅比，用火烧化了。最后将他们的骸骨安葬在雅比的垂柳树下。雅比人民为国王的葬礼禁食七天。

约旦河以西各个城市里的以色列人听说国王已死，于是，不战而退，纷纷弃城逃跑。

# 第七章
# 大卫王

## 大卫哀悼扫罗王

扫罗死后，大卫追杀亚玛力人回来，在洗革拉住了两天。第三天，有一个自称是扫罗王部下的人说有急事要见大卫。大卫传令接见，那人刚走进大帐就跪下，伏地叩拜。大卫上下打量，见他衣服撕裂、蓬头垢面。那人还未叩拜完毕，大卫就急着问："你从哪里来？"

"我是从战场上来的。"

"那里情况怎样了？快讲。"

"打败了。"那人说，"扫罗死了。他的儿子们也死了。百姓从阵地上四散奔逃，许多人死伤在战场上。"

"你怎么知道扫罗和他的儿子们也死了呢？"

"我随着一股溃逃的人跑到基利波山，看见扫罗伏在自己的标枪上，后面有战车、骑兵紧紧地追赶他。他回头看见我，就呼叫我：'年轻人。'我答道：'在。'他问我：'你是什么人？'我说：'我是在您军中服役的亚玛力人。'他说：'我已经不行了。请你来将我杀死，因为痛苦抓住我，而我生命尚存。'我看他的确不行了，就走过去将他杀死，把他头上的王冠，臂上的锡子，拿到我主这里，请我主过目。"大卫手下的人接过那两样东西呈给大卫。

大卫见了东西，相信扫罗和约拿单确实已经战死。他悲愤交加，厉声喝道："有罪的人！你伸手杀了耶和华的受膏者，还要到这里来请赏吗？！我要杀了你！"

原来，这个来报信的亚玛力人那天跟着扫罗的卫队惊慌失措地逃命，看到扫罗中箭，又伏刀自尽。他知道扫罗和大卫之间有仇隙，就灵机一动，在混乱中摘了王冠和锡子，想到大卫这里来报功请赏。为了显示自己的功劳，他还特地编造了自己杀死扫罗的情节，没想到，反倒因此丢了性命。

杀了这个亚玛力人后，大卫和他的六百名追随者，以及全部家属，全都撕裂衣服，悲恸号哭，并且禁食一天，悼念以色列王扫罗和他的儿子约拿单。

## 大卫犹大称王、以色列南北分立和内战的爆发

扫罗死了，大卫的流亡生涯也宣告结束，重返以色列故土。大卫属犹大支派，就带着两个妻子及全部兵士驻扎到犹大重镇希伯仑，受到犹大人民的热烈欢迎。在那战乱频仍的岁月，犹大得到了大卫和他部队的保护，大卫还经常把战利品分给犹大百姓，因此，犹大人民热烈地拥戴大卫。

以色列南北部族之间，早在士师时代，就产生了日益严重的对立。北方最有影响力的是以法莲支派，南方的犹大支派是一个大支派。南北两派的对立，导致了以色列王国的分裂。犹大支派膏立大卫做了犹大王，控制着犹大支派的属地及附近地区。

扫罗的儿子伊施波设和扫罗的元帅的儿子押尼珥逃到玛哈念，在那

里押尼珥拥立伊施波设为以色列王，他们控制着犹大支派之外的大部分以色列领土。

这样，以色列南北分立的局面形成。从此，以色列北部的十支派统称为以色列人，犹大人成为与以色列人独立的称呼。

以色列王伊施波设虽然拥有大部分领土和庞大的军队，但他是个软弱无能的人，大权实际上落在元帅押尼珥的手里。押尼珥功高欺主，根本不把伊施波设放在眼里。

与此相反，犹大王大卫不仅是一位久经沙场、勇敢善战的军事家，而且是有远见卓识的政治家，他明白以色列分裂的根源在于以色列南北部族之间长期以来的对立，因此，他一开始就注意博取北方部族的好感。刚回到希伯仑时，他就派人去基列雅比，表扬他们安埋先王尸骨的功绩。大卫的部下也早已把他曾为扫罗祭奠和处死自称杀了扫罗的亚玛力人的事迹传遍了全国各地。

犹大王大卫要统一以色列、征服迦南的雄心是显而易见的。伊施波设继承了以色列王的名号，掌握着以色列十二支派中的十个支派，也期望以色列统一在自己手中。于是，以色列的内战不可避免地爆发了。

内战双方的主帅分别是：犹大元帅约押与以色列元帅押尼珥。这场战争打打停停，持续了两年。在内战中，约押的弟弟亚撒黑在追击押尼珥的时候，被押尼珥回马枪刺死。因此，约押与押尼珥除了是公敌，也结下了私仇。

## 北以色列的内乱

以色列王伊施波设事事依靠押尼珥，押尼珥越加飞扬跋扈，到了无以复加的地步。押尼珥看上了扫罗曾经的一个妃子，竟把她据为己有，但是以色列的法律规定，只有王位继承人才能接受已故先王的妃子。伊施波设对于其他小事都忍气吞声，睁只眼闭只眼过去了，只有这件事，实在忍不下去。一天，他对押尼珥说："你为什么娶我父亲的妃子呢？我想你知道，你是没有这种资格的。"

没想到押尼珥大发雷霆，威胁伊施波设："我当初没有把你交到大卫手里，而拥立你为以色列国王，这天大的功劳你看不见，现在竟为了一个妇人责备我！我没有按照耶和华应许大卫的话行事，废去扫罗的王位，拥立大卫的王位，愿上帝重重地惩罚我！"

这番话把伊施波设吓得大气也不敢再出一声。押尼珥看着伊施波设窝囊的样子，猛然醒悟了，意识到自己扶持这样一个懦弱的君王和英明的大卫王对抗，绝没有好下场。为了给自己留一条后路，他派心腹去见大卫，说："只要你和我立约，我必帮助你统一以色列。"

大卫回话说："好，我同意与你立约。只是有一件事你要答应我——你来见我的时候，要把扫罗的女儿米甲带来给我。因为她是我的元配夫人，是我用两百个非利士人的阳皮娶来的。"

押尼珥一边派人用重金把米甲赎回，一边派人召集以色列长老，叫他们归顺耶和华膏立的大卫王。众长老看到大卫的军队在战争中节节胜利，也看到大卫是一个值得拥戴的人，纷纷表示愿意立大卫做以色列王。

押尼珥带着二十个人去希伯仑见犹大王大卫，受到了大卫的款待。押尼珥对大卫说："我立刻起身去招聚以色列众人，早日来见我主我王，与您立约。"大卫很高兴，亲自送押尼珥出了希伯仑城。

## 大卫王和平统一以色列

约押从前线回来，听说押尼珥来见过大卫的消息。约押和押尼珥有杀弟之仇。于是，他马上到王宫见大卫说："我主，不可放押尼珥回去。要知道，押尼珥这次来和谈是假，探听虚实才是真！"

大卫没有表态。

约押知道大卫实际上不同意他的主张，但毕竟没有明确反对他的话，所以约押决定趁机杀死押尼珥，他派人火速出城追赶。那人在西拉井追上了押尼珥，按照约押的嘱托把押尼珥骗了回来。约押见到押尼珥，领他到一个城门洞中，假装有机密告诉他，凑到他跟前，却突然拔刀刺穿了他的腹部。押尼珥猝不及防被杀死，倒在地上。

大卫听说约押擅杀押尼珥，责怪说："流押尼珥的血，这罪要归到约押和他父亲的全家头上。愿耶和华照着恶人所行的恶报应他。"不过他并没真正惩罚约押，只是命令约押及其随从为押尼珥服丧："你们当撕裂衣服，腰束麻布，在押尼珥棺前哀哭。"

大卫自己也跟在押尼珥的棺材后送葬，流泪恸哭。这样，全部以色列人都知道刺死元帅押尼珥并非国王本意，大卫在百姓心中仍然享有美誉。

伊施波设听到元帅死在希伯仑的消息，吓得四肢发软，他的军队也人心涣散，打算各奔前程。

伊施波设有两个军长，一个名叫巴拿，一个名叫利甲，都是便雅悯人。有一天中午，伊施波设正在睡午觉，宫里的卫兵大都开了小差，宫门没有人看守。利甲和巴拿装着有事请示，走进伊施波设的寝室，看见四处无人，就用刀刺穿了国王的肚皮，割下首级，用布包好，逃出了王宫。两人急急忙忙赶路，走了一下午加一整夜，黎明时到了希伯仑，在大卫的王宫外面，要求见大卫。大卫准许他们入见，他们献上伊施波设的首级，说："王的仇敌扫罗曾寻索王的性命。看哪，这是他儿子伊施波设的首级，耶和华今日为我主我王在扫罗和他后裔的身上报了仇。"

大卫看了一眼伊施波设血肉模糊的脑袋，就扭过头去，下令道："拿出去，以隆重的礼节安葬。"然后他从王位上蹀步下来，走到利甲和巴拿跟前，痛骂他们："你们这两条卖主求荣的狗，我指着救我性命脱离一切苦难的永生的耶和华起誓——从前我在洗革拉杀了流扫罗王血的亚玛力人，把死刑作了他报告消息的赏赐。今天，你们这两个没有人性的东西，将自己的国王杀死在床上，这流他血的罪，就算在你们身上！"

大卫命令卫兵将两个便雅悯人拖出去杀了，砍断他们的手脚，挂在希伯仑的池旁。至于伊施波设的首级，按照大卫的授意，以隆重的葬礼下在押尼珥的坟墓中。伊施波设做以色列王两年。

经过大卫的精心谋划，在伊施波设死后四年零六个月的时候，也就是大卫做犹大王七年零六个月的时候，以色列各支派的长老聚集在希伯仑，一致推举大卫为以色列各支派共同的王。大卫和众长老在耶和华面前立约，正式成为以色列国王，统治以色列。那一年大卫三十岁。这样，以色列在经历了短暂的南北分裂之后，在大卫王手中重新回归统一。

大卫王在以后的岁月里，领导以色列人征战迦南各国，征服了迦南各民族，使以色列民族达到了历史上的鼎盛时期。

## 攻占耶路撒冷，建都大卫城

原犹大国都希伯仑，地处以色列南部，北方的以色列支派不愿把那里当做都城，大卫王考虑到各方面的想法，看中了耶路撒冷。该城对于北方各支派来说，算是一座中心城市。

那时，耶路撒冷被耶布斯人占据已经长达四百余年，从未被人攻克过。它三面环山，另一面由锡安的坚固堡垒相护，说它固若金汤，一点也不夸张。耶布斯人听说以色列人要攻打耶路撒冷，就派人对大卫说："你若不赶出这里的瘸子、瞎子，必不能进这地方。"意思是，就是瘸子、瞎子守城，以色列人也无法攻下易守难攻的耶路撒冷。

大卫带人反复勘察耶路撒冷周边的地形，他们在耶路撒冷东部的山谷里发现一眼泉水，从泉眼顺石头山坡往上，有一条人工凿成的水沟直通城堡，大卫决定就从这里作为攻城的突破口，并精心制订了一套作战方案。

大卫派出一部分军队从耶路撒冷城正面进攻锡安堡垒，同时派一支精兵偷偷顺着城东的水沟往城上爬去。耶布斯人做梦也没有想到以色列人会从那里偷袭，而他们把绝大部分军队布防在正面阻击。当他们全神贯注对付城外的以色列军队时，一支精锐的以色列部队却突然出现在耶路撒冷城内，耶布斯人顿时惊慌失措。于是，以色列人一鼓作气，拿下了这座城池。

大卫王定都耶路撒冷。由于他住在锡安的堡垒中，就把锡安城堡改名为"大卫城"，并在大卫城大兴土木，修筑宫殿，扩建城墙。竣工后，他亲自率领军民，把安放在巴拉犹大的山上、亚比拿达的家里长达几十年的神的约柜迎接到耶路撒冷，安放在预先设置好的帐篷里。

为了搞好与祭司阶层的关系，大卫想为上帝耶和华修造一座大殿，就对先知拿单说："看啊，我住在香柏木的宫中，神的约柜反而放在帐篷里，我要为我们的神耶和华修建一座更加雄伟壮丽的大殿。"

耶和华借拿单的口对大卫说："万军之耶和华如此说——'我从羊圈中将你召来，叫你不再跟从羊群，立你做我民以色列人的君王，你应当像爱惜自己的眼睛一样爱惜你的人民，不应该无休止地骚扰他们，使他们四处迁移，不得安宁。修大殿的事，要暂时作罢。自从我领以色列人出埃及至今，我未曾住过殿宇，常在会幕中行走。将来你的寿数满足，与列祖同睡的时候，你的后裔要接替你做以色列的王，他要为我的名建造殿宇，我必坚立他的国，直到永远。'"

于是，大卫修筑神殿的倡议就这样搁下了，直到他儿子所罗门做国王的时候才再次提起。

## 大卫夺忠臣之妻

一次偶然的机会，大卫王看到了他的部下乌利亚的妻子拔示巴，立刻为她的美貌所倾倒。当时乌利亚正在前线跟随约押打仗，大卫王就差人把拔示巴接进宫里偷情。拔示巴从宫里回家后没多久，就发现自己怀孕了，她派人把这消息告诉了大卫，意思无非是要做大卫有名分的后妃。大卫也想彻底得到她，就起了害人的歹心，精心谋划了秘密除掉乌利亚的诡计。

大卫要约押派乌利亚回宫汇报战况，乌利亚回宫作了详细报告。末了，大卫说："你回家去洗洗脚，好好休息一夜，明天再回前线。"

乌利亚出了王宫，随后大卫送给他一份食物。乌利亚是一个忠心耿耿的将军，吃了国王赐给自己的东西，并没有回家，而是与战士们一起在宫门外露宿了一夜。次日一早有人将这事报告给大卫，大卫把乌利亚召来问道："你出门很久了，远道归来，为什么不回家去住一晚上呢？"

乌利亚回答说："约柜和以色列、犹大的军队都住在帐篷里，我主约押和我主的仆人都住在野外，我岂能回家与妻子同餐共寝呢？"

大卫听了就吩咐他："你今日仍住在这里，明天再回营地。"大卫摆宴席慰劳乌利亚，与他一同进餐，直到他酩醉如泥。那天晚上，乌利亚仍然没有回家去住。

大卫差乌利亚回去见约押，让他随身带一封密信。信中写道："派乌利亚到阵势极险之处，你们撤退，让他被杀死。"

约押忠实地执行了这一命令，可怜的忠勇之将乌利亚就这样被大卫王借刀杀掉了。

拔示巴听到丈夫战死的噩耗，就为他哀哭。哀哭的日子过了，大卫差人将她接到宫里，拔示巴从此做了大卫的妃子，给大卫生了一个儿子。

大卫的所作所为，在耶路撒冷引起了普遍不满。耶和华差遣先知拿单去见大卫，大卫对他尊崇备至。拿单心情沉重地给大卫讲了这样一件事："在一座城里，有两个人，一个是富翁，一个是穷人。富翁有许多牛群羊群，穷人除了一只小母羊羔之外，别无所有。羊羔在他家里和他儿女一同长大，吃他所吃的，喝他所喝的，睡在他怀中，在那人看来，那羊羔简直跟自己的骨肉没有什么两样。有一天，富翁家来了一位贵客，富翁舍不得从自己的牛群羊群中取一只杀掉招待客人，却夺取了那穷人的羊羔，宰杀招待客人。"

大卫听到天下竟有这样的事，愤愤不平地说："我指着永生的耶和华起誓，做这种事的人该死。"

拿单指着他说："你就是这样的人。耶和华以色列的神如此说——'我膏你做以色列的王，救你脱离扫罗的手；我将你主人的家业赐给你，将你主人的妻子交到你怀里，又将以色列和犹大家赐给你；你若还不满足，我会加倍地赏赐你。你为什么干出这种事情来呢？你借刀杀人，抢夺了他的妻子，所以刀剑必永不离开你的家，我必从你家中兴起祸患攻击你；我必在你眼前，把你的妃嫔赐给别人，他在阳光下就与她们同寝；你与拔示巴生的孩子，必定要死。'"

大卫自知干了违背耶和华的事，十分后悔。耶和华降罪于他，使拔示巴的儿子得了重病。大卫为这孩子禁食祈祷，不管臣仆们怎么劝，也不愿吃一点东西。到第七天，孩子还是死了。

拔示巴成了大卫最宠爱的妃子。一年以后，拔示巴又生了一个儿子，起名叫"所罗门"，就是后来著名的所罗门王。


## 王子押沙龙反叛，大卫王逃离耶路撒冷

大卫的长子押沙龙是全以色列著名的美男子，从脚底到头顶，毫无瑕疵。他的头发很浓，每到年底就剪发一次，所剪下来的头发用天平一秤，重两百舍客勒。

押沙龙的亲妹妹他玛，被同父异母的哥哥、王子暗嫩奸污了。押沙龙表面隐忍，却用计谋突然将暗嫩杀死。因害怕父王大卫惩罚，押沙龙离开以色列，逃到基述亚兰人那里，在那里住了三年。

大卫是个心软的父亲，虽然责怪押沙龙，但也很想念儿子。在明眼的臣仆的再三劝说下，大卫派人把押沙龙接回了耶路撒冷，不过不接见他，也不准他进宫。押沙龙住在耶路撒冷，直到两年后，才请动元帅约

押为自己说情，阔别五年之久的父子得以再次相聚。

押沙龙虽是长子，但他知道自己与父亲有嫌隙，将来未必能得到王位，于是，暗地里策划篡夺王位。

他常常早晨起来，站在城门的路边，凡是有人要去见国王打官司的，他都热情接待，给他们公正断案。若有人上前来要敬拜押沙龙，押沙龙就伸手拉住他，与他亲吻。这样，押沙龙在以色列人中赢得了普遍的爱戴。

押沙龙满四十岁的那一年，他的夺权步伐开始加快。一天，他对大卫说："求您准我往希伯仑去，还我向耶和华许的愿。因为仆人住在亚兰人的基述时，曾许愿说——耶和华若使我再回耶路撒冷，我必侍奉他。"大卫恩准他去了。

押沙龙从耶路撒冷带了两百名随从到希伯仑，作为组建自己军队的基础。他打发心腹到以色列各支派去游说，散布对大卫王的不满，笼络以色列百姓的心。押沙龙还派人把大卫的谋士基罗人亚希多弗请来做自己的军师。没有多久，跟随押沙龙的人越来越多，押沙龙把这些人组成军队，择机向耶路撒冷开拔。

毫无准备的大卫根本来不及调兵遣将，只得由卫士保护着匆匆逃出耶路撒冷，只留下十名嫔妃看守王宫。扫罗的孙子米非波设没有跟随国王的部队出逃，留在了耶路撒冷，四处扬言说大卫从他父亲扫罗手里得到了王位，现在到了他再夺回来的时候了，他的仆人洗巴逃了出来。

大卫和他的卫兵们走在半路上，洗巴牵着两头驴，驴上驮着两百个饼——一百个葡萄饼，一百个夏天的果饼——一皮袋酒来迎接他，并告诉他米非波设在耶路撒冷已经背叛了大卫。大卫气愤至极，他向洗巴许诺，如若有朝一日平定叛乱，米非波设所拥有的一切都将归洗巴所有。

大卫到了巴户琳这个地方，扫罗家族基拉的儿子示每咒骂他："滚开，滚开！你这杀人不眨眼的刽子手，你用扫罗全家的鲜血换取了自己的王位。耶和华惩罚你才把王位给了你儿子押沙龙。你这个杀人不眨眼的刽子手，落到今天的下场，真是罪有应得！"

元帅约押的弟弟亚比筛呵斥道："你这癞皮狗，胆敢在我王面前胡言乱语，看我把你那吃饭的家什剁下来。"说着，他就拔剑在手。

大卫喝止了他。谁知示每得寸进尺，骂得更凶，还用石头打他，拿土扬他，大卫的卫兵只好用盾牌抵挡。示每骂累了，仍不见大卫理他，就自己离去了。

## 大卫王平叛

大卫听说自己的谋士亚希多弗跟随了押沙龙，害怕他与押沙龙相互配合，使押沙龙如虎添翼，更加难以对付，就派忠实的臣仆户筛打进押沙龙队伍内部，设法取得信任，并成为叛军中的高级将领。

亚希多弗对押沙龙说："你父亲留下看守宫殿的妃嫔，你可以与她们亲近。你父亲就会更加憎恨你，你手下的人知道你与你父亲已经完全决裂，失败了就没有退路，他们才会全心全意地跟从你。"

押沙龙听从了这个建议，他在宫殿的平顶上支搭凉棚，在那里当着以色列众人与大卫的嫔妃亲近。

亚希多弗又给押沙龙出了一个主意："求你准许我挑选一万两千人人，由我带领，星夜出发去追赶大卫，趁他部下疲惫不堪时突然袭击。跟随他的人们必然会惊慌失措、四散逃跑，我正好趁机杀了大卫王。百姓见老国王已死，自然都来归顺你，你就可以顺理成章地称王了。"

押沙龙虽然觉得亚希多弗的主意不错，但对这样出奇制胜的方法一时拿不定主意，他把户筛请来，问他的看法。户筛听了亚希多弗的主意，暗暗为大卫捏一把汗，此时大卫身边的卫队不仅人数有限，而且连日奔波，早已心力疲惫，不堪一击，因此他故做吃惊地说："殿下，亚希多弗的这个主意，其实非常危险呀。你也不想想，我们的对手是谁。大卫是久经沙场的勇士。殿下以为你比他如何？亚希多弗比他如何？亚希多弗尽管人多势众，恐怕也不是对手。万一这一仗打败了，跟随你的人必将抛弃你。不如集合以色列全体将士，以雷霆万钧之势，与大卫决一死战，大卫纵然有三头六臂，也难以以一当百。大卫即使进了哪一座城，以色列众人必带绳子去，将那城拉到河里，甚至连一块小石头都不剩下。"

押沙龙听了户筛的话，连声赞同。亚希多弗见自己的忠言良策不为所用，一气之下转身走了，到家后，留下遗言，自缢而死。

户筛帮助大卫赢得的是时间。大卫得到户筛派人送来的情报，连夜带兵渡过约旦河，依靠约旦河这条天堑防御押沙龙部队的迫击，同时四处搬兵，请求援助。他的号召力还是很大的，很快就组建了一支实力雄厚的军队；以色列国中的大富户亚扪人朔比、罗底巴人玛吉、基列人巴西莱等都出面支持他，向大卫的军队提供粮食。

大卫委任亚玛撒代替老将约押做全军的元帅。亚玛撒曾经作为押沙龙军队的元帅，让他做元帅，可以赢得叛军的效忠，而且亚玛撒对犹大的许多首领有很大的影响力。大卫把部队分成三个纵队，一队由老元帅约押率领，一队由约押的弟弟亚比筛率领，一队由迦特人以太率领。

过了差不多一个月，押沙龙才纠集起一支浩浩荡荡的大部队。

他率领这支部队渡过约旦河，准备与大卫决战。大卫对押沙龙舐犊之情尤存，嘱咐约押、亚比筛和以太："你们要看在我的面子上宽待年轻无知的押沙龙。"

两军在以法莲树林里交战，押沙龙的军队大败，阵亡两万人。押沙龙见大势已去，急忙骑驴逃跑，不料发髻被橡树枝挂住，但是，他的坐骑跑得太快，押沙龙竟悬在树枝上，下不来。有人看见押沙龙被挂在树枝上，就报告了约押。约押命令报信的人把押沙龙打死，那人害怕大卫事后惩罚自己，拒不执行命令。约押就拿着短枪，趁押沙龙被挂在橡树上毫无还手之力，一枪穿透了他的心脏。押沙龙掉在地上，约押的十个卫兵一齐围上去乱刀砍下。战后，约押指挥众人将押沙龙的尸体丢在林中一个大坑里，上头堆起一大堆石头。

大卫得到押沙龙已死的消息，哭得十分伤心，不断地念叨："我儿押沙龙啊！我儿，我儿押沙龙啊！我恨不得替你死。押沙龙啊，我儿！我儿！"

有人把大卫的悲伤告诉约押，约押就去见大卫，对他说："你怎么可以只哭你的儿子、你的敌人，而不想想为你舍生入死的朋友呢？你这样子，别人还能跟随你吗？"

大卫听约押这样说，就不再哭了，振作起精神。


## 慎重对待扫罗后人

大卫回师耶路撒冷的途中，人们从四面八方赶来欢迎大卫凯旋。反对过他的人都纷纷向他请罪求饶，其中包括曾经把他骂得狗血淋头的示每等人。示每来到约旦河边，在大卫脚下面伏于地，向他请罪："仆人示每不知天高地厚，冒犯了至尊的国王，仆人自知有罪，今天特地前来请罪。"

亚比筛在旁说："这狗东西曾经辱骂耶和华的受膏者，罪该万死。"

大卫为了笼络人心，说："示每已经知错，而且主动前来请罪，他的罪应当赦免。"他叫示每站起来，对他说，"不要害怕，我已免去你的死罪。"

大卫要回到耶路撒冷了，扫罗的孙子米非波设碍于情面，也骑着驴出城去迎接。大卫出逃这段日子里，米非波设没有修脚，没有剃胡须，也没有洗衣服，他在大卫面前下拜。

大卫问他："米非波设，你为什么没有与我同去呢？"

他说："我主我王，我是一个瘸子，行动不便，我的仆人洗巴又欺哄我，说陛下不要我同去，我知道他在您面前说了许多我的坏话。我现在是有口难辩。"

大卫对他说："你不要再说了，我命令你，要与你的仆人洗巴平分你的土地。"

米非波设说："既然我主我王已经平安回宫，就是把仆人的土地全部给了洗巴，我也心甘情愿。"


## 再次暴露的南北矛盾，大卫王再次平叛

在回耶路撒冷的路上，以色列人的南北矛盾再次显露出来。

大卫和部队过了约旦河，犹大人紧紧跟随他们的王大卫，从约旦河直到耶路撒冷。以色列北部支派说："我们弟兄犹大人为什么暗暗送王和王的家眷，并跟随王的人过约旦河？"

犹大人针锋相对，寸步不让，自豪地回答以色列人说："因为王与我们是亲属。"然后说："你们为何因这事发怒呢？我们吃了王的什么呢？王赏赐了我们什么呢？"

有个心怀王志的便雅悯人示巴就以此为借口，号召以色列人起来反

对大卫。他吹起号角，对聚集起来的人说："我们与大卫无分。以色列人哪，你们各自回家去吧。"以色列人有很多都离开大卫，跟随示巴。

回到耶路撒冷后，大卫王对亚玛撒说："恐怕比基利的儿子示巴加害于我们，比押沙龙更甚，你要在三日之内将犹大人聚集起来。"

亚玛撒领命而去，但过了大卫所限定的日子，还没完成任务。大卫很担心，就对亚比筛说："你带人追赶示巴，免得他得了坚固的城池，更难平叛。"

亚比筛领命，带着约押的人和基利提人、比利提人从耶路撒冷出发追赶示巴。走到基遍的大磐石那里，他们碰上了亚玛撒。约押因为自己的元帅职位被亚玛撒顶替，对他非常嫉恨，现在抓住亚玛撒延误军机的把柄，准备置他于死地。于是他趁与亚玛撒拥抱的时候，刺死了亚玛撒。

约押自作主张，代替弟弟亚比筛指挥部队，追杀示巴。示巴节节败退，被困在伯玛迦的亚比拉。约押命令士兵用大锤撞击城门，眼看就要攻破城门，城里的居民害怕约押攻破城池以后屠城，就把示巴杀了，割下他的首级，扔出城墙外，表示投降。约押得到示巴的首级，就吹号撤退，回到耶路撒冷。

以色列人反对大卫王的第二次叛乱就这样平息了。不过，犹大支派和北以色列支派之间的矛盾并未就此化解。


## 王位继承权的争夺

时光如梭，大卫到了垂暮之年，身体衰弱，可能随时都会死去，但是直到此时，大卫还没有确立继承人。因此，争夺王位继承权的斗争进入白热化阶段。

　　在众多的王子中，最有实力的有两个，一个是哈及所生的亚多尼雅，一个是拔示巴所生的所罗门。押沙龙死后，亚多尼雅成为长子。他长得高大英俊，就是有些孤高自傲、盛气凌人，逢人就说："我必做王。"他还为自己预备了车辆、骑兵，随身带着五十名卫士呼前拥后。北方各支派比较倾向于他，老元帅约押和祭司长亚比亚他属于这一派系。

　　所罗门年纪较小，但他聪颖过人，大卫最喜欢他、器重他。在大臣中，大祭司撒督和先知拿单、示每、利以等人竭力拥戴所罗门。

　　看到大卫迟迟没有确定继承者，亚多尼雅就与其支持者谋划，想先声夺人，造成既成事实。一天，他在罗结泉边、琐希磐石那里大摆宴席，宰了肥羊美犊，请了全体王子、各支派的长老，唯独没有请所罗门和拿单、撒督等人。

　　拿单的耳目很灵，很快得到这个消息，马上去向所罗门的母亲拔示巴报告："哈及的儿子亚多尼雅要宣誓称王了，你怎么还蒙在鼓里？国王也不知道这个消息。现在你和你儿子的性命旦夕不保了啊！"拔示巴急忙向拿单请教对策。拿单仔细为她作了谋划。

　　拔示巴受教之后，进入大卫寝宫内室，在国王病榻前跪拜。

　　大卫扭过头来问："什么事啊？"

　　拔示巴回答说："我主啊，您曾指着耶和华在婢女面前起誓，您的儿子所罗门必将坐上您的位置，继您为王。现在亚多尼雅做了王，我主却不知道。"

　　"你说什么？"

　　"亚多尼雅今天宰了许多肥羊美犊，请了全体王子，还请了元帅约押和大祭司亚比亚他，唯独王的仆人所罗门，他没有请。我主我王啊，以色列百姓都在仰望您，等待您晓谕他们，在我主之后谁来坐您的位。要不然，我主我王与列祖同眠以后，我和我儿所罗门，将会沦为阶下囚。"

拔示巴正在说这番话时，先知拿单按照事先的安排也走了进来。侍臣奏告大卫王说："先知拿单来了。"

拿单脸伏于地说："禀告我主我王，你是否果然应许亚多尼雅说'你必接替我做王，坐在我的位上'？他今天宰了许多肥羊美犊，请了全体王子和元帅，以及祭司亚比亚他。众人在亚多尼雅面前吃喝，高呼：'愿亚多尼雅王万岁！'"

大卫听完拔示巴和拿单的述说，气得胸口剧烈起伏，上气不接下气地说："拔示巴！我指着救我性命脱离一切苦难、永生的耶和华起誓：'你儿子所罗门必接续我做王，坐在我的王位上。'这个誓言今天就要兑现！"

"愿吾王万岁！"拔示巴脸伏于地连声说。

大卫当即吩咐守候在身边的侍臣："把大祭司撒督、耶何耶大的儿子比拿雅也召来。"不一会儿，撒督、比拿雅应召来到寝宫病榻前。大卫说："撒督、拿单、比拿雅。"

"仆人在。"三人齐声回答。

"你们马上带领你们的仆人，把我儿子所罗门放在我的骡子上，送他到基训，在那里祭司长撒督和先知拿单为他举行涂油仪式，膏他为以色列的王。你们要吹起号角，高呼：'所罗门王万岁！'"

三位重臣领命，带着大队人马到了基训，在那里隆重地举行了涂油仪式，然后一路拥着所罗门回到耶路撒冷。

亚多尼雅和所请的众宾客饮宴完毕，听见吹吹打打的声音。约押说："城中为何有这响声呢？"

他正说话的时候，祭司亚比亚他的儿子约拿单来了。他说："我主啊，大事不好了。所罗门已经受膏登基称王了，现在全城的百姓都在为新王加冕而欢呼。"

罗结泉边的人一听这话，都惊慌地离亚多尼雅而去。亚多尼雅慌慌张张地跑进会幕，抓住祭坛死死不放。有人把这件事告诉了所罗门，所罗门让臣仆传话给亚多尼雅："他若做忠义的人，连一根头发也不会落在地上；他若行恶，必然是死路一条。"

亚多尼雅听了新王的话，就从祭坛上下来，到所罗门座前下拜，所罗门就说："你回家去吧！"

## 临终遗训，大卫辞世

大卫自知死去之时将近，便把所罗门叫到跟前，对他说："我儿，我现在要走世人必走的最后一步了。"所罗门泣不成声。

大卫说："你一定要坚强，做一个顶天立地的大丈夫。要照着摩西律法上所写的，行主的道，遵守他的律例、诫命、典章、法度。这样，你无论做什么事，不管往何处去，尽都顺利。

"元帅约押将是威胁你王位的大患。他曾擅自杀死以色列的两个元帅押尼珥和亚玛撒，擅自杀了你的哥哥押沙龙；又勾结亚多尼雅和亚比亚他，在我生命垂危之际妄图夺权。我在位的时候，不得不器重他、迁就他，因为许多胜仗都是他打的，都有他的功劳。我杀了他，不免寒了那些为我出生入死的将士的心。现在是你当国王了，没有必要为我背道义的包袱。你要尽快杀了他，不能让他白头下阴间。

"你当恩待基列人巴西莱的众子，使他们常与你同席吃饭，因为我躲避你哥哥押沙龙的时候，他们拿食物来迎接我。

"还有扫罗的后人、巴户琳的便雅悯人示每，当年我逃避你哥哥押沙龙的追杀时，他当面狠毒地侮辱我；押沙龙失败后，他又到约旦河边来迎接我，我曾向他起誓：'我绝不用刀杀你。'现在你没有履行这个誓言的义务了，你是聪明的孩子，自然知道该怎么办。"

大卫交待完这些，没有几天就与世长辞了，享年七十岁。所罗门把他葬在大卫城中。

大卫做犹大王七年、以色列王三十三年，共四十年，在位期间文治武功，使以色列达到了历史上的鼎盛时期；身后为他的子孙们留下一个疆域广阔的国家，北起大马色南到埃及，西起地中海东到约旦河东岸，都为以色列王国所管辖。

## 第八章
## 所罗门王

### 清除政敌

所罗门登上王位时才二十岁。他掌权之后首先想到的，就是清除政敌、稳固王位，这也是大卫临终的遗嘱里所强调的。

所罗门第一个想要除掉的就是曾和自己争夺王位的兄长亚多尼雅，他一直在寻找一个好的借口。亚多尼雅想不到年轻的所罗门有着超人的智谋。一天，他向所罗门的母亲拔示巴请安，请她去向所罗门求情，讨要先王纳的最后一个妃子亚比煞。按照以色列人的观念，先王的嫔妃中没有生过孩子的，可以由继位的新王继承。所罗门抓住机会，咬定亚多尼雅图谋王位，当即果断命令他手下的干将比拿雅把亚多尼雅就地处决。

接下来就是除掉老元帅约押。约押听说亚多尼雅被处死，惊慌失措，急忙跑到耶和华的帐幕中抓住祭坛不放。根据教规，圣所里有避难权。有人将这一情况报告给所罗门，所罗门打破教规，命令比拿雅："你去将他杀死在耶和华面前。"比拿雅忠实地执行了所罗门的命令。约押被处死以后，所罗门任命比拿雅接任元帅之职。

除掉两个最大的心腹之患以后，所罗门又将祭司长亚比亚他革职回乡。这时以色列只有一个祭司长了，就是忠心辅佐所罗门王的撒督。

在处理示每这个问题上，所罗门没有立即处死他，而是保全了他的性命，只是命令他终生不得离开耶路撒冷一步，否则斩首。过了三年，示每的两个仆人逃到迦特王亚吉那里去了。示每得知后，擅自离开耶路撒冷去追赶两个仆人。待他回城后，监督他的人早已报告了所罗门，所罗门当即令比拿雅将他斩首。

至此，所罗门完全巩固了自己的王位。

## 出色的才干

为了边疆安宁、给以色列王国创造和平安全的国际环境，所罗门与当时以色列最大的邻国埃及结盟，娶了法老的女儿为王后。

所罗门继位后，在各个要害部门安排忠于自己的人：撒督做祭司长，撒督的儿子亚撒利雅做祭司，示沙的两个儿子以利何烈、亚希亚做书记，亚希律的儿子约沙法做史官，比拿雅做元帅，先知拿单做国师，拿单的一个儿子亚撒利雅做众吏长，一个儿子撒布得做大将军，亚希煞做家宰，亚比大的儿子亚多尼兰掌管服苦役的人……

所罗门把全以色列分为十二个省。派十二个省长管理各省，其中多珥省的省长和拿弗他利省的省长是所罗门的两个女婿。各省轮流供给王宫食物，每年各供应一个月。

所罗门对军队也实行了改编。他父亲大卫王只相信步兵，只有将军才骑驴。所罗门看到，这样的装备已不适应时代的需要，于是大力破除以色列人轻视骑兵的偏见，组建了一万两千人的骑兵军团。他征调四万匹战马组建成战车部队，改善了部队的辎重运输；他在各省建立养马场，军马的草料由十二个省轮流供应。

　　所罗门聪慧绝伦，非常重视科学文化。他自己是一个出色的诗人，一生之中共作箴言三千句，诗歌一千零五首。他对动植物都有广泛的研究，能讲评论述各种植物的形态属性，从黎巴嫩野生的名贵木材香柏树到普通百姓家墙上长的牛膝草，都作过详细的记载。他还讲评论述了各种飞禽走兽、昆虫水族的形态属性。

　　所罗门治理以色列的大部分时间里，既无内忧又无外患，百姓安居乐业，国家繁荣昌盛；以色列成为地区的霸主，周边各国都向所罗门纳贡称臣。以色列在他的手中，继他的父亲大卫之后，达到了历史的巅峰。

　　几百年后，人们还称颂所罗门时代说："所罗门在世的日子里，从但城到别是巴城的犹大人和以色列人，都在自己的葡萄园里，在无花果树下，从事和平劳动，安居乐业。"

## 大兴土木——所罗门神殿、王宫和军事工事

　　以色列人出埃及后四百八十年，也就是所罗门做以色列王的第四年，犹太历西弗月（二月），所罗门决心完成大卫王遗愿，在耶路撒冷修建一座与国威相称的耶和华神殿。

　　以色列缺少木材和能工巧匠，而推罗国正好盛产名贵木材，又多有能工巧匠，而且希兰王素来很欣赏所罗门。所罗门王决定向推罗王希兰求援，就派遣使节给希兰送去一封信。于是，两国达成协议，希兰王按照所罗门的要求，采伐香柏木和松木运到以色列。所罗门每年给希兰王麦子两万歌珥、清油二十歌珥，作为回报。

　　所罗门王从以色列人中挑选三万人服劳役。这三万人中，每月轮流有一万人上黎巴嫩去帮助西顿人砍伐、运输木料，其余的人在耶路撒

冷干活。他们另外还强迫十五万迦南人服苦役，其中八万人开山凿石，七万人把采好的石料运到耶路撒冷。所罗门任用三千三百名以色列人充当监工，监管这些苦力劳动。

大殿建在奥弗山上，山下有一条石阶铺成的路直通山上神殿外院大门。外院非常宽敞，可容纳数千名朝圣者。内院是举行宗教仪式的场所，中央设有一座祭坛，坛上点着长明灯。祭坛旁边有一个巨大的圆形铜海，里面盛满了水，用来洗洁献祭用的牛羊。内院中央是主殿。两面侧墙和后墙外三面有附属房屋，供祭司居住。殿分三进，一进是前殿，二进是正殿，三进才是内殿，内殿也是圣所。圣所中没有圣像，但在神秘的幽暗中放着耶和华的约柜。只有最高祭司（祭司长）才有权进入圣堂，不过每年也只能进去一次。

所罗门在位的第十一年，布勒月（八月），耶和华神殿终于竣工了，前后共计耗时七年。所罗门将以色列的长老和各派的首领召集到耶路撒冷，举行了隆重的约柜安放仪式。祭司们把约柜从大卫城锡安抬上来，安放在新落成的圣所中。所罗门在全会众面前，献牛羊为祭，多得不可胜数。

耶和华神殿外院挤满了人，内院举行约柜安放仪式。以色列各长老、祭司、贵族、臣仆、歌队、琴师、鼓手、号手围聚在祭坛周围。他们身穿白袍，头戴黑色的无檐小帽，妇女们则蒙着头巾，每个人脖子上都围着带流苏的围巾，有的人身上还佩带着"经匣"。这种装束被认为是上帝选民的标志，也是专心侍奉耶和华的决心和信心的显示。

所罗门与众不同，身穿紫袍，头戴金王冠，端坐正中，身后站着五百名手持金盾的王宫卫队。在燔祭的浓烟和熏香中，鼓号齐鸣，祭司们肩扛约柜进入神殿，约柜金光闪闪，灿烂夺目。在鼓乐伴奏下，歌队唱起圣歌："圣门大开，永远洞开，我主进来！"这时歌队分为两部，一部分唱："我主者谁？"另一部分唱："我主强大无比，我主天下无敌。"

同样的歌词不断反复地唱，直到约柜安放停当为止。然后，帷幔垂下。从此，除祭司长外，任何人不得进入圣堂观看约柜。

最后是所罗门在全会众面前朗颂长篇祈祷词。仪式完毕后，是十四天大庆。举国上下一片欢腾，杀牛宰羊，豪宴狂饮。在这些天里，以色列共献燔祭如下：牛两万两千头，羊十二万只。以色列没有一个人不参加这盛大祭礼，也没有一个人不献牛羊为祭的。

所罗门用七年时间修建了神殿，又在随后的十三年中大兴土木，为自己修筑豪华的王宫。

新王宫建在耶路撒冷城内，而不是在锡安，是由三组建筑群落组成的大型工程。王宫本身是第一组，分为两部分，一边住着所罗门和他的嫔妃；另一边应法老要求所建，住着埃及公主即所罗门后续的王妃以及人数众多的王亲贵戚。"黎巴嫩林宫"是第二组，是聚会和宴引的地方。该宫的中央大厅由三排黎巴嫩香柏木圆柱支撑，每排十五根，共四十五根。另一个厅是国王审理公案和接见外宾的地方。大厅中陈列着用纯金锤成的挡箭牌两百面，每面重六百舍客勒；还有纯金锤成的三百面盾牌，每面重三弥那。厅的中央台面上设立了一把镶金的象牙宝座。宝座有六层台阶，座后背是圆的，两边有扶手，每层台阶靠近扶手左右各有两个站立的玉狮，六层台阶上共有十二个玉狮像。

为了保卫边疆和主要通商道路，所罗门加固城池和建造新堡垒。比如，他给北方城邑夏琐、米吉多，中部城市基色、伯和仑、巴拉修筑了坚固的环城城墙，在这些城堡中驻扎着骑兵和步兵。

## 王国的财政收入

除了耗费巨资大兴土木外，所罗门王宫的日常花费也非常巨大，仅仅是宫中消耗的食物每天就有：细面三十歌珥，粗面六十歌珥，肥牛十头，草场的牛二十头，羊一百只，还有鹿、羚羊、狍子和肥禽等野味无数。这些庞大的支出，需要王国有强大的财政收入作为后盾。

王宫每个月的食物由十二个省轮流供应。周边各属国每年都向所罗门王进贡，金器、银器、衣服、军械、香料、骡马等，每年都有定例。合计下来，每年向各省、各属国征收的赋税和贡品就折合六百六十六他连得（每一他连得相当于一百五十公斤）金子。

在大兴土木的时候，所罗门王曾向希兰王借贷一百二十他连得黄金，并以加利利二十座城作为抵押。希兰王视察那些割让给他的城市，结果令他大失所望，哀叹说："老兄啊，你给我的都是些什么城邑呢！"因为这些地方的税赋相当重，已经无法再榨出更多的油水了。

除此之外，所罗门还积极发展国际贸易来获取收入。

他推行陆上贸易。王国从埃及大批购买马匹，除了充做军用外，其余的都转手卖给赫人和亚兰诸国。

他还推行海上贸易。以色列人本来不善造船和航海，所罗门就求助于希兰王，让他派遣仆人中熟悉造船的人建造船只，把靠近以禄的红海沿岸城市以旬迦别建成一个大港。所罗门派仆人与希兰王的仆人一道，每三年一次航海到俄斐，用以色列的铜换取那里的金、银、象牙、檀香木、宝石乃至猿猴、孔雀等。每次所罗门赚到的利润可折合四百二十他连得金子。

## 智断二母争子

所罗门是以色列历史上以智慧而闻名的君王，以至于"拥有所罗门一般的智慧"成为对一个人的极大褒扬。他的智慧，从他曾审判的一个案件中可见一斑。

有一天，两个妓女一同来找国王告状。她们站在所罗门面前，相互指责，又哭又闹，争得不可开交。一个说："我与这女人同住一处。我生孩子后的第三天，她也生了一个孩子。夜里她睡得像死猪一样，把孩子压死了。她发现孩子死了，就乘我熟睡之机，把自己的死孩子偷偷放在我身旁，把我的孩子换去。早晨我给孩子喂奶，才发现他已死了，我先是急得傻了眼，但仔细一看，这哪里是我的孩子，我的孩子分明是被她偷偷换去了。"

这一个还没说完，另一个却抢着说："不，是她换了我的孩子，死的孩子是她的，活的孩子是我的。"

所罗门说："你们先别争，让我看看孩子。"

所罗门端详卫兵抱过来的孩子，怎么也分不清孩子更像哪一个女人，只能另想办法。他吩咐卫兵："拿刀来。"

一个卫兵拿着刀站出来。

"将这孩子劈成两半，一半给这个女人，一半给那个女人。"

拿刀的卫士举刀就要劈。其中一个女人"扑通"一声跪下，伏在孩子身上，哀求说："别杀他，别杀他。只要留下孩子的命，我就不争了，这孩子就归她吧。"

另一个女人却说："好啊！我要不成，你也甭想要。劈了算了。"

所罗门说:"不要杀这孩子。"他指着跪着的那个母亲说:"把孩子给她。因为她就是孩子真正的母亲。"


## 示巴女王来访

示巴是一个遥远的国度,在红海的那一边,沙漠的尽头,示巴的国王是一位年轻貌美的少妇。示巴女王听到所罗门王的盛名,就率领一支一眼望不到尽头的骆驼队,驮着香料、宝石和许多金子,跨过海洋,穿过沙漠,来到耶路撒冷。所罗门出城相迎。这位宛若仙子的女王,让所罗门为之倾倒。

所罗门陪示巴女王步入黎巴嫩林宫,与她对坐长谈。女王用各种难解的问题试探所罗门,所罗门皆对答如流。示巴女王看到在所罗门亲自指导下建造的宫殿,品尝着宴席上的珍馐美味,检阅了威武整齐的仪仗队,惊叹不已。除此之外,她还为分列而坐的群臣、两边侍立的仆人及其服饰而惊异……

女王诧异得几乎有点神不守舍了,对所罗门说:"我在本国听到关于您的事迹和智慧的传说,还不敢相信那些话;及至我来亲眼见了,才知道人们所告诉我的还不到一半。您的智慧和您的福分,远远超过我所听到的那些。您的臣子、您的仆人常侍立在您面前听您智慧的话语,他们是多么有福气啊!耶和华您的神是应当称颂的!他爱以色列人,所以把您立做他们的王!"

示巴女王将一百二十他连得黄金和许多珠宝、香料赠给所罗门,所罗门也回赠给她无数珍贵的礼物。

## 所罗门晚年的内忧外患

所罗门除了娶法老的女儿之外，后来又不断地娶妻，晚年仍在继续。他一生共娶过七百名妃子，大多是别国公主；还有三百名侍妾，其中有许多来自外邦，她们中有摩押女子、亚扪女子、以东女子、西顿女子、赫人女子。这些妃嫔信奉的都是异教的神。所罗门爱恋她们，受她们的影响，也跟着信奉起她们的神来。其中，所罗门尤其信奉西顿人的女神亚斯他录和亚扪人的神米勒公，他还为摩押人的神基抹和亚扪人的神摩洛在耶路撒冷对面的山上建筑丘坛。他的这些举动引起了祭司阶层的极大不满，他们甚至起了废立之意。

耶和华曾两次向所罗门显现，对他发怒，要他不可偏离正道，他却执迷不悟，越走越远。最后，耶和华对他说："你的所作所为不遵循我的约，而且屡教不改，我必将赐给你的国夺回。然而，看在你父亲大卫的分儿上，我不在你活着的时候做这件事，我要从你儿子手中将国夺回，只留一个支派给你的儿子。"

老年的所罗门王更加昏庸糊涂。朝廷腐败，国库日渐空虚，民众却负担沉重，王国内外危机四伏。

第一个反对者是以东王的后裔哈达。先前大卫王时代，在对以东的战争中，约押带领军队把所有的以东男丁都杀了，那时哈达还是幼童，他父亲的几个臣仆把他救出来，逃到了埃及。法老厚待哈达等人，划拨给他们田地房屋和粮食。哈达渐渐长大成人，更受到法老的恩惠，法老把王后的妹妹赐给他为妻。哈达与王后的妹妹生了儿子，法老恩准其在宫中长大，接受宫廷教育。哈达听说所罗门年纪老迈，已经昏庸糊涂，导致以色列内部空虚，就请法老准许他带领以东人向所罗门发难，攻入以色列境内。

第二个是利逊。利逊曾是琐巴王麾下的一名战将，在琐巴王被大卫杀死以后，聚集了少量人等待时机。看到哈达起来反叛后，利逊带领手下攻下了大马色，在那里自立为亚兰国王。自此，利逊也不时地袭击以色列城池。

第三个是以色列本族人耶罗波安。耶罗波安是以法莲支派的洗利达人，幼年丧父，孤儿寡母相依为命。所罗门征发民工整修大卫城时，他也应征。耶罗波安是个非常有才干的人，在修城期间，就受上司赏识，得到提拔；所罗门也注意到了这个年轻人，任命他总揽王国的建筑工程。不过，耶罗波安有着更大的志向。他密切关注着王国时局的变化，准备伺机而动。

他的才干和雄心也使他进入了祭司阶层的视野。有一天，耶罗波安出城办事，在路上碰到了先知亚希雅。二人一路攀谈，越说越机密，亚希雅就把耶罗波安带到了路边的田野里。四下无人，亚希雅把穿在自己身上的那件新衣裳撕成十二片，对耶罗波安说："你可以拿十片，耶和华以色列的神如此说：'所罗门现在已经违背了我的道，不遵守我的律法，我必将以色列国从他手里夺回，将十个支派赐给你。不过，我还会为他的儿子保留一个支派。你若遵循我的道，谨守我的律例诫命，我就与你同在。我必拣选你，使你照心里一切所愿的，做王治理以色列。'"

得到祭司阶层的支持，耶罗波安受到极大鼓舞。不料，这次会面还是被人发现，报告了所罗门，所罗门王当即决定除掉耶罗波安。耶罗波安急忙逃到埃及王示撒那里，直到所罗门去世才返回以色列。

所罗门六十岁那年死在耶路撒冷。他做以色列国王四十年，死后王位由其子罗波安继承。

# 第九章
# 以色列的南北分立时代

## 以色列南北分立

　　早在大卫王时代，以色列北方十个支派与南方两支派的矛盾就曾经激化，导致王国分裂；所罗门王时代，这矛盾非但没有化解，反而更加激烈了。因为，在攻取耶路撒冷之前，以色列人的宗教中心主要是在北方最有影响力的支派以法莲派境内，而耶路撒冷却位于以色列的南方，犹大支派的境内，这使得北方支派非常不满。所罗门在世时，尚能把矛盾控制在斗而不破的状态中。他逝世后，南北矛盾再也控制不住，终于爆发了。

　　所罗门的儿子罗波安继位那年已经四十一岁。他的即位并不顺利。那时，耶罗波安听说了所罗门的死讯，立即从埃及动身回到了以色列，成为北方十个支派实质上的领袖人物。本来，新王即位要在耶路撒冷举行膏立仪式，但耶罗波安代表北方支派坚持立王仪式要在北方的示剑举行。罗波安本是一个志大才疏的狂妄之辈，他对于北方的要求大为恼火。但在臣子的劝说下，为了得到北方支派的支持，缓和南北矛盾，罗波安被迫前往示剑。在那里，耶罗波安与罗波安举行了谈判。

　　耶罗波安对罗波安说："你父亲使我们负重轭，做苦工，百姓苦不堪言。如果你肯让人民休养生息，减轻赋税，我们就忠心侍奉你。"

罗波安非常不悦，当下就想发作，但由于是在北方人的地盘上，只得忍下来，说："我得想想。你们先回去，第三日再来听我的回话。"

罗波安带来的臣仆既有先王的老臣，也有与自己一同长大的年轻一派。他先问老臣们："你们给我出个主意，我好回复这些人。"

老臣们说："现在国王要是像仆人一样服侍人民，拿好话稳住他们，他们就会永远做王的仆人。"

罗波安满脸不悦，又转身问年轻一派："你们有什么高见？"

年轻派群情激昂，说："陛下，这帮北方人真是太放肆了！陛下要给他们点颜色看看！国王要对他们这样说：'我的小拇指比我父亲的腰还粗。我父亲使你们负重轭，我必使你们负更重的轭！我父亲用鞭子责打你们，我要用蝎子鞭责打你们！'"

罗波安听了非常高兴，觉得颇合自己的心意，决定按照这个建议来回复北方人。

第三天，耶罗波安他们来听回音，罗波安果然说："我的小拇指比我父亲的腰还粗。我父亲使你们负重轭，我必使你们负更重的轭！我父亲用鞭子责打你们，我要用蝎子鞭责打你们！"

在场的北方以色列各支派听了，都提前退出会议。他们一边走一边说："我们与大卫有什么关系？！"

"耶西的儿子关我们什么事？！"

"以色列人哪，各自回家去吧。"

"大卫家啊，你们自己照顾自己吧。"

只有南方犹大支派和便雅悯支派的人留下来，继续拥戴大卫家为王室、罗波安为王。

罗波安差遣掌管服役的亚多兰到北方各支派去征集民工，北方人用石头将他打死。罗波安听说后，急忙上车，逃回耶路撒冷了。

北方十个支派随即拥立耶罗波安为以色列王，与犹大王朝分庭抗礼。

罗波安在耶路撒冷召集了十八万军队，想去攻打北方人，但是先知示玛雅站出来反对，对人民传达了上帝的旨意："耶和华如此说：'你们不可去与你们的弟兄以色列人争战，各归各家去吧！因为这事是出于我的安排。'"人们听了，都回家去了。

从此以后，北方十个支派继续统称为"以色列人"，南方两个支派则被更明确地称为"犹大人"，后来转译为"犹太人"。


# 南方犹大的前几代王

所罗门的儿子罗波安做犹大王的时候，不行耶和华指定的正道。他的母亲是亚扪人，罗波安就按照他母亲的信仰，在国内各地的高岗上、青翠的松树下筑坛，立起了柱像和木偶。国内还允许贵族们蓄娈童。愤怒的耶和华就降灾祸给犹大王国。

罗波安做犹大王第五年，也就是所罗门王去世五年之后，埃及军队攻入了耶路撒冷，大卫王与所罗门王时的显赫国势荡然无存。埃及人将耶和华神殿和王宫里的宝物掳掠一空，又夺去了所罗门制造的金盾牌。埃及退兵后，罗波安只好制造铜盾牌代替金盾牌，还不敢长期摆在殿里，只有在节日期间才拿出来，平时则藏在卫队库中。

罗波安在位十八年。他死后，他的儿子亚比央继位，仅在位两年就死了。亚比央的儿子亚撒继位。

亚撒做犹大王期间，一改他祖父罗波安和父亲亚比央的邪道，废除了偶像崇拜和蓄养娈童，专心崇奉耶和华，并致力于中兴他的先祖大卫王所开创的王朝。不过，由于当时北以色列的国王巴沙也不是等闲之辈，而南方犹大王国的实力总体上不如北方，因此亚撒无法实现中兴王朝的愿望。甚至，有一次当以色列王巴沙的军队前来攻打时，他还不得不花重金向住在大马色的亚兰王哈达的后代便哈达求助，才得以脱困。但是，这一举动无疑是引狼入室。

亚撒做土四十一年。他死后，他的儿子约沙法继位。约沙法这年三十五岁，做王二十五年。

约沙法像他的父亲亚撒与祖先所罗门一样专心信奉耶和华，并继续他父亲亚撒的正道，把父亲在世时没有根除的娈童现象彻底除去了。只是，他还没有将丘坛废去——那是异教徒在山上所建拜假神的祠堂。在那里敬拜偶像是违背神的律法的，他起初想除去这些，但是拜偶像已过于普遍，所以执行起来有困难。

约沙法在位时，与以色列王亚哈一起，使南北两国终止了内战和敌对，建立了和平友好的同盟关系。

约沙法还收服了所罗门晚年时反叛的以东人，使以东王向犹大称臣纳贡。

约沙法还在世的时候，就把王位传给了他的儿子约兰。

约兰登基的时候三十二岁，在位八年。为了与北国继续保持和平友好的联盟关系，他娶了北国以色列先王亚哈的女儿亚她利雅为妻。亚她利雅受她父王亚哈和母后耶洗别的影响，是个忠实的巴力神和亚舍拉女神的信仰者，她把巴力神从以色列带到了犹大。因此，约兰也犯了和以色列先王一样的罪。他在位期间，以东人和拿人又相继背叛犹大。

约兰死后，他和亚她利雅所生的儿子亚哈谢继位。亚哈谢与北国以色列王约兰一同带领盟军去夺取被亚兰人所占的拉抹城。期间北国武将耶户发动政变，杀死了以色列王约兰；亚哈谢也被耶户的叛军杀死。

## 北方以色列的前几代王

北方的以色列国王耶罗波安先定都以法莲地区的山城示剑，后来又迁都得撒。那时，南北两个国家仍然只有一个宗教中心，就是耶路撒冷。北方以色列国的祭司经常到耶路撒冷从事教务活动，百姓们每年也大批被捆那里去献年祭。

耶罗波安看到这种情况，害怕人心仍然归向大卫家族，对自己的政权不利，就想在以色列境内形成新的宗教中心，从而使祭司和人民不再向往耶路撒冷。

耶罗波安在所罗门时代曾被迫流亡埃及，对金牛崇拜有着切身的体会。他知道早在以色列人还在埃及的时候，受埃及农耕文明的影响，曾崇拜金牛神。摩西带领以色列人出埃及的路上，在西奈山为以色列人与上帝耶和华立约，在此期间，以色列人中就曾发生过金牛崇拜的复辟。虽然摩西及时平叛，金牛崇拜却难以根除，一直影响着以色列人。

于是，耶罗波安命人制造了两个金牛犊，一个放在伯特利，一个放在但城，并分别修了两座神庙。果然大多数百姓就不再到耶路撒冷去了，他们就在北以色列境内，给金牛献祭。耶罗波安为了便于控制，还把不属利未人的凡民立为祭司。他还规定每年八月十五日为节日，向金牛献祭。

耶罗波安的这些行为，触怒了忠于耶和华的民众，尤其是祭司阶层，更触怒了耶和华。扶植他上台的先知亚希雅向他传达了耶和华的谕旨："我从我民中高举你，立你做以色列的君王，你却背叛我，去侍奉别的神，我必降灾祸到你家，将你家男丁除尽，如扫除粪便一般。死在城中的要被狗吃，死在田野里的，要被空中的飞鸟吃。"

　　由于耶罗波安是北国以色列的首位君王，所以，圣经中把后来的以色列君王中不专心侍奉耶和华、犯了"使人民陷在罪里"的罪的，都称之为"犯了耶罗波安的罪"。

　　耶罗波安做以色列王二十二年，其间与南方的犹大王国争战不息，也不得不面临外族人的趁机进犯。

　　耶罗波安死后，他的儿子拿答继位，仅两年，就被武将巴沙发动政变杀死，建立了北以色列第二个王朝。巴沙篡位时杀了耶罗波安的全家，没有留下一个，都灭尽了，正应验了先知亚希雅所传达的耶和华所说的话。

　　巴沙在位期间也不行耶和华的正道，犯了耶罗波安的罪。先知耶户向他传达了耶和华的话："我必除尽你和你的家，使你的家像耶罗波安的家一样，死在城中的要被狗吃，死在田野里的要被空中的飞鸟吃。"

　　巴沙在位二十四年。他死后，他的儿子以拉继位，仅两年，就被武将心利发动政变杀死。心利杀了巴沙的全家，连他的亲属、朋友也没有留下一个男丁，这正应验了先知耶户传达的耶和华的话。

　　心利发动政变的时候，以色列军队正在围攻非利士的基比顿。军中将士听说心利弑君篡位，就在营中拥戴元帅暗利为王。暗利率军攻破首都得撒，心利见大势已去，自焚而死。此时距心利称王仅七天。暗利做了以色列王，建立了北以色列的第三个王朝。

　　暗利是一个精明强干的统治者。他在位时，剿平了国内提比尼等人的割据力量，使以色列没有被外邦人占领的地方统一起来；他另立新都，用二他连得银子，向撒玛购买了一座山，在山上造了一座新城，且依着撒玛的名，给所造的城起名叫"撒马利亚"。在这里，能够俯瞰迦南所有通商道路，天晴之日，还可以看得见地中海边的骆驼商队。此外，撒马利亚居高临下、地势险峻，进可攻退可守，简直是第二个耶路撒冷。

　　暗利在外交上也很成功，与强邻亚述王国和埃及的关系都不错。暗利为了搞好同西顿王耶巴力的关系，让他儿子亚哈娶了西顿王的公主耶洗别为妻。

不过，暗利为使自己掌握更多的权力，故意淡化神权，使以色列人远离神，也犯了耶罗波安的罪，"使以色列人陷在罪里"。

暗利在位十二年，死后他的儿子亚哈继位。

亚哈犯了比耶罗波安更大的罪。他娶了西顿王耶巴力的女儿耶洗别为妻，耶洗别是巴力教母神亚舍拉的狂热信徒。受耶洗别的影响，亚哈信奉巴力神，并将巴力教定为国教。为了讨好耶洗别，他在撒玛利亚为巴力和亚舍拉建造了神殿，强迫百姓信奉巴力。许多先知遭到了残酷迫害，生存下来的先知只好逃到深山老林里避难，一般百姓则勉强侍奉巴力，以保全性命。

亚哈在位时，与南国犹大王约沙法一起，使南北两国终止了内战和敌对，建立了和平友好的同盟关系。

亚哈死在向亚兰人夺取拉抹城的战争中。死后，他儿子亚哈谢继位。亚哈谢即位没有多久，就从楼上的栏杆里掉下来，摔成重伤而死。亚哈谢没有儿子，于是他的弟弟约兰继位。

约兰王没有像他父王亚哈和母后耶洗别一样崇奉巴力，而是除掉了他父亲所造的巴力的柱像。这一点耶和华还是欣慰的。然而，约兰却犯了耶罗波安"使以色列人陷在罪里"的罪，没有制止国内的金牛崇拜。因此，他也不为耶和华的忠实信奉者所满意。

和他父亲亚哈类似，约兰在夺取拉抹城的战争中负了伤，随即被先知以利沙膏立的武将耶户[1]发动政变杀死。耶户建立了北国以色列第四个王朝。

[1] 这个耶户不是前面提到的先知耶户。在《圣经》中，以色列诸王与犹大诸王的名字有不少是相同的。

## 北以色列先知以利亚逃亡

在以色列国王亚哈和王后耶洗别强迫百姓信奉巴力、迫害耶和华的先知的时候，当时最著名的先知以利亚对国王亚哈说："我指着永生的耶和华起誓，这几年我若不祷告，天就不会降露雨。"

讲完这话，以利亚为了保护自己，也为了不与国王合作，只身逃到约旦河东边的大山里，在基立溪旁居住。耶和华派乌鸦每天早上给他叼去饼，晚上给他叼去肉，以利亚就喝基立溪的水，吃乌鸦送来的食物维持生命。后来，旱灾越来越严重，基立溪水也干了，以利亚无法再隐居下去，只得来到撒勒法城外。在城门口，他见到一个寡妇在拾柴火，以利亚就走过去向她讨水喝。寡妇把他带到家中，取水给他。以利亚喝了水，又向寡妇讨饼吃。

寡妇为难地说："不怕您笑话，也不是我太抠门。我指着永生的耶和华起誓，我没有饼，坛内只有一把面，瓶里只有一点油；我刚才在那里拾柴，要回家为我和我儿子做最后一顿饼。吃完这一顿，就只能等死了。"

以利亚对她说："不要怕，你去做饼吧，你做完饼，坛子里的面不会减少，瓶子里的油也不会短缺。这都是耶和华赐给你的。"

果然，以后的日子里，寡妇家里的面和油总是不减少，够母子俩吃饱，还可以供养以利亚。以利亚就在她家里住了很多日子。

后来寡妇的儿子病了，病得很重，以致没有气息。寡妇怀疑是不是因为以利亚住在她家，使她违背了耶和华的律法，她儿子才生重病，就对以利亚抱怨说："神人哪，我与你有何瓜葛？你竟到我这里来，使我犯罪，现在上帝要把我的儿子收去了。"

以利亚就从寡妇怀中将孩子接过来，抱到他住的阁楼上，放在自己的床上。他三次伏在孩子身上，求告耶和华："耶和华我的神啊，求你使这孩子的灵魂回到他的身体里来。"

耶和华应允了他的话，使灵魂重新回到孩子体内，孩子慢慢活了过来。以利亚将孩子从楼上抱下来，进屋子交给孩子母亲，说："看哪，你的儿子活了。"

那寡妇激动地说："现在我完全相信您是神人了，您说的话都是耶和华要说的。"

## 以利亚与众巴力先知斗法

到了第三年，耶和华要以利亚去见国王亚哈。那时，亚哈和他的家宰俄巴底正分头带着牲畜寻找有水有草的地方。

俄巴底是耶和华的信徒，耶洗别杀耶和华先知的时候，俄巴底掩护了一百名先知，并拿食物供养他们。俄巴底在路上恰好与以利亚相遇，并认出了他。以利亚要俄巴底去报告亚哈，带他来见以利亚。亚哈见了以利亚劈头就说："使以色列遭灾的就是你吗？"

"不，不是我，而是你和你父家。因为你们离弃耶和华的诫命，去追随巴力、亚舍拉。我今天来，是要让你们看看，谁的神更伟大。你派人去召集以色列百姓，并召集侍奉巴力的四百五十个先知和侍奉亚舍拉的四百个先知，让他们都上迦密山去见我，我要与他们在山上斗法。"

以色列百姓听说以利亚要与巴力诸先知斗法，很多人都聚集到迦密山去了。

以利亚站在山上的高处，大声疾呼："以色列人哪，如果耶和华是神，你们就要专心侍奉耶和华；如果巴力是神，你们就应当专心侍奉巴力。现在，你们这样一会儿信奉耶和华，一会儿又事奉巴力，要到什么时候才完呢？！"

人群哑然无声。

"现在，做耶和华先知的只剩下我一个人；巴力的先知却有四百五十个人。今天，我要和你们这四百五十个人，当着以色列人民的面，来较量一番。请国王给我们两头牛犊。巴力的先知可以先挑选一头，切成块子，放在柴上，不要点火；我也预备一头牛犊，放在柴上，也不点火。你们求告你们神的名，我也求告耶和华的名。那降火显应的神，就是真神。"

民众纷纷说："这话不错。"

"这主意很好。"

以利亚对巴力的先知说："你们既然人多，就先开始吧。"

他们把一头牛杀了，砍成块，放在祭坛的柴上。然后开始念经，唱歌，跳舞。从早晨折腾到中午，丘坛上仍然是冰凉的一片，牛肉归牛肉，柴归柴。以利亚看着他们一个个疯疯颠颠的样子，忍不住笑出声来："加油啊，巴力的先知们，你们的神现在没准儿在沉思，在散步，在睡觉，没有听见你们的祷告。你们只有再加把劲才可以把他叫醒。"

四百五十个先知更起劲地狂呼乱叫，按照他们的规矩，在自己的身上用刀枪自割自刺，身体流出血来。然而，直到黄昏要献晚祭的时候，也没有什么神理会他们。

这时，以利亚对围观的群众说："你们到我这边来。"

人们围拢在以利亚周围。以利亚用十二块石头，代表以色列的十二个支派，支起一个简单的祭坛。他在祭坛周围挖了一条深沟，在坛上摆上柴，把牛肉切成块放在柴上。做好了这一切，他吩咐身边的民众："你们用这四个桶盛水，往坛上浇。"

四个人分别提了四桶水来浇在坛上。

以利亚又让他们再浇了两次。这样就一共有十二桶水浇在祭坛上面。水漫下坛，注满了坛下的沟。

以利亚这才跪在坛前开始祈祷："亚伯拉罕、以撒、以色列的神，耶和华啊！求您今日使人知道您是以色列的神，也知道我是您的仆人，又是奉您的命行这一切事。耶和华啊，求您应允我，应允我！使人民知道您耶和华是神，又知道是您叫人民的心回转。"

顷刻间，耶和华降下天火，烧尽了燔祭、木柴，甚至石头、尘土都烧化了，沟里的水还被烧干了。

在场的百姓看到这个情景，纷纷说道："耶和华才是真正的神啊！"当下对耶和华神坛和先知以利亚顶礼膜拜。

以利亚乘机号召："抓住这些巴力的先知，不要放走一个。"

百姓们无不听命，一齐上前围住那些巴力先知，把他们绑起来，带到基顺河边，按照以利亚的命令统统杀光。

以利亚这才对一直在旁边、已经看傻了眼的国王亚哈说："现在你回去吃喝庆祝吧，因为今天晚上耶和华就要赐雨给以色列。"

当天晚上，以利亚回到迦密山顶，屈身在地，将脸伏在两膝之中，对刚刚才追随他的仆人说："你上去，向海观看。"

仆人上去观看，说："我没看到什么。"

过了一会儿，以利亚又说："再去看看。"

"还是没有什么。"

这样一连七次，到第七次，仆人说："我看见有一小片云从海里飘来，还没有人的手掌大。"

"你去告诉亚哈，叫他套上马车回城去，免得被雨阻挡。"

霎时间，天空中乌云密布，大雨倾盆而下。

以利亚降下大火

由于以利亚杀了巴力的先知们，王后耶洗别得知后非常恼怒，要杀以利亚。以利亚只得再次流亡。

## 先知米该雅预言以色列王亚哈之死

以色列与亚兰之间时有争战。在一次以色列大败亚兰之后，两国之间三年没有战争，但亚兰军队仍然占领着以色列的城市拉抹。

第三年，犹大王约沙法到以色列访问。谈起拉抹城，以色列王亚哈就说："拉抹是以色列的领土，亚兰人至今占着，不归还给我们。您愿意同我去攻取拉抹吗？"

约沙法说："我们本是一家，不分彼此。我的人民和您的人民一样；我的马匹与您的马匹相同。"

"不过，这事还须求问耶和华。"

亚哈召来国内的先知四百人，问道："我去攻打拉抹，情况怎样？"

这些先知都是侍奉巴力的天后亚舍拉女神的。他们都异口同声地说："可以打这一仗，我主我王必胜。"

犹大王约沙法是专心侍奉耶和华的。他对以色列王亚哈说："不是还有一个叫米该雅的耶和华先知住在这里吗？我们可以叫他来问问。"

亚哈王说："他过去指着我说的预言，都不吉祥，全部是凶言。"

"你不必这么说嘛。"约沙法说。

以色列王亚哈见犹大王坚持，就派人把米该雅召来。米该雅来到二王面前，亚哈王问他说："米该雅啊，我们去攻取基列的拉抹可以不可以？"

米该雅讥讽地说："当然可以，大王您必然得胜，耶和华必定将那城交到大王您的手中。"

亚哈王当然听得出他的语气，就对他说："我要嘱咐你几次，你才肯奉耶和华的名向我说实话呢？"

米该雅便向二王正式传达了他的预言："我看见以色列众民散在山上，如同没有牧人的羊群一般。耶和华说：'这民将失去主人，不过他们可以平平安安地各归各家去。'"这话竟是在预言，以色列王亚哈将丧命于此战中。

亚哈王顿时变了脸色，转身尴尬地对犹大王约沙法说："我不是早告诉你，这人指着我所说的预言，没有吉语，都是凶言。"

米该雅不依不饶，接着又说："我看见耶和华坐在宝座上，天上的万军侍立在他左右。耶和华说：'谁去引诱亚哈上基列的拉抹去阵亡呢？'座下的万军众说纷纭。随后有一个出来，站在耶和华面前说：'我去引诱他。'耶和华问他说：'你用何法呢？'他说：'我要在他众先知口中做谎言的灵。'耶和华说：'不错。这样你必能引诱他。你就这样去做吧。'现在耶和华使谎言的灵入了你这些先知的口，并且耶和华已经命定降祸于你。"

一名亚舍拉先知西底家见米该雅如此诅咒国王，就趁机走上前来狠狠地打米该雅的脸说："耶和华的灵从哪里离开我与你说话呢？"

米该雅毫不示弱："你进严密的屋子藏躲的那日，就能看见了。"

亚哈王早已忍耐不住："来人哪，把他抓起来投进大牢！我要让他在牢里受苦，吃不饱喝不足，看我平平安安地回来！"

米该雅一边被军士拖走，一边还在说："你若能平平安安地回来，那就是耶和华没有借我说这话了。"又转身向民众说："你们都记着我的话吧。"

以色列王亚哈和犹大王约沙法还是决定攻打拉抹。不过，由于忌惮米该雅的预言，以色列王亚哈害怕成为被敌军攻击的目标，还特意换下了国王特有的紫袍，穿上普通的衣服。但是，战斗中一支流箭飞来，穿过亚哈甲衣的缝隙，射进了亚哈的肩膀。亚哈对驾车的士兵说："我受了重伤，你转过车头，拉我出阵吧。"

他刚一出阵，以色列部队就节节后退。于是，只好由人扶着他站在车上，以振奋军心。到了傍晚，以色列人终于打退了亚兰人，但亚哈因流血过多，死在战车上。犹大王约沙法代替以色列军队做主："各回本城，各归本地！"这正应了耶和华借米该雅之口所作的预言。

## 以利亚升天，传道以利沙

流亡中的以利亚躲在深山里。一天，耶和华向他显灵，命他外出寻求接班人，并告诉了他如何寻找。

以利亚按照耶和华的指引，在路上看到年轻人以利沙套着十二对牛在田野里耕地，一下子就喜欢上这个小伙子，便走过去把自己的外衣搭在他身上，表示收他为徒弟。以利沙得知收自己为徒弟的是著名的先知以利亚后，高兴得不知说什么好，半天才想起一句话来："求您允许我先回去一趟，好与我父母告别，然后我就跟随您去。"

以利亚说："好吧，快去快回。"

以利沙回到家里，把这个喜讯告诉了父母，并通知了全体村民，请他们来家同庆。他宰了一对耕牛，把耕地的犁、耙砍断做柴烧火，煮肉款待乡邻，以此表明自己不会再回到田间重操旧业、坚定跟随以利亚学习的决心。席间村民们载歌载舞为他祝福。随后，以利沙回到以利亚身边，跟随着他走遍各地，专心地侍奉他。

亚哈之死

　　多年以后，以利亚渐渐衰老下来，随时可能辞世，以利沙更加小心地侍奉他，寸步不离。

　　老迈的以利亚带着以利沙先后前往伯特利、耶利哥，匆匆会见了众多的耶和华先知；又从耶利哥前往约旦河。以利亚在河东的门徒有五十人赶到河边去迎接他，远远地站在河对岸等候。以利亚到了河边，就把自己的外衣卷起来拿在手里，用衣角打水，水就左右分开，露出一条旱道，供他们师徒通过。

　　过了河以后，以利亚向来迎接他的五十名弟子讲了一番祝福的话，打发他们各自回家，然后对以利沙说："我现在要离你而去了，你有什么要求，只管说。"

　　以利沙简单地回答："我别无所求，只愿那感动您的灵，加倍地感动我。"

　　以利亚说："你的要求很可贵，但难以做到。我被接去离开你的时候，你若看得见我，就表明你得到了你所求的；不然，你就得不到。"

　　他们正一边走，一边这样说着话，忽然有火车火马将他俩隔开，以利亚就坐在那火车火马上，乘风升上天空了。以利沙看见这情景，心知自己已经得到了自己所求的。他万分激动，无法用语言表达，只是呼叫："我父啊，我父啊！以色列的火车火马啊！"话音未落，载着以利亚的火车火马已消失在云端了。

　　以利亚是《圣经》中为数不多的没有死去、而是被上帝接上天去的人之一。

　　以利亚升天的时候，把自己的衣服丢下来，掉在地上，留给以利沙。以利沙捡起外衣，回到约旦河边。他学着老师的样子，用外衣打水，水左右分开，露出旱地，使他鞋不沾湿就过到河对岸。

　　过河以后，以利沙回到耶利哥。耶利哥的先知们还等在城外，看到

以利亚被上帝接上天

以利沙就说："感动以利亚的灵感动以利沙了。"他们上前迎接以利沙，在他面前俯伏于地。

以利沙在耶利哥小住，耶利哥的人找到他，对他说："这城的地势美好，只是水质土质恶劣，作物还未成熟就枯萎了。"

以利沙对他们说："这没什么，你们去用一个新瓦罐装一罐盐，给我拿来。"

百姓就用新瓦灌装了一罐盐给他送来。以利沙拿着这罐盐，来到井边，把盐倒进井里。从此以后，那水质就变得清凉甘美了。人们都说："耶和华治好了耶利哥城的水，从此再不因水死人、因水欠收了。"

以利沙离开耶利哥到伯特利去，在城外碰到一群孩子从城里出来。他们看到以利沙光亮的脑门，就唱起了嘲笑秃子的儿歌。

以利沙很生气，就诅咒他们："这些没家教的小坏蛋，耶和华会让母熊出来把你们撕成碎片。"

那一天，这群孩子在城郊树林中玩耍，果然有两头母熊从林中窜出来，撕裂了他们中的四十二个孩子。

以利沙行了这三个神迹，明确了神要他作为以利亚接班人的地位。


## 预言三王打败摩押

以色列王亚哈在世时，摩押还在向以色列称臣。摩押王米沙每年将十万羊羔的毛和十万公绵羊的毛进贡给以色列王。亚哈死后，摩押王就背叛了继位的约兰。

于是，以色列王约兰和犹大王约沙法，会同以东王，联合三国军队去攻打摩押。联军绕行了七日的路程，随军带出来的水全都喝完了。

母熊杀顽童

以色列王约兰说:"唉! 耶和华招聚我们这三王,难道是要把我们交到摩押人的手里?"

犹大王约沙法说:"这里不是有耶和华的先知吗? 我们可以托他求问耶和华。"

以色列王的一个臣子回答说:"这里有著名的先知以利沙,就是从前服侍以利亚的那位。"

约沙法说:"他必有耶和华的话。"

于是,三王一起去见以利沙。

以利沙讥讽以色列王约兰说:"为什么来问我呢? 去问你父亲的先知和你母亲的先知吧!"

约兰说:"请不要这样说,我已经除掉了先父所造的巴力的柱像,专心侍奉耶和华我的神。这您是知道的! 如今耶和华招聚我们这三王到此地,难道竟是要把我们交到摩押人的手里吗?"

以利沙说:"我指着永生的万军之耶和华起誓,我若不看犹大王约沙法的情面,必不理你、不顾你。现在你们给我找一个弹琴的来。"

弹琴的时候,耶和华的灵就降在以利沙身上。他便说:"耶和华如此说——'你们要在这谷中满处挖沟。你们虽不见风、不见雨,这谷必满了水,使你们和牲畜有水喝。'"

三王一听大喜,急忙拜谢耶和华。

"在耶和华眼中这还仅是小事一件,他要将摩押人交到你们手中。你们必攻破一切坚城,砍伐那里的树木,塞住那里的水泉,用石头糟踏那里的良田。"

三王拜谢而回,按照耶和华的指示,令人在谷中遍地挖沟。次日早晨,约在献祭的时候,果然有水从以东而来,充满了他们挖的水沟。

摩押王得知三王联军浩浩荡荡杀来,于是进行了全国战争动员,凡能顶盔贯甲的，无论老少，全部应征入伍，但是依然被三王联军打败。联军往前追杀摩押人，他们拆毁摩押的城邑，用城墙的石头填满良田，塞住水泉，砍伐树木。

摩押王领着残兵退到吉珥哈列设城继续抵抗。联军攻城的巨石一块块抛上城来，摩押人的战争意志也渐渐被这些巨石击打下去。万分无奈之下，摩押王忍痛把王储，也就是他的长子，在城上献为燔祭，以激起士兵们拼死的斗志。这一招果然生效，联军遭遇了摩押人拼死的抵抗。于是，三王决定退兵回国。

## 膏立哈薛，夺亚兰王便哈达的王位

不仅以色列人和犹大人把先知以利沙奉若神明，其他邻国的人民也这样看待他。先前以利沙一句话治好了亚兰元帅乃缦的麻风病，亚兰人都深信以利沙具有超凡的神力。

亚兰人解除了对撒玛利亚的围困后不久，以利沙游行到大马色，那时亚兰王便哈达重病缠身。有人告诉他："神人以利沙在大马色。"

便哈达就吩咐臣仆说："你们带些礼物去见以利沙，托他求问耶和华，我这病能不能好。"

便哈达的宠臣哈薛用四十峰骆驼，驮着大马色的各种珍品作为礼物去见以利沙，对他说："您儿子亚兰王便哈达打发我来见您，想托您求问耶和华，他的病能不能好。"

以利沙祷告耶和华之后对他说："您回去告诉您的主人，他的病不成问题，能治好；但他仍然要死，不是病死。"

以利沙定睛看着哈薛，看得他很不好意思。这时以利沙却泪流满面，哈薛不解其意，问："我主为什么哭了？"

"因为我看你的面相，杀机逼人。你必残害以色列人，火烧他们的都城，摔死他们的婴儿，剖开他们孕妇的肚皮。"以利沙的目光透过哈薛的肩看过去，仿佛看到了必将发生的一幕幕惨剧。

"您仆人哈薛算什么？不过是我王的一条狗，怎么可能干出这么大的一番事业呢？"哈薛掩饰着心中的兴奋，面颊泛红。

"耶和华指示我，你必做亚兰王。"以利沙从座位上站起来，摸着哈薛的头说。

哈薛心领神会，回去见亚兰王。亚兰王问他："以利沙说什么了？"

"他说陛下的病不久就会痊愈。"哈薛说这话时，眼睛朝下看着地面。

第二天，轮到哈薛侍奉国王。他看看四周无人，就拿被子在水中浸湿蒙住便哈达的头，使他窒息而死。这样，在以利沙的怂恿下，哈薛篡夺了便哈达二世的王位，做了亚兰国的国王。

亚兰国是以色列国的敌对国，以利沙此举是想挑拨敌国发生内乱。


## 膏立耶户，夺以色列王约兰的王位

以色列王约兰想乘大马色的亚兰国内政变之机，联合犹大王亚哈谢，夺回被亚兰抢去的基列城池拉抹。他们的上一代先王以色列王亚哈和犹大王约沙法也曾想联手夺回拉抹，约兰王的父亲亚哈王正是死在了那次战争中。

在此次夺取拉抹的战争中，约兰王在一次战斗中负了伤，便回耶斯列疗伤去了，把兵权交给了大将耶户掌管。不久，犹大王亚哈谢也前往耶斯列看望养伤的约兰，这样兵权完全掌握在耶户一人手中。

先知以利沙决定利用约兰受伤的机会，把他赶下台，让耶户取代他。因为约兰虽然没有继续像他父亲亚哈一样狂热崇拜巴力，但也并没有在全国禁止信巴力，并且放任国内的金牛崇拜，而耶户却是一个坚定的耶和华信徒。

以利沙盼咐一个年轻的门徒，拿着膏油到拉抹去，把耶户叫到一个僻静的地方，膏他为王。

那个门徒受命来到拉抹城外以色列人的军营中，求见耶户。当时攻城的各位军长正在开会，对以利沙的这位弟子的到访有些纳闷。耶户立即召见了他。

门徒走进将军的帐篷，说："将军啊，我有话想单独对你说。"

耶户隐然感到有重大的事将发生，猜测之间故意问道："我们这里每个人都是将军，你倒底要跟谁说话？"

门徒答道："将军哪，我正是要跟您说话。"

耶户这才站起来，跟着他进了另一个大帐，里面没有别人。以利沙的门徒就站在耶户跟前，对他说："以色列之神耶和华如此说——'我膏你做以色列的王，你要杀死你主人亚哈的全家，以便为先知们流的血，为耶和华所有仆人的血，向耶洗别报仇血恨。'"说完这些话，又将膏油涂在耶户前额上，然后转身出门，迅速离开了营地。

耶户的内心充满了突如其来的巨大喜悦，他平复了自己的情绪，才回到开会的帐中。耶户手下的将军们正在就以利沙的门徒的来意议论纷纷，见耶户若无其事地进来，就问："元帅，没事吧？那人过来有什么事啊？"

"你们都认识，他是以利沙的徒弟，还会有什么好话。"耶户故意卖了个关子。

"元帅，您要把实情转告我们啊！"几个将军道。

"其实也没有什么。那是个疯子,他说他已经膏我做以色列人的王了。"耶户轻描淡地说。

他手下的将军们听了,顿时像炸开了锅,个个兴奋不已。他们把自己的衣服铺在一个台阶上,让耶户坐在上面,再吹起号角,齐声欢呼:"吾王万岁,万万岁!"

耶户既已称王,当机立断,决定立刻奔赴以色列除灭国王约兰及其支持者。他严令:"不可让一人开小差跑了,以免有人逃出去到以色列报信。"

耶户带着军队马不停蹄奔袭以色列。城楼上负责瞭望的哨兵远远地看到一队人马赶来,就派人向约兰报告。

"派一个人骑马去迎接他们,看看是谁的队伍,为什么而来。"约兰说。

一人奉命骑马迎上去,见是耶户,就对他说:"将军,国王让我代问您好。"

"我好不好与他有什么关系?你就不要回去了,跟在我后面吧。"

耶户手下的人立即把那人押了起来。

哨兵见那人不见回转,就又派人报告约兰王说:"陛下的使者到了那里,却不见回来。"

约兰就令再派一个人去看。

一会儿,哨兵第三次传来消息:"第二个人去了,也不见回来。他们现在加快了步伐,车子赶得越来越快了,看样子像是耶户将军。"

约兰王听说是耶户领军过来,虽不明他的来意,却万没有想到他是前来弑君篡位的,就命令道:"我亲自去看看。"

以色列王约兰和犹大王亚哈谢各自坐着自己的车出城去迎接耶户,在耶斯列人拿伯的葡萄园附近遇到了耶户的人马。约兰说:"耶户将军,为什么此时回来？"

没想到耶户劈头一句话："你母亲耶洗别的淫行邪术这么多，我回来就是为了扫除这一切！"

约兰大吃一惊，这才知道耶户竟是来弑君的。他慌忙调转车头逃跑，并惊慌地对亚哈谢说："耶户反叛了！"

耶户拉满了弓，射出一箭，正中约兰脊背，箭头从心窝穿出，约兰栽倒车上死了。

犹大王亚哈谢也惊呆了，没命地逃跑。耶户命令手下的人说："追上他，让他死在车上。"

耶户的骑兵紧追犹大王亚哈谢，一直追了很远。拉车的马已经疲惫不堪，又遇到了坡路，马车的速度越来越慢。耶户的骑兵终于在靠近以伯莲的姑珥追上了亚哈谢，从背后砍伤了他。战车又拉着亚哈谢跑了很远，直到米吉多这个地方他才断了气。

后宫里，以色列王太后耶洗别听说耶户谋反，已经杀了以色列王和犹大王，知道自己也在劫难逃，索性精心打扮了一番。

耶户杀进了后宫，耶洗别走到窗前，探头向外破口大骂："耶户，你这条犯上作乱的恶狗，有一天，你一定会遭到报应的！"

耶户大怒，抬头向窗内喊道："里面的人听着！耶和华膏我为王，要我杀了背叛他的人！凡是肯归顺的，我绝不会要他的命！"

于是，有两三个太监动了心，从别的窗户中探头向外看。

耶户就对他们说："把那疯婆子从楼上扔下来，算你们立功！"

几个太监闻言，一拥而上，把耶洗别抬到窗边。耶洗别拼命地挣扎反抗，还是被从窗户上扔了下去，当场摔死，鲜血溅在墙脚和耶户的坐骑上。耶户带头策马在耶洗别的尸体上践踏起来，手下的将士也跟着这么做，直到尸体成为肉泥一摊。

耶洗别之死

　　耶户在宫内设宴慰劳群臣，大吃大喝到深夜。第二天一早，耶户吩咐人把耶洗别的尸首埋了，因为她毕竟是公主、王后。但执行命令的人只找到一块头骨、两个手掌和两个脚掌，其他的骨肉都被狗吃了，这正应验了已故先知以利亚的预言。

## 耶户清除旧王室、铲除巴力教

　　耶户当政后，首先要做的就是清除旧王室、巩固王位。先王亚哈的七十个儿子当时还住在首都撒玛利亚，城中的贵族因为惧怕耶户，就把故主的七十个儿子杀死，砍下他们的首级，用筐抬着送到耶斯列城新王耶户那里。耶户下令："将首级在城门口分成两堆，搁到明天。"

　　第二天早晨，耶户出来，对围观的人们说："你们心中自有公道。亚哈是我的主人，但他和他家的人背叛了耶和华，所以我奉耶和华之命杀了他。他这些儿子们又是谁杀的呢？是人民！由此可见，耶和华借他的仆人以利亚指着亚哈家所说的话，一句没有落空！"

　　亚哈在耶斯列所剩下的人和他的大臣、密友、祭司，耶户尽都杀了，没有留下一个。

　　随后，耶户率军向撒玛利亚开拔。在路上他碰到了犹大王亚哈谢的四十二个兄弟，他们还不知道以色列正经历着一场血腥的政变，他们正要去撒玛利亚城中会见以色列王室和贵族。耶户把他们抓住，统统杀死在路边的一个坑里。

　　耶户率大军进入首部撒玛利亚，对与旧王室有亲近关系的人全部予以清洗，一个都没有留下。

　　接着，耶户开始着手消除异教力量。他设了一个圈套，在撒玛利亚向全国发出通告："先王亚哈侍奉巴力不够虔诚。寡人决心比他更加尊崇巴力。我要在加冕时给巴力献大祭，务请全体巴力祭司、先知和崇奉巴力的信徒届时到撒玛利亚参加祭礼，否则格杀勿论。"

那一天，全国崇拜巴力的人都到齐了，他们进入巴力神庙中，挤满了巨大的庙堂。耶户吩咐管礼服的人说："拿出礼服来，给一切拜巴力的人穿。耶和华的信徒不得混入。"

然后，耶户一本正经地献了平安祭和燔祭。他早在神庙四周布下八十名卫兵，待他献祭完毕，这些人冲进神庙，把里面的人全部杀死。他们又把巴力庙中的柱像抬出来一把火烧了，拆毁了巴力神庙，把它变成了茅厕。

就这样，耶户灭了巴力教，耶和华恢复了在以色列的地位。但是耶户没有毁掉伯特利和但城的金牛犊，这让以利沙等耶和华祭司们非常不满。耶和华就让亚兰王哈薛破坏约旦河以东的以色列土地。哈薛多次率亚兰人进攻以色列，夺取了约旦河以东的基列和巴珊全地。

## 以利沙临死预言以色列王约阿施打败亚兰人

耶户做以色列王二十八年，死后由他的儿子约哈斯继承了王位。那时候，以色列国力已经非常衰弱，亚兰人经常侵入境内，烧杀抢掠，如入无人之境。约哈斯王只得向亚兰王哈薛称臣纳贡，哈薛只让约哈斯保留五十个骑兵、十辆战车、一万名步兵，作为王宫自卫的武装，以色列竟成为亚兰的属国！

约哈斯在位十七年，死后他的儿子约阿施继承了弱小的以色列王国的王位。他在位的日子里，先知以利沙已经很衰老，得了重病，快要死了。约阿施去看望他，脸伏于地，痛哭着说，"我父啊，我父啊！以色列的战车战马啊！您死了，我该怎么办？"

"孩子，把你的弓箭取来。"

约阿施从臣仆手中取过弓箭，以利沙又吩咐："用手拿好这把弓。"

约阿施用手握紧弓，以利沙把手按在他手上，说："你打开朝东的窗户。"

约阿施打开东墙上的窗户，以利沙吩咐："射箭吧，朝打开的窗户向外射。"

约阿施拉满了弓，放出一枝箭。这时，以利沙说："这是耶和华的得胜箭，就是战胜亚兰人的箭，因为你必在亚弗攻打亚兰人，直到灭尽他们。"歇了一会儿，以利沙又说，"再取几枝箭来。"

约阿施又取了几枝箭来，以利沙吩咐他："朝地上射吧。"

约阿施朝地上射了三箭，就停住了。以利沙感到很失望，他说："你应当射五六次，这样才能打败亚兰人，直到把他们灭绝。现在你只射了三次，只能挫败他们三次，而不能从根本上消灭他们。"

以利沙死后，他的门徒和信众把他安葬了。这位先知死后还显了一次神迹，证明了耶和华的大能。情形是这样的。以利沙下葬后第二年，摩押人来侵略，杀到了埋葬他的地方。正好有一家人刚刚有人去世，把逝者的尸体停在以利沙墓地旁边，准备挖新墓地。摩押人杀过来，这家人慌忙把死人的尸体抛在了以利沙的坟墓里，匆匆逃跑，谁知，那死人一碰着以利沙的骸骨就复活站了起来。

后来，亚兰王哈薛病死，他儿子便哈达继位。以色列王约阿施乘他们举国服丧之机，一连三次出击，打败了他们，夺回了从他父亲约哈斯手中失去的全部领土。不过，约阿施并没能灭绝亚兰人，这些正应了已故先知以利沙临终前的预言。

亚他利雅被众人围杀

# 耶户政变后至北以色列灭亡时，犹大的几代王

犹大王亚哈谢在北以色列将军耶户的政变中被杀死后，他的母亲、王后亚他利雅发动政变，杀死了所有的王子和不顺从自己的其他王室成员，成为女王。但是她没敢杀死亚哈谢的妹妹约示巴，因为她极具是权威的祭司长耶何耶大之妻，约示巴把亚哈谢不到一岁的儿子约阿施从被杀的王子中偷偷救出来，把他和他的乳母藏在家里，躲过了亚他利雅的毒手。

亚他利雅当政六年，其间大力推行对巴力和亚舍拉的崇拜，这就引起了忠于耶和华的会众，尤其是耶和华祭司们的严重不满。祭司长耶何耶大联合军队发动政变，杀死了亚他利雅及其支持者，立当时七岁的先王之子约阿施为王。

约阿施继位时，权力由祭司长耶何耶大把持。耶何耶大铁腕恢复了犹大民众对耶和华的信奉。他下令捣毁了巴力神庙，打碎了祭坛和神像，还杀死了巴力神的大祭司玛但和其他祭司。而后，他主持了对年久失修的所罗门神殿的修复。

耶何耶大死后，约阿施在犹大贵族们的影响和压力下放弃了对耶和华的信仰，转而崇奉巴力。

而后，亚兰王哈薛率军攻打犹大，节节胜利，扬言将踏平耶路撒冷。约阿施将祖上传下来的宝物和自己收敛的财宝都拿出来献给哈薛，哈薛才退了兵。约阿施丢尽国宝，丧尽国威，失去了百姓的支持。此时，他患了重病，他的臣下起来反叛，把他杀死在宫中的床上。

约阿施做犹大王共四十年，死后由他的儿子亚玛谢继位。

亚玛谢率兵攻打以东人，盐谷一役，杀死了一万名以东人，又攻取了军事和经济重镇西拉城，改名为"约贴"。

这个胜利使亚玛谢开始头脑发热，自我膨胀。他开始幻想武力统一南北，竟派使者去向北国的以色列王约阿施邀战。

约阿施派使者对亚玛谢说："黎巴嫩的蒺藜差遣使者去见黎巴嫩的香柏树说——'将你的女儿给我儿子为妻。'后来黎巴嫩有一个野兽经过，把蒺藜践踏了。而今，你不过打败了以东人就心高气傲，目中无人。你在犹大国内安分做王也就罢了，为什么要惹祸，使自己和犹大国一同败亡呢？"

亚玛谢哪里能听得进去这话？以色列和犹大之间的战争终于爆发，从而终结了以色列先王亚哈和犹大先王约沙法在位时为两国奠定的和平友好的同盟关系。这次战争的结果是以色列大败犹大，约阿施生擒了亚玛谢，攻进了耶路撒冷，并拆毁了一段城墙，把圣殿和王宫中所藏的金银和器皿全都掳去，犹大成为以色列的附属国。

后来，耶路撒冷有叛党发动政变。骚乱中，亚玛谢逃到拉吉。叛党派人追到那里，把他杀了。这一年他五十四岁，在位二十九岁。

亚玛谢死后，他的十六岁儿子亚撒利雅（又名乌西雅）继位。

亚撒利雅废除了对异神的崇拜，恢复了耶和华教的国教地位，只是没有拆去异教的丘坛，无力禁止民间普遍盛行的异教崇拜。亚撒利雅发兵攻打非利士人，攻克迦特、雅比尼城和亚实突城，还征服一些好战的亚拉伯（阿拉伯）部族和亚扪人，使他们向耶路撒冷进贡纳税。他大力加强国防、扩大军队，加固城墙，又鼓励农业和畜牧业。一时间，犹大国强民富，自所罗门去世以来所未有，颇有中兴的气派。

亚撒利雅渐渐地心高气傲起来，他竟不经过祭司，直接向耶和华进香。祭司们劝阻他，他不但不听，还大发脾气。耶和华就使他额上忽然发出大麻风的白斑。于是，他不得不离开耶路撒冷，住进别宫里，他的儿子约坦代替他处理政务，直到他死在别宫。

亚撒利雅在位五十二年，他死以后，由他的儿子约坦继承王位。

约坦继续奉耶和华为神，但和先王一样，已经无力禁止民间普遍盛行的异教崇拜。约坦在位十年，其间曾重修耶和华大殿的上门，并在全国各地建筑了许多营寨和高楼。

约坦死后，他的儿子亚哈斯继位。

亚哈斯背离了他祖父和父亲的道路，崇拜巴力。他在位十六年，其间内忧外患。当时的亚兰王利汛和以色列王比加结盟，共同反抗亚述的压迫，却仍敌不过亚述，于是想拉亚哈斯入盟，三国共同对抗亚述。亚哈斯拒绝了他们的邀请，于是两国盟军发兵攻击犹大。亚哈斯无奈，只得向亚述求援，将耶和华神殿里和王宫府库里所有的金银都送给亚述王提革拉毗列色为礼物，乞求亚述王出战援助。亚述王提革拉毗列色应允了他，以迅雷不及掩耳之势发兵攻取了大马色，杀了亚兰王利汛，把亚兰居民掳到了亚述境内的吉珥。

亚哈斯在位十六年。他死后，由他的儿子希西家继位。正是在希西家在位期间，北以色列被亚述所灭。

## 北以色列的衰亡

以色列王约阿施在位十六年。他在位期间打败了亚兰人，夺回了在他父王手中失去的国土，后来南国犹大王亚玛谢挑起了以色列与犹大之间的南北战争，结果以色列大败犹大，生擒了犹大王亚玛谢，攻进耶路撒冷，把圣殿和王宫中所藏的金银和器皿全都掳去，犹大成为以色列的藩属国。

约阿施去世后，他的儿子耶罗波安继位。

耶罗波安在位四十一年。他在位期间，军事上取得了一些胜利，收回了从哈马口直到亚拉巴海的以色列边界之地。但他也犯了北国第一王朝的先王、另一个耶罗波安所犯的罪，即"使以色列人陷在罪里"的罪。

耶罗波安死后，他的儿子撒迦利雅登上王位刚六个月，就被将军沙龙发动政变杀死。

沙龙结束了耶户王朝，刚称王一个月，又被将军米拿现发动政变杀死。

米拿现做了十年以色列王，他在位的时候，亚述王普勒攻破了以色列国境。米拿现答应献给他一千他连得银子，请他退兵；并请亚述王普勒帮助自己巩固王权。米拿现为了筹借这笔银子，只好向富户征收，因为以色列平民已经一无所有了，米拿现的行为引起了国内动荡。

米拿现死后，他的儿子比加辖继承王位刚刚两年，就被将军比加发动政变杀死。

比加在位的时候，亚述王提革拉毗列色攻陷了以色列的以云、亚伯伯玛迦、亚挪、基低斯、夏琐、基列、加利利、拿弗他利，将这些地方的居民掳到亚述做奴隶。比加就和同受亚述压迫的亚兰王利汛结盟，反对亚述。但两国联盟仍不是亚述的对手，他又想拉当时的犹大王亚哈斯入盟，遭到拒绝。他们就以武力压迫亚哈斯，发兵包围了耶路撒冷。亚哈斯无奈之下，只得向亚述王求援；他把耶和华圣殿里和王宫府库中所有的金银都送给亚述作为礼物，换取亚述王出战援助。结果，亚兰王利汛被杀，亚兰灭国，两国联盟瓦解。

比加的政权勉强地维持了二十年。他手下的将军何细亚发动政变，把他杀死。

何细亚篡夺了王位，做以色列王九年。他是以色列的最后一代王。

当时的亚述王撒缦以色率军攻击以色列，何细亚只得向亚述王俯首称臣，给他进贡，以色列成了亚述的藩属国。但是，埃及害怕亚述过于强大，当时的法老扶植以色列政权中的反亚述势力，向何细亚施加压力。何细亚在埃及王的支持下，背叛了亚述，不照往年的惯例向亚述王撒缦以色进贡。撒缦以色立即发兵镇压，大败以色列军，生擒了何细亚，并把他装进囚笼。剩下的以色列部队退到撒玛利亚固守，撒缦以色围困撒玛利亚三年，才攻了下来。

亚述人把以色列人掳到亚述，把他们安置在哈腊与歌散的哈博河边以及玛代等地。亚述王又把巴比伦、古他、亚瓦、哈马和西法瓦音等地的人迁入以色列。

就这样，以色列灭国。以色列民族十二个支派中的十个支派散居在古代西亚的各民族中间，逐渐被同化并融合于其他民族之中。

## 犹大王希西家独尊耶和华，先知以赛亚预言巴比伦之囚

犹大王希西家在位第四年的时候，亚述王生擒了北以色列的末代王何细亚。希西家在位第六年时，亚述军队攻破北以色列都城撒玛利亚，以色列灭国，这在犹大人心中引起了震荡。

希西家总结北以色列亡国的教训，大胆改革，恢复耶和华的独尊地位。在对耶和华的信奉上，他前后的犹大列王中没有一个及他的。他任命了一大批利未人的后裔担任祭司。祭司们打开封尘已久的圣殿大门，花了半个月时间才完成对神殿的清洗洁净工作。然后，希西家按照惯例在圣殿中举行了献祭礼。

他向全国发布通告，要大家到耶路撒冷来过逾越节，他甚至写信给

以法莲人和玛拿西人，请他们也守逾越节，但却遭到那里的人们的讥笑。不过来耶路撒冷朝觐的人仍然很多，其中包括许多以法莲人、玛拿西人。

这次大规模的朝觐活动以后，希西家下令废去丘坛，毁坏柱像，砍下木偶，甚至打碎了摩西所造的铜蛇，化为铜块，因为那时以色列人成群结队地围绕铜蛇烧香。

耶和华在犹大的复兴无疑是对迦南霸主亚述的挑战。希西家在位第十四年，亚述王西拿基立发兵侵入犹大，一路攻城略地，如入无人之境，最后犹大只剩下耶路撒冷一座孤城。不久，西拿基立派大将他珥探、拉伯撒利和拉伯沙基率领亚述军队从拉吉出来向耶路撒冷进发。他珥探、拉伯撒利和拉伯沙基在耶路撒冷城下向犹大人民喊话，期望动摇犹大军民的抵抗意志。

希西家万般无奈，只得用缓兵之计，派使者去拉吉向亚述王西拿基立求和。西拿基立要求希西家献上银子三百他连得，金子三十他连得。希西家为了凑齐金银，把耶和华殿和王宫府库里所有的银子都拿出来，甚至把圣殿和王宫里包门和柱子的金子也刮下来充数。

亚述王西拿基立得到了所要求的金银，就没有立即下令围攻耶路撒冷的军队攻城，而是继续包围耶路撒冷。同时，他率领拉吉剩余的军队攻打立拿。

在此期间，又传出古实王特哈加准备与亚述作战的消息。于是，亚述王西拿基立要求他珥探、拉伯撒利和拉伯沙加紧喊话，尽快瓦解犹大军民的抗战意志，以求迅速攻下耶路撒冷后回师备战古实王。

希西家和先知以赛亚向耶和华求助。耶和华就差遣一支天上的军队，进入亚述营中，杀死了十八万五千人！亚述大伤元气，亚述王西拿基立被迫下令回师本国，耶路撒冷因此得救。

不料，亚述撤兵没多久，犹大王希西家就得了重病，奄奄一息。他

先知以赛亚

向耶和华苦苦哀求，耶和华让先知以赛亚行神迹，以一块无花果饼贴在希西家的疮口上，治愈了他的病，并允诺他增加十五年寿数。

古巴比伦王巴拉但的儿子比罗达巴拉但听见希西家病愈，就派使者送书信和礼物表示祝贺。那时，古巴比伦国刚刚被亚述吞并，成为亚述的属国。此时巴比伦人与犹大一样，渴望摆脱亚述的压迫。巴比伦的使者此行过来，是要借祝贺希西家大病痊愈之机，查探犹大王希西家的结盟意愿和犹大国中的资源能否使犹大成为对抗亚述王西拿基立的坚强盟友。希西家也希望与巴比伦结盟，便热情款待了来使，并应来使的请求，把国库中的金银、香料、贵重的膏油等战略物资和武库中的兵器等军事资源都展示给他们看。

先知以赛亚料到，日后巴比伦重新强盛之后必是比亚述更难抵挡的大敌，所以他反对和巴比伦结盟。他对希西家作了预言："耶和华说——'将来日子到了时，凡你家里所有的、你列祖积蓄到如今的，都要被掳到巴比伦去，不留下一样。并且从你本身所生的众子，其中必有被掳去，在巴比伦王宫里当太监的。'"

希西家享了耶和华加赠给他的十五年寿命，在他做王第二十九年时去世。死后，他十二岁的儿子玛拿西继位。


## 玛拿西的异教复辟和约西亚的洁净运动

玛拿西在位时，异教势力再度崛起。玛拿西修复了被先王希西家拆掉的丘坛，又为巴力筑坛，塑亚舍拉神像；把自己的幼子献给摩洛为燔祭；还敬拜侍奉天上的日月星辰，在耶和华圣殿中为天上的万象筑坛；占星术、交鬼术等巫术横行。玛拿西还大肆镇压和自己作对的耶和华的祭司、先知和忠实信徒们。先知以赛亚躲在一个树洞里，却被玛拿西的手下拉出来用锯锯死。

玛拿西在位五十五年后死去，他的儿子亚扪接续他做犹大王。

亚扪继续他父亲的道路，背弃耶和华，掌权不到两年就被虔奉耶和华的大臣发动政变杀死，立他年仅八岁的儿子约西亚为王。在这些扶植他上台的大臣们的影响下，约西亚本人也成为虔诚的耶和华信徒。

约西亚在位第十八年时，他二十六岁，着手修复耶和华神殿。在翻修过程中，工人们在圣殿的一个角落里发现了一卷摩西当年所作的律法（可能是"摩西五经"的全部或其中的"申命记"）。由于犹大国长期以来不断有崇奉异教的王当政，在历次对耶和华教的清洗中，当年摩西所作的耶和华律法早已遗失，人们万没有想到这本圣经竟能在此时此地重现。大祭司希勒家把它交给约西亚的书记沙番，沙番向王宣读。

约西亚听完律法书，激动地撕裂衣服。他对在场的大祭司希勒家等人说："因为我们列祖没有遵着这律法书上所吩咐我们的去做，耶和华就向我们发怒，要降灾祸于这片土地及居民。你们去先知户勒大那里，为我、为犹大人民，以这书上的话求问耶和华。"

于是，大祭司希勒家等人一行来到住在耶路撒冷第二区的著名女先知户勒大家中。

女先知户勒大肯定了这本律法书确是摩西所作的经书，耶和华确实要惩罚犯了罪的犹大民众。同时又说，耶和华让大祭司希勒家等人如此回复犹大王约西亚："耶和华以色列的神如此说——'你听见我指着这地和其上的居民所说的，要使这地变为荒场、民受咒诅的话，你便心里敬服，在我面前自卑，撕裂衣服，向我哭泣，因此，我必使你平平安安地归到坟墓，到你列祖那里；我要降与这地的一切灾祸，你也不至亲眼看见。'"

约西亚王听了回复，就即刻差遣人招聚犹大的众长老、祭司、先知和耶路撒冷的居民，无论大小，都一同到耶和华神殿。约西亚当众宣读了这部失而复得的律法书。而后，他在耶和华面前与民众一同立约，要尽心顺从耶和华，遵守他的诫命、法度、律例。

随后，一场浩大的"洁净犹大和耶路撒冷"的运动开始了。

约西亚王命令把耶和华神殿中为巴力、亚舍拉和天上万象所造的器皿，全都搬出，在汲沦溪旁的田间烧了；拆毁了神殿中巴力的坛，打碎亚舍拉的柱像；拆毁神殿里亚舍拉变童的屋子。

进而，运动扩展到耶路撒冷以及犹大各地。各种异教丘坛统统被污秽并拆毁，柱像被打碎，木偶被砍下。异教祭司们都被杀死在丘坛上，并在坛上烧化。百姓家中的偶像全部毁掉。所有交鬼的、行巫术的，全都除掉。

当年，约西亚王通令全体犹大民众遵照约书所写的，向耶和华守逾越节。自从士师时代以来，以色列人再也没有守过逾越节，如今，约西亚将这节日恢复起来。

《圣经》评价说，在约西亚以前，没有王能像他一样尽心、尽性、尽力地归向耶和华，遵行摩西的一切律法；在他以后，也没有兴起一个王能像他一样。


# 犹大灭国——巴比伦之囚

犹大王约西亚在位第三十一年时，他三十九岁。此时，巴比伦的迦勒底人已经在领袖那波帕拉沙尔的领导下，摆脱了亚述的奴役，建立了新巴比伦王国。新巴比伦王国的军队在王储尼布甲尼撒的领导下，已经攻占了亚述首都尼尼微，把亚述残军逼到了伯拉河边迦基米施城。

埃及法老尼哥注视着这个新兴的帝国，深知这是埃及日后的大患，便决定抛开埃及人跟昔日强权亚述积聚几代的仇怨，派出军队，取道犹大，前往援助亚述。

约西亚想到埃及与亚述联盟，战胜巴比伦后可能再来攻击犹大，所以想阻止埃及军队援救亚述。但在米吉多平原一战中，犹大军队被打得一败涂地，约西亚中箭身亡。

约西亚死后，他的儿子约哈斯继承犹大王位。埃及军队顺路攻入耶路撒冷，把只当了三个月国王的约哈斯劫持到埃及，并罚犹大国银子一百他连得，金子一他连得。

埃及法老尼哥立先王约西亚的儿子、约哈斯的哥哥以利雅敬为王，并给他改名为"约雅敬"。于是，犹大成为埃及的附属国，被埃及捆上了对抗新巴比伦王朝的战车。

三年后，增援亚述的埃及军队在迦基米施城，被尼布甲尼撒率领的新巴比伦军队打败。埃及的各个附属国顿时都成了尼布甲尼撒唾手可得的目标，犹大当然也不例外。尼布甲尼撒兵临耶路撒冷城下，约雅敬只得投降，向尼布甲尼撒称臣纳贡。当年，尼布甲尼撒的父王那波帕拉沙尔病逝，尼布甲尼撒继位成为新巴比伦王朝的国王。

又过了三年，尼布甲尼撒率领巴比伦军队再度与埃及交战。这一次双方的损失都很惨重，新巴比伦军队不得不退回巴比伦。三年来一直臣服于尼布甲尼撒的犹大国王约雅敬，趁机脱离新巴比伦，投向了埃及。尼布甲尼撒大怒，发誓要踏平耶路撒冷。

四年后，在位十一年的约雅敬病逝，他十八岁的儿子约雅斤继位。

新巴比伦国王尼布甲尼撒认为这正是进攻耶路撒冷的好时机，他亲自率领迦勒底军、亚兰军、摩押军和亚扪军向耶路撒冷进发。经过两个多月的围攻，犹大国王带着所有的王室以及臣仆一起出城投降。

尼布甲尼撒废黜了约雅斤，立约雅斤的叔叔、也就是先王约西亚的小儿子玛探雅为犹大王，并给其改名为"西底家"。约雅斤仅做犹大王三个月零十天。

尼布甲尼撒把约雅斤带到巴比伦囚禁起来，并把耶和华神殿里的贵重器皿全部掳回巴比伦，放在自己的神庙里；又将耶路撒冷城中所有的贵族、工匠、壮丁全部带回巴比伦。

七八年后，埃及又向巴勒斯坦地区的新巴比伦力量发动了进攻。这一地区臣服于新巴比伦的小国纷纷倒向埃及。犹大国王西底家也决定政治冒险，倒向埃及。先知耶利米和一些亲巴比伦的大臣，不同意西底家向埃及靠拢的做法，劝他不要反对尼布甲尼撒。但是，反对新巴比伦的力量显然占了上风。

不久，在西底家继位九年多的时候，尼布甲尼撒又率新巴比伦军队对耶路撒冷发动了第二次围攻，这次围攻历时十八个月。由于饥荒和内部分裂，耶路撒冷终于在公元前五百八十六年陷落。

尼布甲尼撒下令杀了西底家所有的儿子，剜了西底家的眼睛，用铜链锁着他，带到巴比伦囚禁起来。耶路撒冷城里剩下的贵族、工匠、壮丁和财物又都被掳到巴比伦去。新巴比伦军队放火焚烧了耶和华神殿和王宫，拆毁了耶路撒冷的城墙。

这样，犹大国灭亡了，成了新巴比伦王国的一个省。国王尼布甲尼撒指定犹大人基大利做犹大省的省长，治理剩下的犹大人。

西底家双目被挖

# 第十章
## 灭国之后到耶稣诞生之前的时代

## 波斯帝国统治时代，犹大人回归耶路撒冷重建神殿

公元前五百六十二年，新巴比伦王尼布甲尼撒去世，后继者软弱无能；与此同时，波斯人中崛起了一位伟大的君王，他就是世界历史上著名的波斯帝国塞鲁士大帝。

公元前五百五十九年，塞鲁士成为波斯人的领袖，统一波斯各部落后，又先后消灭了当时西亚三大强国中的两个，只剩下了新巴比伦王国。

公元前五百三十九年，塞鲁士借巴比伦内部不稳之机出兵，一举攻占了巴比伦城，这样，强盛一时的新巴比伦王国被新兴起的波斯歼灭。塞鲁士大帝由于统治着波斯与巴比伦两国，又被称为"巴比伦王"。这一年，被称为"塞鲁士元年"。

塞鲁士大帝不但军功卓著，也是一个开明的统治者。攻下巴比伦后，他严令军队不许扰民，尊重当地的风俗习惯和宗教信仰。更难能可贵的是他还把历代巴比伦国王掳掠来做奴隶的各民族人民释放，派军队护送他们回故乡，并以人力物力支援他们重建家乡和文明。这其中，就包括被巴比伦人掳到巴比伦四十八年的犹大人。

塞鲁士大帝恩准巴比伦的犹大人和一切以色列人重归故土，并把巴比伦从耶路撒冷的耶和华神殿掳掠而来的宝物、器皿如数归还给犹

大人。这些器皿包括：金盘三十个，银盘一千个，金碗三十个，银碗四百一十个，刀二十九把，其他器皿一千件。

犹大和便雅悯的族长和祭司利未人纷纷响应，决定动身回耶路撒冷。虽然并非所有的人都愿意离开巴比伦——那些在巴比伦已经发迹、身居高位、缺乏虔诚的宗教感情的人自然不愿意回到破落不堪的犹大受苦——但是在重建耶和华圣殿这个问题上，人们都有一致的立场。穷人愿意出力，富人也纷纷拿出金银、牲畜和财物向耶和华圣殿献礼。人们捐出金子六万一千达利克，银子五千弥拿，祭司礼服一百件。

第一批从巴比伦回归耶路撒冷的以色列人，主要是犹大人、便雅悯人、利未人和他们的子孙，共有四万两千三百六十人。他们在所罗巴伯和耶书亚的带领下，经过四个月的跋涉，回到了故土，还带回了仆婢七千三百三十七名和男女歌者两百名。他们有马七百六十匹，骡子二百四十五匹，骆驼四百三十五峰，驴六千七百二十四匹。

当年七月，刚回到耶路撒冷没多久，犹大人就开始重建神殿的工作。立神殿根基的时候，祭司们穿礼服吹号角，利未人敲锣，齐声歌颂赞美耶和华。

耶路撒冷的百姓见神殿根基已经立定，大声欢呼。许多见过旧殿的祭司、利未人、族长和一些老年人亲眼又看到神殿重立，放声大哭。欢呼声和哭号声交织在一起，一直传到很远的地方。

犹大人和便雅悯人的敌人听说他们重修耶和华神殿的事，就找到所罗巴伯和族长们说："请让我们也参加建造神殿吧，因为我们同你们一样敬神。自从亚述王带我们来到这片土地上，我们一直祭神。"

犹大人深知这些外族人的真正目的是要监视犹大人的动静，防止耶路撒冷再度强盛起来，同时渗入以色列人当中破坏圣殿重建，于是他们拒绝了外族人的主张。

点交圣殿器皿

以色列人重获自由

重建圣殿

公元前五百三十年，塞鲁士大帝死于一次征服战争。他的儿子冈比西斯二世继位后，北方各省的省长们不断控告犹大人。撒玛利亚省省长利宏说："犹大人已经开始重建耶路撒冷，如果建好城池，筑好城墙，就不会再进贡纳税，这是一座反叛之城，从古至今常有悖逆之事发生。因此，这城才被拆毁。如果任由犹大人把这城修好，那河西之地恐怕将不再受波斯帝国的控制。"

冈比西斯二世随即强令犹大人停工，耶和华圣殿的工程中止了。

公元前五百二十二年，冈比西斯二世暴亡，王族将领大流士一世夺得王位，他就是世界历史上著名的波斯"铁血大帝"。大流士大帝在位期间文治武功，使波斯帝国成为世界历史上第一个地跨亚、非、欧三大洲的庞大帝国。

大流士一世在位的第二年，犹大人的先知哈该和撒迦利亚，以耶和华的名义动员犹大人再次恢复重建工程。有人把这事报告给波斯的河西总督，总督派人来调查，责问："谁让你们开工建造这殿呢？"

所罗巴伯和耶书亚答道："塞鲁士元年，先王降旨，恩准犹大人建造耶和华神殿。先王还赐还了神殿的各样器皿。"

总督听说是先王的遗诏，没有叫他们停工，只是请大流士大帝裁夺。

大流士一世降旨寻查典籍库，果然查找到了先王塞鲁士关于修建耶路撒冷神殿的谕旨。

于是，大流士大帝下令：不得妨碍建造耶和华神殿；拨出专款和建筑材料促进其早日完工，并每日供应献祭用的牛、羊、麦子、盐、酒、油等物。

这样，得到国家支持后，到大流士一世第六年，即公元前五百一十六年，耶和华神殿终于建成。以色列人举行了盛大的神殿落成典礼，庆祝这一民族盛事。

## 希腊化国家统治时代的犹大

波斯帝国大流士大帝在后续的征服战争中，逐渐把势力推进到了地中海地区的希腊城邦。公元前四百八十六年，大流士大帝去世，把远征希腊的计划留给他的儿子薛西斯一世。结果，波斯军队在对希腊作战中失败。公元前四百七十八年，希波战争以双方签订《卡里阿斯和约》宣告结束，波斯帝国从此承认希腊城邦的独立地位，并将军队撤出爱琴海与黑海地区。

在希波战争中，希腊北部边疆地区的马其顿人逐渐崛起。一百多年后，马其顿在腓力二世的统治下一跃成为希腊的霸主。公元前三百三十六年，腓力二世遇刺身亡，他年仅二十岁的儿子亚历山大继位，他就是历史上著名的亚历山大大帝。

亚历山大大帝在位仅十三年，却以其雄才大略，先是确立了马其顿在全希腊的统治地位，而后又兵不血刃征服了埃及，然后迅速灭亡了不可一世的波斯帝国。

公元前三百二十四年初，亚历山大大帝将巴比伦作为新都，建立了一个庞大的帝国——马其顿帝国（也称为亚历山大帝国）。第二年，即公元前三百二十三年六月，亚历山大突然不明原因地持续高烧发热，发病十天后就离世，年仅三十三岁。

亚历山大大帝死后，希腊各城邦及波斯各地，都乘机独立。亚历山大大帝生前曾说"王位将由最强的人继承"，却没有明确指明继承人。因此，他的部将互相厮杀，争夺土地，帝国立即陷入混乱状态。

最后，三个将军占据了优势，使帝国分裂成为三个比较巩固的国家。其中，托勒密占领埃及及叙利亚南部，建立了托勒密王朝；塞琉古占领了小亚细亚、美索不达米亚及叙利亚北部，建立了塞琉古王朝；卡山德占据马其顿和希腊建立了马其顿王国。这三个国家是后期希腊时代最强大的国家，存在约有三百年，直至后来被罗马所灭。

亚历山大帝国分裂后，犹大人处于塞琉古王朝的势力范围之内，接受塞琉古王朝的统治。

一百多年后，公元前一百八十六年，塞琉古四世在位时，开始强迫犹大人崇拜偶像、接受希腊文化、禁止割礼和守安息日等，不少犹大人因为不肯屈服而殉道。

塞琉古四世死后，他的儿子安条克四世于公元前一百六十九年至一百六十八年入侵埃及的托勒密王朝，赶走了托勒密王朝的国王，占领了埃及，后因罗马干涉而被迫撤出。在返回叙利亚途中，安条克四世的军队镇压了犹大人的一次暴动，并闯入耶路撒冷，洗劫了耶和华圣殿，一万多犹大人沦为奴隶。安条克四世企图把将耶路撒冷圣殿用于祭祀宙斯。占领军在圣殿北面筑起了高墙和坚固的塔楼，将它建成一座城堡，这座城堡成为控制犹大的中心。安条克四世发布一道敕令，规定其帝国之内的各个民族都要抛弃原来的风俗习惯，彻底希腊化。这导致了犹大人，尤其是坚定信仰耶和华的人们更加激烈的反抗。

马加比家族是犹大人中世袭祭司长的家族，有很高的威望，这个家族领导犹大人武装反抗安条克四世的压迫。公元前一百六十五年，马加比率领军队成功以游击战夺回耶路撒冷圣殿。此后，马加比一面重建耶路撒冷，一面攻打那些敌对犹大人的世仇，如亚扪人、以东人、非利士人；一面与罗马建立外交关系，订立军事同盟，以期树立外援。但犹大内部亲希腊塞琉古王朝的人也不少。公元前一百六十二年，塞琉古王朝军队大举南侵，以亲希腊的犹大分子做内应，攻破耶路撒冷，马加比阵亡。马加比家族逃到山林间，马加比的弟弟约拿单被推举为首领，与塞琉古王朝展开游击战。公元前一百五十年，犹大人重新夺回耶路撒冷。此后，在一次战役中约拿单被杀，马加比和约拿单的二哥西门重整旗鼓，继续坚持斗争，终于在公元前一百四十三年与塞琉古王朝订立协议，为犹大获得了独立的地位。公元前一百三十四年，西门被女婿多利梅谋杀。这样，犹大人自灭国以后建立的第一个王朝，也是第一次由非大卫系家族建立的王朝，在经过三十来年的斗争后灭亡了。

此时，罗马共和国已经崛起于意大利亚平宁半岛，并已征服了迦太基、马其顿，大大削弱了塞琉古王朝的力量。公元前六十四年，罗马的共和国执政官庞培彻底征服塞琉古王朝，使其成为罗马帝国的一个行省，犹大也由此成为罗马的一个行省。公元前四十年，罗马元老院册封以东人希律为犹大王，作为罗马的代理人统治犹大。

天使鞭打海里奥道拉

圣城天空出现军队

# 新约

《旧约》中的主角是神（God），即上帝（The LORD）。而在《新约》中，主角则是弥赛亚（Messiah），或者叫基督（Christ）。

"弥赛亚"源自希伯来语，音译成英文形式是 Messiah，意思是"受膏者、神所膏立的人"；在旧约中经常可以看到，某先知受神之命在某人身上涂抹膏油而立其为王。神所膏立的王经常扮演着百姓的拯救者，即救世主的角色。因此，弥赛亚就是"受膏者、救世主"的意思。

"基督"是把希伯来文的"弥赛亚"翻译成希腊文（Χριστος）进而翻译成英文（Christ）后的中文音译，意思同弥赛亚一样，即"神的受膏者、救世主"。

《新约》的主要目的之一，就是要证明耶稣就是神所膏立的基督（弥赛亚）。

自以色列和犹大相继于公元前七百二十一年和公元前五百八十六年灭国以后，直至耶稣时代，六七百年的时间里，以色列人和犹太人一直经历着异族的统治，如亚述、巴比伦、波斯、希腊和罗马等。以色列人和犹太人往往深受民族压迫和宗教压迫，因此，反抗异族统治、实现民族独立的斗争此起彼伏。

公元前八世纪，以色列灭国前后，《旧约》的《弥迦书》预言，伟大的先知、君王、救主弥赛亚会在称为伯利恒的小城出生。以色列有两

先知弥迦

个城都叫伯利恒。预言清楚指出，弥赛亚会生于又叫以法他的那个伯利恒，也就是大卫王的出生地，弥赛亚是大卫的后裔。而耶稣正是出生在这里，并且是大卫的后裔。

同样在公元前八世纪，著名的先知以赛亚，在其所著的《旧约·以赛亚书》的后半部分中，也对弥赛亚作了预言："（上帝说：）'我的仆人要完成使命；他要受赞美，得到最大的荣誉。许多看见他的人都大感惊奇，因为他的容貌憔悴，几乎没有人形。现在，许多国家将因他惊异；许多君王将哑口无言。他们将领悟以往的奥秘，听见没有人说过的事。'他要像幼苗抽芽，像花草在干旱的土壤里生根。他既无威仪，也不英俊，不能吸引我们的注意；他仪表平凡，不能引起我们的倾慕。他被藐视，被人弃绝；他忍受痛苦，经历忧患。人们都掩面不看他一眼；他被轻视，我们不敬重他。但是，他承当了我们的忧患，他担负了我们该受的痛苦。我们反认为他该受责罚，该受上帝的鞭打和苦待，为我们的罪恶，他被刺伤；为我们的过犯，他挨毒打。因他受责罚，我们得痊愈；因他受鞭打，我们得医治。我们都像一群迷失的羊，各走自己的路。但我们一切的过犯，上帝都使他替我们承当。他受迫害、受虐待，但他一言不发。他像待宰的小羊、像被剪毛的羊，一声不响。他被拘禁，受审判，被处死，没有人关心他。他为了我子民的罪恶离开人世，为了我子民的过犯被置于死地。虽然他从来没有凶暴的行为，也没有撒过谎，他却跟邪恶人葬在一起；他和财主共墓穴。上帝说：'他挨打受苦是我的旨意；他的死是赎罪的祭。他会看到自己的后代；他有长久的岁月。借着他，我要实现我的计划。经历了一生的痛苦，我的仆人要重新得到喜乐；他必知道受苦不是徒然。我公义的仆人将因认识我而使众人成为义人；为了他，我要赦免他们的罪。所以，我要使他在伟人中有地位，在强者中得荣耀。他自愿牺牲生命，承担罪人的命运。他担当了众人的罪，为他们

狮坑中的但以理

的过犯代求。'"每天的早上和黄昏，祭司在圣殿里会向上帝献一只羊羔为祭，使羊代替世间的罪人受罚，这就是替罪羊的由来。如上所言，《以赛亚书》预言弥赛亚会如同羊羔被牵到宰杀之地，以自己的牺牲来替人类向上帝赎罪。

公元前六世纪，旧约圣经的《但以理书》预言："从发出命令恢复重建耶路撒冷，直到受膏者弥赛亚出现的时候，必有七个'七'，又有六十二个'七'。耶路撒冷连广场和濠沟，都必重新建造起来，那是一段困苦的时期。六十二个'七'过去之后，受膏者弥赛亚虽然没有犯罪，却要被杀。另有一王要兴起，毁灭这城和圣所，像洪水般将一切淹没。战争和苦难有增无减，直到最后的日子。"

根据圣经和世俗历史的记载，重建耶路撒冷的谕旨多次出现过（比如波斯居鲁士大帝元年即公元前五百三十九年）；后世有说法认为此处所应验的应为波斯王亚达薛西一世第七年[1]颁布的重建耶路撒冷谕旨。从那一年算起，四百八十三年（四百八十三等于六十九乘以七）之后，弥赛亚就会出现——开始拯救而非出生。

自旧约圣经最后一卷书《玛拉基书》之后四百多年（直至耶稣时代）里，神没有再差遣先知到以色列人那里。

在此背景下，以色列人，尤其是犹太人，越来越期望一位伟大的先知兼君王快快降临，来拯救民族和宗教的命运。

---

[1] 这一年的公元纪年，大约有三种说法，即公元前四五八年、公元前四百五十七年和公元前四百五十五年。

# 公元前二世纪以后，犹太民族依宗教信仰所分的派别

公元前二世纪，统治以色列地区的塞琉古王朝的国王安条克四世，对以色列和犹太人实施比他的前任们更加强硬的民族和宗教压迫政策，企图根除犹太人的宗教信仰，使其彻底希腊化。这种高压政策终于导致了犹太人的马加比大起义。在此过程中，那些虔诚的旧约信徒们联合起来成立了秘密组织，称为哈西典人（意即虔诚信奉者）。为了保存自己的信仰，这些哈西典人严谨地按着一字一句的律法生活，甚至在安息日里他们宁愿被杀，也不愿意举起一只手来自卫。

几十年后，哈西典人的后继者称为法利赛人（分离主义者），他们主张犹太民族和宗教和异族、异教严格地区分开来。这种分离主义在犹太灭国后就产生了，此刻以法利赛的名字登场。他们既相信全部旧约圣经，也相信"口传律法"（Mishnah）——两约之间犹太拉比们对如何遵守律法的细节解释，把它也抬高到神的启示的地位。他们坚定相信死人复活（否则两约之间为信仰献身的犹太人就白死了），也相信有天使和弥赛亚。在各种洁净的礼仪上拘谨而固执，绝对不向一个"罪人"（在宗教礼仪上不洁净的人）购买任何食物，以免触犯禁忌。当时法利赛人是最为信仰纯正、行为端正的人，被称为"我们教中最严紧的教门"。他们的主要职业是圣经教师、其他从事圣职的文士和律法师，虽不算是掌权者，但在民间有很高威望。

与法利赛人同时存在的还有撒都该人。撒都该人是大祭司和祭司长家族的人，由所罗门王时代的大祭司撒督而得名。撒都该人是犹太教中的当权派；他们只信希伯来旧约圣经中的"摩西五经"是神的话，其余

的（先知书等）都不接受，因为它们对现存制度提出太多的批评，不符合他们的既得利益。他们不信死人复活，不信有天使，也不信弥赛亚，因为"摩西五经"里对此没有明确揭示。

到了公元前一世纪后半期，罗马统治犹太的时代，当时犹太境内分为五个党派，从极右派（极度想保持现状的）到极左派（极度想改变现状的）分别是希律党人、撒都该人、法利赛人、爱色尼人和奋锐党人。

希律党人即征服者罗马人所任命的犹太王希律的王党，是完全世俗化的，一心想保持希律王朝的地位，因为他们是最大的既得利益者。

撒都该人此刻已经彻底被权势和地位俘获。因为大祭司的任命要经过罗马控制的希律王政府。他们通过向王应许交最高的税，挣来大祭司的地位，然后就把圣殿当成自己赚钱的机器。难怪耶稣在洁净圣殿时说他们"把祷告的殿变成了贼窝"[1]。

法利赛人此时已经被吸收加入了犹太公会，即犹太人的"人民代表大会"和最高法院，占有一半席位，逐渐变成被政权腐化的知识分子。他们认为财富是被神祝福的主要表现，因此无论是否承认，心里都有些贪财。渐渐地，部分法利赛人并不能完全按照教义那样生活，他们就在外表上表现得很顺服教义的样子，自己以为只要外表正直就够了，然后，进一步戴上尊敬虔诚的面具，用以掩饰暗中进行的罪恶，结果变成腐败的"伪善者"了。以至于一次法利赛人质疑耶稣门徒吃饭不洗手的时候，耶稣说他们"满口洁净、内心却满藏着污秽"，是虚伪的人。在《新约》和基督教的传播下，"法利赛人"成了"伪善者"的代名词。

爱色尼人对当时的当权者及其政治和宗教体系全面否定。他们认为马加西王朝和希律王朝都不是大卫的后裔，因此无权做王；现今的大祭司也不是撒督的后裔，因此无权做大祭司。他们跟随一个"公义的教师"

---

[1] 见《马太福音》二十一章十三节。

（此人大概是撒督的后裔），期待"大卫的子孙"（即弥赛亚）在不久的将来降临，恢复以色列的民族独立和宗教独立。爱色尼人采取"出世"的态度，住在死海边的昆兰社区（Qumran Community），洁净自己，准备迎接弥赛亚。他们抄写的《圣经》在一九四七年年被一个牧羊人发现，就是著名的"死海古卷"。

奋锐党人主张武力推翻希律王朝、摆脱罗马人的桎梏，让以色列恢复昔日的大国荣耀。他们又被称为"匕首党人"，因为他们身藏匕首，在市场上看见罗马人或与他们合作的"犹奸"就暗杀，相当于革命党或者"恐怖分子"。

## 《新约·四福音书》的分歧之处

《新约》的首要组成部分是四部"福音书"，即《马太福音》《马可福音》《路加福音》和《约翰福音》。前三部又统称为"共观福音书"，因为其内容比较接近，大部分学者认为这三部书有着相同的材料来源。

"共观福音书"与《约翰福音书》对于耶稣传道的总共的时间、传道的行程都有分歧。比如，"共观福音书"记载耶稣开始传道似乎在约翰被下狱之后，总共历时一年左右，开始传道的地点似乎在加利利，而究竟是先到的家乡拿撒勒，还是先到的迦百农或其他地方，在三部"共观福音书"中也难以理出头绪。而《约翰福音书》则记载在约翰被捕之前耶稣已开始传道，总共历时两三年，而且曾先在犹太活动后又回到加利利。由于这些都没有定论，本书为了行文的方便，对于耶稣传道的时间，倾向于采用一年时间，却又在约翰下狱之前；至于行程，则是先回家乡拿撒勒，后到加利利其他地方。这样的叙述肯定经不住经学家们的推敲，故在此予以说明。

# 第一章
## 基督早年

### 施洗约翰的诞生

公元前二七年，罗马共和国的独裁者、上任独裁者恺撒的养子屋大维继任，建立罗马帝国。在犹太，前罗马共和国元老院任命的希律王（公元前四十年—公元四年在位）继续代理罗马帝国治理犹太人。

那时，犹太全国大约有两万个祭司，按照先王大卫以来的规矩，分成二十四班轮流当值，每班约一千人。当值那周，每天清早都有一位祭司进圣殿的圣所烧香，他们以抽签的方法来决定谁进入圣所。

一天[1]，祭司撒迦利亚被抽中进入圣所，这可能是他毕生唯一的机会进入圣殿的主殿。

撒迦利亚的妻子名叫"以利沙伯"。他们夫妇俩在神跟前都是义人，遵行着主的一切诫命，唯一遗憾的是二人年事已高，却不曾生养过儿女。

撒迦利亚在圣所内烧香的时候，百姓在外面祷告。撒迦利亚一边烧香，一边祷告，求主赐给他儿女。突然，一位天使在香坛右边向他显现。撒迦利亚第一次进入圣所就碰到这种异象，有些惊慌害怕。

---

[1] 由于耶稣的出生年月没有定论，因此，此处撒迦利亚进入圣所的时间也没有定论，是在耶稣出生的前两年左右。

天使说："撒迦利亚，不要害怕，你祈愿生子的祷告神已经听见。你的妻子以利沙伯将给你生一个儿子。这孩子应起名为'约翰'。他将蒙主的恩典，在母腹中他便充满了圣灵。他将使众多的以色列人回转归于主——他们的神。他必有以利亚的心志能力，行在主的前面，叫悖逆的人转从义人的智慧，又为主预备合用的百姓。"

撒迦利亚疑惑地对天使说："我已经老了，我的妻子也老迈了，我们还能生儿育女吗？"

天使回答说："我是站在神面前的加百列，奉神的差遣而来对你说话，将这好信息报给你。到了时候，这话必然应验。只因你不信，将受惩罚成为哑巴，不能说话，直到这事成就的日子。"

百姓们在外等候撒迦利亚，许久也不见他出来，正感到奇怪。这时撒迦利亚走了出来，直向他们打手势，却说不出话来，成了哑巴，他们这才知道他在殿里见到了异象。这事就在百姓中传开了。

不久，撒迦利亚的妻子以利沙伯果然怀孕了。怀胎十月后，她生下了一个儿子。邻里亲族都非常高兴。孩子生下来第八天，先给孩子行了割礼，然后商量给他取名。亲友们说按惯例应当以孩子父亲的名为他命名，称他"撒迦利亚"。但母亲说应当就叫"约翰"，那是天使加百列传达了的。亲友们说家族中并没有叫这个名字的，就又打手势问孩子的父亲撒迦利亚的意见。撒迦利亚要了一块写字的板，写下了孩子的名字，正是约翰。

奇怪的是，刚写完最后一画，撒迦利亚的口立即就张开了，舌头也舒展了，他开口说话称赞神。人们又惊又怕，整个犹大的山地到处传扬着这个奇迹。人们纷纷说："这个孩子将来一定是有大作为的人！因为主和他同在。"

撒迦利亚被圣灵充满了，就预言说："以色列的神是应当称颂的，因为他眷顾他的百姓，为他们施行救赎，在他的仆人大卫家中，为我们吹起了拯救的号角，拯救我们脱离仇敌和一切恨我们的人之手，坦然无惧地用圣洁、公义侍奉他。孩子啊！你要称为至高者的先知，因为你要行在主的前面，预备他的道路，叫他的百姓因罪得赦，就知道救恩。神怜悯我们，叫清晨的阳光从高天照耀着我们，驱走黑暗，把我们的脚引到平安的路上。"

## 童女马利亚从圣灵怀孕

以利沙伯怀着儿子约翰第六个月的时候，天使奉神的命令，来到北方加利利一座叫"拿撒勒"的城，来到以利沙伯的一个表妹、童女马利亚那里。马利亚此时已经和大卫的后裔约瑟订婚，尚未结婚。马利亚和约瑟的原籍都是南部犹大耶路撒冷的伯利恒，即先王大卫的家乡。

天使对童女马利亚说："蒙大恩的女子，我问你安，主和你同在了！"

马利亚听后觉得惊慌不安，反复琢磨这样问安是什么意思。

天使告诉她："马利亚，不要怕！你在神面前已经蒙恩了。你要怀孕生子，可以给他起名叫'耶稣'。上帝将把大卫的位子给他。他将做雅各家的王，直到永远，他的国也没有穷尽。"

马利亚说："我尚未出嫁，怎么能够生子呢？"

天使告诉她："圣灵要临到你身上。你所要生的，将被称为圣者，被称为神的儿子。你难道不知道，你的亲戚以利沙伯，祭司撒迦利亚的妻子，素来不能生育，六个月前却怀孕了吗？出于神的话，没有一句不带能力的。"

马利亚素来是虔诚信主的女孩。她答道："我是主的使女，情愿照您的话，成就在我身上。"

天使离开了，马利亚心中思绪翻涌。她想到天使刚才提到了她的表姐以利沙伯，就急忙动身赶往南方以利沙伯的家里。她进门向以利沙伯问安。听见她的问安，以利沙伯腹中的胎儿怦然而动。

此刻，以利沙伯被圣灵注满全身，她高声答道："你在女人中是有福的，你所怀的胎也是有福的。我主的母到我这里来，这是从哪里得的呢？你一开口，我的胎儿就在腹中欢乐踊动。我相信你是有福的，因为主的话都要在你身上应验。"

马利亚回答道："我心尊主为大，我灵以神——我的救主为乐。因为他顾念他使女的卑微，从今以后，万代要称我有福。我将生出那有权能的人，他将成就大事，被尊为圣。他怜悯敬畏他的人，直到世世代代。他施展大能。那狂傲的人正在心中妄想，就被他赶散了。他叫有权柄的失位，叫卑贱的升高，叫饥饿的得饱美食，叫富足的空手回去。他扶助了他的仆人以色列，为要记念亚伯拉罕和他的后人。"

马利亚在以利沙伯家住了三个月，到以利沙伯临产前才离开回家。马利亚回到家后，不久就显了身孕。这对于约瑟而言无疑是极大的耻辱，根据犹大的律法，约瑟有权退婚，犹大长老们可以用石头打死她。约瑟是个义人，不愿意明着羞辱马利亚，他想着怎样才能悄悄地退婚。

正当约瑟苦苦思索这件事的时候，主的使者在他的梦中向他显现。天使说："大卫的子孙约瑟，不要害怕，只管把你的妻子马利亚娶过来。

受胎告知

她所怀的孕是从圣灵而来。她会生一个儿子，你要给他取名'耶稣'[1]，因为他将把自己的百姓从罪恶中救出来。这一切的事，就是要应验主借先知以赛亚所说的话：'必有童女怀孕生子，要称他的名为以马内利[2]'。"

约瑟按天使对他的吩咐，与马利亚结婚。不过，在神子耶稣降世

[1] "耶稣（其英语形式为Jesus）"其实只是希伯来语"约书亚（其英语音译为Joshua）"的希腊式写法，而"约书亚"其实是犹太人非常普通的名字，其意思是"神的拯救"。

早期来华传道的西方传教士在下工夫学习了汉语之后，把"Jesus"翻译成"耶稣"，其中的"耶"同"爷"，指父亲，对应音节"Je"；"稣"指"复活"，对应音节"su"。

公历以耶稣出生之年为公元元年。但其实，这个定义在公元六世纪才出现。据说当时东罗马帝国为了修订历法，以替代非常混乱的罗马历法，就请当时精通天文的僧侣建议一个更合理的纪年标准。由于自君士坦丁大帝以后，罗马帝国举国改信基督教，僧侣就决定改以耶稣出世的年份为新纪元元年。当时的僧侣就基于《新约》记载的耶稣被处决时"约有三十岁"（路加福音第三章第二十三节），于是就在耶稣处决那一年的年份减去三十（这里，该僧侣假定，耶稣死时正好三十岁），作为新纪元的元年。《新约》指出，耶稣的表兄施洗者约翰是在罗马皇帝提比略·恺撒在位第十五年开始先知生涯的。历史证实提比略于公元一四年九月十五日登基，因此他在位第十五年应该是公元二十八年下半年至公元二十九年下半年。在那段期间，约翰开始向人传道；六个月后，耶稣也展开他的服事职务。这件事实跟其他佐证结合起来，显示耶稣在公元二十九年秋季开始他的传道，传道一年后（四本福音书中的约翰福音书的记载不同于其他三本，其记录显示耶稣传道时间多于一年，很可能是三年）被钉上十字架。

《马太福音》第二章亦提及，有东方三博士因为夜观天象而被引领到伯利恒。中国的梁燕城牧师在考证过中国东汉时的天文记录尤其是明星在天上的轨迹后，推断出耶稣出生时应该为公元前七年。

此外，关于耶稣的诞生时间也有公元前四年、公元前六年等说法。

[2] "以马内利"的意思是"神与我们同在"。这是耶稣的另一个名字。

前，约瑟没有与马利亚同房。

## 耶稣基督降世

罗马帝国的皇帝命令帝国的人民都回原籍申报户口。于是，约瑟也带着妻子马利亚从加利利的拿撒勒到自己的原籍——犹大的伯利恒去。伯利恒正是先王大卫的家乡，大卫的后裔大多居住在伯利恒。

身子很重的马利亚随约瑟到了伯利恒，却找不到一间客房。城中旅店全都住满了，他们只好在一间客栈的马棚中暂时安身。

马利亚的产期到了。一天夜里，她在马棚中分娩，神子基督诞生。

约瑟把这个小生命用布包裹起来，放置在马槽中。马槽便是神子基督的摇篮。

基督诞生的那天夜里，伯利恒的乡间野外，一群牧人在轮番守夜看护他们的羊群。主的使者突然来到，向他们宣告基督诞生的喜讯。主的荣光从天上来，把牧人周围照得明亮，牧人们都感到害怕。天使对他们说："不必惧怕！我来是要告诉你们关乎万民的大喜信息。今天夜里，在大卫城中为你们诞生了救主。他就是主基督。你们去看看吧，在马槽中有一个布包着的婴孩，那便是主的标记。"

这时，空中有一大队兵士降下，与报信的天使齐声赞美上帝："在至高之处，荣耀归于神；在地上，平安归于他所喜悦的人。"

天使走后，牧羊人按照神的指示来到城中的客栈，在马棚里找到了约瑟夫妇，还有安卧在马槽内的婴儿。牧人们看到天使所说的话果然应验了，就将天使谈论这个婴儿的话传开了；凡听见的人，无不觉得惊异。

这个婴儿生下来的第八天，按摩西律法的要求，给他行了割礼，并

耶稣诞生

给他取名"耶稣"。这是他还没有成胎以前，天使就已经取好的名字。按摩西律法，满了洁净的日子，他们带着孩子到耶路撒冷去，行赎长子礼。这是犹太人男孩出生礼仪的一部分。摩西律法规定："凡头生的男子必称圣归主。"具体礼仪是，通过献祭，把刚生一个月的长子从神那里买赎回来。

在耶路撒冷，有一位公义而虔诚的人，名叫西面。他目睹犹太人的罪恶与苦恼，深深地期待以色列的拯救者到来。这天，他得了圣灵的启示，得知自己未死之前便可以得见主所膏立的基督。他受了圣灵的感动，便进入耶路撒冷的圣殿，正遇见耶稣的父母抱着孩子进来，准备按律法行事。

西面用手接过婴孩，称颂神说："主啊！如今可以照您的话，释放仆人去世了。我已经亲眼看见了您为万民所预备的救主。他是您照亮外邦人的光，又是您的人民以色列的荣耀。"

约瑟与马利亚听着西面的话，觉得惊奇。西面又对他们大加祝福。西面告诉马利亚："这孩子被立，是要叫以色列许多人跌倒，许多人兴起；又要做毁谤的话柄，叫许多人心里的意念显露出来。"

有一位八十四岁高龄的女先知，名叫亚拿，她婚后七年便开始守寡，几十年来一直住在圣殿里，禁食祷告，日夜虔心侍奉上帝。此时，亚拿进殿来，看见以色列的救主已然降世，就谢赞了神。然后她走向耶路撒冷的大街小巷，将基督降世的消息向一切盼望得救赎的人讲说。

约瑟和马利亚按照律法律行了赎长子礼的一切仪式，就带着婴儿回到伯利恒安顿下来。伯利恒位于耶路撒冷南面八公里左右，离耶路撒冷很近。

这天，从东方来了几位博士，他们觐见耶路撒冷的希律王说："那生来要做犹太人之王的孩子在哪里？我们在东方便看见了他的星，特来拜

博士拜访基督

见他。"

希律王闻言大惊。他是罗马帝国册封的犹太人之王，虽然他的妻子是大卫的后裔，但他本人是以东人，并非出自大卫家族，所以在当时以色列人的眼里，他的王位并非正统。一直以来他在犹大的统治就不算稳固，只是由于罗马的强大军事后盾，才保证了他的王位。现在，如果大卫的子孙中真的产生了基督，犹大的人心必定会聚在他的周围，那么，自己和自己子孙的王位将受到严重威胁。

于是，把博士们安排到驿馆后，希律王立即召来祭司长和民间的文士，问他们："基督当生在何处？"

他们回答说："生在犹大的伯利恒。以往已有先知说过：'犹大的伯利恒呀，你在犹大的众城中并不是最小的，因为将来有一位君主从你产生，牧养以色列的民。'"

祭司长和文士们退去后，希律王暗暗把东方来的博士召过来，细问基督的星是什么时候出现的，然后就让他们往伯利恒去寻找基督，并骗他们说："你们去仔细寻访那孩子，寻到了就来报信，我也好去拜他。"

博士们出了宫门没多久，那颗在东方便见到的星突然出现在他们的前方，带着他们前行，一直引他们到了耶稣所在的房屋上方，就停住了。博士们欣喜地进去，看见了婴儿和他母亲马利亚，立即向这个婴儿伏拜。他们打开带来的宝盒，拿黄金、没药、乳香作为礼物献给他。

博士们从基督那里出来后，由于先前已经在梦中得了主的指示，便没有回耶路撒冷去见希律王，而是从别的路回自己的国家去了。

他们走后，有神的使者在约瑟的梦中显现，说："快起来！快带着孩子和他母亲逃往埃及，住在那里等我吩咐。因为希律必寻找这孩子，要除灭他。"约瑟就起来，带着孩子和马利亚连夜逃往埃及。

城中的希律王忐忑不安地等待着博士们的消息，哪知等了好久也不

逃往埃及

见他们回来，后来才知道他们已经回本国去了。希律王大怒。他派人在伯利恒和周围搜索，凡两岁以下的男婴全部处死了。这正应了先知耶利米的预言："在拉玛听见号陶大哭的声音，是拉结哭她儿女，不肯受安慰，因为他们都不在了。"

## 天资聪颖的少年耶稣[1]

几年后，希律王死了，神的使者在约瑟梦中显现，说："带着孩子和他母亲，往以色列去吧。那要害小孩子性命的人已经死了。"约瑟便带着妻子和儿子离开埃及回以色列。

这就应了《旧约》中的先知说过的："主将从埃及召回他的儿子。"

约瑟一家人重回以色列后，听说希律王的儿子亚基老继位做了犹太王，就不敢冒险去耶路撒冷和伯利恒。在梦中天使又指示他们，回到他们的第二故乡——加利利的拿撒勒。

约瑟是个木匠，马利亚操持家务，教育儿女。这期间，耶稣又添了四个弟弟，他们分别称为雅各、约西、西门和犹大，另外又有两个小妹妹。作为长子，耶稣平时也帮父亲干活，帮母亲照看弟弟妹妹。他的身

[1]《圣经》中记载耶稣生平事迹寥寥无几，童年的事几乎未提到，只在《路加福音》第二章讲到他十二岁时跟父母去耶路撒冷，在圣殿里坐在教师中间听讲发问的情景。然后就是第三章第二十三节说："耶稣开头传道，年纪约有三十岁。"此外，福音书记载的都是他传道以后的言行。所以黑格尔也不无遗憾地说："关于耶稣'思想'发展的成熟过程这一有趣的问题，我们没有得到任何消息。他最初出现时已经是在成年时期，那时他已经从犹太人传统旧俗的观念意识中解放出来了。"

希律王派兵屠杀幼儿

耶稣和学者

体日渐强健，并显现出过人的聪慧。

每年的逾越节，约瑟夫妇都要带孩子去耶路撒冷的圣殿朝拜。

耶稣十二岁那年，约瑟和马利亚夫妇又带着孩子们去耶路撒冷过逾越节。守满节期后，他们随大队的朝圣队伍回家乡去。可是赶了一天路，到天黑时，父母才发现耶稣并不在回乡的人群中。他们问遍了亲族朋友，都找不着，只得一路返回耶路撒冷去打听。

三天之后，他们在耶路撒冷的圣殿中找到了这孩子。他正坐在犹大的教师和学者中间，听人讲学争论，还不时插进去发问。凡听了他的问答的人，无不惊异他过人的天资和应对。

急坏了的父母赶紧走上去，抱住这男孩。马利亚对耶稣说："孩子，你怎么能自己行动却不告诉我们呢？你知道你的父母因为四处找不着你，多么伤心、多么着急吗？"

耶稣回答道："你们不用这么担心，不要这样焦急地找我，岂不知我要待在我父的家里吗？"耶稣是神之子，耶路撒冷的圣殿才是他真正的家。

马利亚和约瑟带着耶稣走下圣殿。耶稣温顺地依从了他们，回到了拿撒勒的家中。

马利亚将发生的这一切记存心底，她要见证神子基督成长的经历。

## 第二章
## 传道的准备

### 约翰在旷野传道，为基督铺路

时光流逝。这一年，耶稣三十岁。他决意走出拿撒勒，开始在以色列各地传道。因为，为他铺路的人已经开始行动了。

比耶稣大一岁的约翰，来到约旦河一带传道。

"天国近了，你们应当悔改！"这是约翰在旷野中的呼喊。

这正应了往昔先知以赛亚的预言："在旷野中有人呼喊着说：'预备主的道，修直他的路。'一切山洼都要填满，大小山冈都要削平！弯弯曲曲的地方要改为正直，高高低低的道路要改为平坦！凡有血气的，都要见神的救恩！"

当时的祭司阶层一般都是穿长袍，以显示自己的身份地位。而约翰却像古时先知以利亚那样，身着骆驼毛织的衣服，腰束皮带，吃的是野蜂蜜和蝗虫。整个耶路撒冷和犹大全地及约旦河附近的人们纷纷来到约翰跟前，承认自己有罪，在约旦河中受他的洗。

约翰对受洗的众人说："毒蛇的种类！谁指示你们逃避将来的愤怒呢？你们要结出果子来，与悔改的心相称。不要在心里说：'有亚伯拉罕为我们的祖宗。'我告诉你们吧，神能从这些石头中给亚伯拉罕兴起

施洗者约翰

子孙来。现在神的斧头已经放在树根上,凡不结好果子的树,就砍下来丢在火里烧掉。"

众人问约翰:"这样,我们当做什么呢?"

约翰回答:"有两件衣裳,就分给那没有衣服的;有食物,就分给那忍饥挨饿的。"

对那些求他施洗的税吏,约翰告诫他们不要在规定的标准之外额外榨取;对于那些询问他的士兵,约翰让他们不要暴虐待人,不要讹诈别人的钱粮。

百姓们此刻正热切地期待着基督地降临。于是,他们疑心约翰就是基督。

约翰却明白告诉他们:"我不是基督。基督将在我以后到来,我是来为基督修直他的道路的。他的权能比我大得太多,我就是给他提鞋也不配。我是用水给你们施洗,叫你们悔改,他却要用圣灵与火给你们施洗。他手里拿着簸箕,要扬净他的场,把麦子收在仓里,把糠秕用不灭的火烧尽。"

## 耶稣受洗,在旷野受撒旦试探

一日,约翰正在约旦河里给人施洗。

从加利利的拿撒勒走来的耶稣,安祥地上前来,要约翰为他施洗。

约翰此刻分明感到,眼前的就是基督,就是他此生为之铺路、为之呼喊、为之奋斗的救主。他抑制不住自己的兴奋,高声说:"看哪!神的羔羊,除去世人罪孽的,这就是在我以后来,却成了在我前面的人!"

约翰急忙拦住耶稣说:"我应当受您的洗,您怎么反倒要求于我呢?"

耶穌受洗

的确，约翰只是为罪人洗礼，而耶稣是没有罪恶的；何况约翰还清楚地知道站在面前的这位是神的儿子，是犹太人的救主，也是他的主人，他怎么可以为他施洗呢？

但耶稣轻轻地对约翰说："按我的话做吧，这是我们应当尽的礼仪。"

耶稣的语气平和、温柔，但在约翰听来是那么坚定、那么难以抗拒，他只得遵从，恭恭敬敬地为耶稣施洗。

当耶稣从水里出来时，天忽然打开了，圣灵像鸽子一样从天上飞下来落在耶稣的肩上，同时，有一个声音从天上传来："你是我所喜悦的爱子。"

耶稣被圣灵充满着，圣灵把他从约旦河边引到旷野里，让他接受魔鬼撒旦为期四十天的试探。

旷野是那样的荒寂，野兽出没，毒蛇遍地，荆棘能穿透人的衣裳，乱石能刺破人的双脚，没有食物，没有水源。耶稣凭着对上帝的热爱，对上帝的信念，顽强地在旷野里生活了四十天，每天都虔诚地向上帝祈祷。

第四十天以后，耶稣强烈地感受到腹中难熬的饥饿。这时，撒旦出现了。他对耶稣说："你如果真是上帝的儿子，你可以吩咐一声，这满地的石头就会变成丰盛的佳肴，你就可以美餐一顿，大饱口福。"

耶稣说："经上说，人不仅仅是依靠食物而活着，只要他热爱上帝，信奉上帝，那么，上帝的每一句话都足以使他活着，而且会活得更好。"

撒旦没有得逞。他看到耶稣对经上的话那么信奉，就想了另一个主意。他把耶稣引到了圣城耶路撒冷，把他放在圣殿的顶上，然后挥舞着双手说："你如果是上帝的儿子，就往下跳吧。你用不着担心，用不着害怕，你不会受到丝毫的伤害，因为经上说：'主要为你吩咐他的使者托着你，免得你的脚碰在石头上。'"

耶稣说："可是你又忘了，经上也记着说：'不可试探主你的神。'我

魔鬼的诱惑

相信上帝无时无刻不在保护着我，我永远都不会怀疑这一点。"

撒旦又失败了。他不甘心，又把耶稣带上一座最高的山，在这里可以看见世界的每一个角落。撒旦把世上的每一个国家都指给耶稣看，对耶稣说："这一切权柄、荣华，我都要给你，因为这原是交付我的，我愿意给谁就给谁。只要你肯俯伏在我的面前，向我跪拜，我就可以让你得到所有的这一切。"

耶稣说："我是上帝的儿子，我只能跪拜上帝，侍奉上帝，我怎么可以跪拜你呢。你退去吧，撒旦。"

撒旦用完了各样的试探，只得无可奈何地离开了耶稣。

洁白的天使飞到了耶稣的身边。他们为他庆贺、为他欣喜，他终于经受住了严峻的考验。

从此，耶稣开始正式传道，向以色列的人民传播天国的福音。

## 第三章
## 基督传道

### 基督在家乡拿撒勒遭厌弃

耶稣回到自己成长的地方加利利的拿撒勒，依照常例在安息日到会堂去。他站起来要诵读圣经，有人把先知以赛亚的书交给他，他就打开，找到一处写着说："主的灵在我身上，因为他用膏膏我，叫我传福音给贫穷的人；差遣我报告被掳的得释放，瞎眼的得看见，叫那受压制的得自由，报告神悦纳人的禧年。"于是他把书卷起来，交还执事，就坐下。会堂里的人都定睛看他。耶稣对他们说："今天这经应验在你们耳中了。"

众人对他的话都感到很惊奇。不少人赞叹他，也有不少人议论说："他不是穷木匠约瑟的儿子吗？他的母亲不是叫马利亚吗？他的弟弟们不是叫雅各、约西、西门、犹大吗？他的妹妹们不是都住在我们这里吗？那一家人平凡得不能再平凡了，可他哪里来的这些智慧和异能呢？"

稣听到他们的议论，对他们说："我实在告诉你们，没有先知在自己家乡被人悦纳的。当以利亚的时候，天闭塞了三年零六个月，遍地有大饥荒，那时，以色列中有许多寡妇，以利亚并没有奉差往她们一个人那里去，只奉差往西顿的撒勒法一个寡妇那里去。先知以利沙的时候，以色列中有许多长大麻风的，但其中除了叙利亚国的乃缦，没有一个得洁净的。"

耶稣与撒玛利亚妇人

会堂里的人听见这话，都怒气满胸，就起来把他推到城外。这城原来建在山上，他们拉他到山崖，要把他推下去。他却安然从人群中走出来，离开了拿撒勒。

## 传福音、行神迹、立使徒

耶稣离开加利利的拿撒勒以后，在以色列各地（包括撒玛利亚），主要在加利利各地（在他生命的最后时刻也在犹太及耶路撒冷）传布天国的福音，在会堂内外教导人们。

耶稣的教导多以比喻为主，比如撒种的比喻、稗子种在麦田的比喻、宝贝埋在地里的比喻、珠子的比喻、面酵的比喻、芥菜种的比喻、撒网捕捞的比喻、生命的食粮的比喻、失羊的比喻、丢钱的比喻、浪子回头的比喻、还债的比喻、葡萄园做工的比喻、财主和乞丐的比喻、好牧人和盗贼的比喻、真葡萄树的比喻、王储的仆人做生意的比喻、恶园户的比喻、王为儿子摆设喜筵的比喻、忠仆和恶仆的比喻、聪明的童女和愚拙的童女的比喻等。耶稣的教导和当时的律法师们完全不同，他以一种绝对自信的教导的口吻向百姓们传道。

传道期间，耶稣行了不少神迹，比如数次驱除附在百姓身上的魔鬼、多次治愈各种疾病（如盲、聋、哑、瘫、瘸、麻风、血漏、驼背、高烧等）、数次令死人复活、两次用很少的食物喂饱几千人、在船上令湖面风平浪静、踏着湖面行走等。耶稣的这些神迹主要是行在社会底层的贫苦人民、被社会轻视的人（如税吏、罪人、女人和寡妇）身上，体现了耶稣悲天悯人的情怀。

耶稣所行的神迹和他异于律法师的教导，使他获得了很多百姓的尊

耶稣在拿撒勒的会堂

耶稣驱赶恶灵

敬和信奉。

耶稣在加利利传道初期，有一天，他站在革尼撒勒湖[1]边，众人簇拥着他，要听他传道。耶稣看见有两条船停在湖边，打鱼的人离开船洗网去了，其中有一条船是西门的。耶稣上了船，坐在船头讲述天国的福音。

耶稣讲完后，众人在一片赞叹声中陆续散去，只有西门坐在自己的船上补起了刚洗净的网。耶稣对他说："你把船划到深水的地方下网捕鱼吧。"

西门说："我们整夜都在撒网，什么也没打着。不过，你既然这么说，我们就暂且听从你的，再去试试吧。"

西门和他的弟弟安德烈又把渔船划到水深的地方，他们将信将疑地把网撒了下去，起网时感觉到沉甸甸的，两个人怎么拖也拖不上来，他们只好招呼另一条船上的雅各和约翰兄弟俩来帮忙。活蹦乱跳的鱼险些挤破了渔网，装满了鱼的两条船都差点沉下水去，西门兄弟从来没有打到过这么多的鱼，雅各和约翰也是这样。

惊讶之余，西门俯伏在耶稣膝前，说："主啊，离开我，我是个罪人。"耶稣将他扶起来说："不要怕，来跟从我，我要叫你们得人如得鱼一样。"等船靠岸，他们抛弃一切跟从了耶稣。

耶稣非常高兴，对西门说："以后你就叫彼得吧。"彼得成为第一个得主赐名的人，后来在众门徒中大有作为。耶稣又为雅各赐名"雷子"。

耶稣招收了彼得、安德烈、雅各、约翰等四人做门徒后，准备带着他们前往加利利传道。

五人刚上路，便碰上了一个叫腓力的人，这人是安德烈和彼得的同

---

[1] 一个淡水湖，又称加利利湖或加利利海。

耶稣在加利利湖边传道

乡。当腓力从彼得兄弟口中得知耶稣已收他们做门徒后，眼流露出羡慕的目光，他正想着以怎样的方式肯求耶稣也收自己为徒，耶稣开口对他说："来跟从我吧。"这话使腓力欣喜若狂。

腓力想起自己还有个好朋友叫拿但业，他要去劝拿但业也来跟从耶稣。腓力找到了拿但业说："摩西在律法上所写的和众先知所记的那一位，我们遇见了，就是约瑟的儿子拿撒勒人耶稣。"

拿但业撇撇嘴道："我不信，弥赛亚会从拿撒勒那个又贫穷又小的村子走出来吗？"

腓力只好对他说："你若不信，我带你去看看就知道了。"

耶稣看见拿但业和腓力走近，便指着拿但业说："这是一个真正的以色列人，他心里是没有诡诈的，他是一个坦诚的人。"

拿但业惊奇地问道："你怎么会知道这一切呢？"

耶稣回答说："腓力还没有招呼你之前，你站在一棵无花果树下，那时我就看见你了。"

耶稣说得一点不错。这天很热，太阳晒得人睁不开眼，拿但业只好走到一棵无花果树下去躲避阳光，腓力正是在树下找到他的。

耶稣的话使拿但业恍然大悟，他清醒地意识到站在自己面前的这位的确就是弥赛亚，是他们的救主。于是，他发自内心地呼喊道："主啊，你是上帝的儿子，你是以色列的王。"

耶稣对拿但业笑了笑说："因为我说在无花果树底下看见你，你就相信了我吗？以后你还会看到比这更伟大的事呢。"少顷，耶稣又对门徒们说："我实实在在地告诉你们，你们将要看见天开了，上帝的使者上去下来，在人子的身上。"

就这样，耶稣在传道的过程中，聚集在他身旁的信徒日益增多。他也渐渐感到，自己一个人传道速度太慢，必须挑出一些忠诚可靠的门徒，让他们分担自己的使命，奔走各地传道，让更多的人接受天国的福音。

耶稣从众多的信徒中选出十二个人，赐给他们驱逐邪灵和医治各种疾病的权力。他们是西门（即彼得），他的弟弟安德烈，（西庇太的儿子）雅各，雅各的弟弟约翰，腓力，巴多罗买，多马，做税吏的马太，（亚勒腓的儿子）雅各，达太，（奋锐党的）西门，还有加略人犹大（后来出卖耶稣的那个）。

## 登山宝训

一次，耶稣在山顶上对很多信众讲述。这段话被《新约》记录下来，后世人称为"登山宝训"。"登山宝训"历来被认为是《新约》中最重要的段落之一。耶稣说：

"虚心的人有福了！因为天国是他们的。

"哀恸的人有福了！因为他们必得安慰。

"温柔的人有福了！因为他们必承受地土。

"饥渴慕义的人有福了！因为他们必得饱足。

"怜恤的人有福了！因为他们必蒙怜恤。

"清心的人有福了！因为他们必得见神。

"使人和睦的人有福了！因为他们必称为神的儿子。

"为义受逼迫的人有福了！因为天国是他们的。

"人若因我辱骂你们，逼迫你们，捏造各种坏话毁谤你们，你们就有福了！应当欢喜欢乐！因为你们在天上的赏赐是大的，在你们以前的先知，人也是这样逼迫他们。

山上宝训

"你们是世上的盐。盐若失了味，怎能叫它再咸呢？以后无用，不过丢在外面，被人践踏罢了。

"你们是世上的光。城造在山上，是不能隐藏的。人点灯，不放在斗底下，是放在灯台上，就照亮一家的人。你们的光也当这样照在人前，叫他们看见你们的好行为，将荣耀归给你们在天上的父。

"莫想我来废掉律法和先知；我来不是要废掉，而是要成全。我实在告诉你们，就是天地都废去了，律法的一点一画也不能废去，都要成全。所以，无论何人废掉这诫命中最小的一条，又教训人这样做，他在天国要称为最小的；但无论何人遵行这诫命，又教训人遵行，他在天国要称为大的。我告诉你们，你们的义若不胜于文士和法利赛人的义，断不能进天国。

"你们听见有吩咐古人的话，说：'不可杀人。'又说：'凡杀人的，难免受审判。'只是我告诉你们，凡向弟兄动怒的，难免受审判；凡骂弟兄是拉加 [1] 的，难免公会的审断；凡骂弟兄是魔利 [2] 的，难免地狱的火。所以，你在祭坛上献礼物的时候，若想起弟兄向你怀怨，就把礼物留在坛前，先去和弟兄和好，然后来献礼物。你同告你的对头还在路上，就赶紧与他讲和，恐怕他把你送给审判官，审判官交付法官，你就要进监狱了。我实在告诉你，若有一文钱没有还清，你断不能从那里出来。

"你们听见有话说：'不可奸淫。'只是我告诉你们，凡看见女子就动淫念的，这人心里已经与她犯奸淫了。若是你的右眼叫你跌倒，就剜出来丢掉；宁可失去百体中的一体，不叫全身丢在地狱里。若是右手叫

[1] 亚兰语，废物的意思，用做骂人时表达蔑视之意。

[2] 亚兰语，愚蠢的意思，指道德上的愚蠢，有侮辱的含义，含有该死的意思。主耶稣不赞成骂人的话，基督徒应以赞美、祈祷、说造就人的好话代替骂人的话。

你跌倒，就砍下来丢掉；宁可失去百体中的一体，不叫全身下地狱。

"又有话说：'人若休妻，就当给她休书'。只是我告诉你们，凡休妻的，若不为淫乱的缘故，就是叫她做淫妇了；人若娶这被休的妇人，也是犯奸淫了。

"你们又听见有吩咐古人的话，说：'不可背誓，所起的誓，总要向主谨守。'只是我告诉你们，什么誓都不可起。不可指着天起誓，因为天是神的座位；不可指着地起誓，因为地是神的脚凳；也不可指着耶路撒冷起誓，因为耶路撒冷是都城；又不可指着你的头起誓，因为你不能使一根头发变黑变白。你们的话，是，就说是；不是，就说不是；若再多说，就是出于那恶者。

"你们听见有话说：'以眼还眼，以牙还牙。'只是我告诉你们，不要与恶人作对，有人打你的右脸，连左脸也转过来由他打；有人想要告你，要拿你的里衣，连外衣也由他拿去；有人强迫你走一里路，你就同他走二里；有求你的，就给他；有向你借贷的，不可推辞。

"你们听见有话说：'当爱你的邻舍，恨你的仇敌。'只是我告诉你们，要爱你们的仇敌，为那逼迫你们的祷告。这样，就可以做你们天父的儿子；因为他叫太阳照好人，也照歹人；降雨给义人，也给不义的人。你们若单爱那爱你们的人，有什么赏赐呢？就是税吏不也是这样吗？你们若单问候你的弟兄，比人有什么长处呢？就是外邦人不也是这样行吗？所以你们要完全像你们的天父一样。

"你们要小心，不可将善事行在人的面前，故意叫他们看见；若是这样，就不能得你们天父的赏赐了。所以，你施舍的时候，不可在你前面吹号，像那伪善的人在会堂里和街道上所行的，故意要得人的荣耀。我实在告诉你们，他们已经得了他们的赏赐。你施舍的时候，不要叫左手知道右手所做的；要叫你施舍的事行在暗中，你父在暗中察看，必然

　　__赦免罪妇

报答你。

"你们祷告的时候，不可像那假冒伪善的人，爱站在会堂里和十字路口上祷告，故意叫人看见。我实在告诉你们，他们已经得了他们的赏赐。你们祷告的时候，要进你的内屋，关上门，祷告你在暗中的父，你父在暗中察看，必然报答你。你们祷告，不可像外邦人，用许多重复话，他们以为话多了必蒙垂听。你们不可效法他们，因为你们没有祈求之前，你们所需用的，你们的父早已知道了。所以，你们祷告要这样说：'我们在天上的父：愿人都尊你的名为圣。愿你的国降临；愿你的旨意行在地上，如同行在天上。我们日用的饮食，今日赐给我们。免我们的债，如同我们免了人的债。不叫我们遇见试探；救我们脱离凶恶。因为国度、权柄、荣耀，全是你的，直到永远。阿门。'你们饶恕人的过犯，你们的天父也必饶恕你们的过犯；你们不饶恕人的过犯，你们的天父也必不饶恕你们的过犯。

"你们禁食的时候，不可像那假冒伪善的人，脸上带着愁容；因为他们把脸弄得难看，故意叫人看出他们是禁食。我实在告诉你们，他们已经得了他们的赏赐。你禁食的时候，要梳头洗脸，不叫人看出你禁食来，只叫你暗中的父看见，你父在暗中察看，必然报答你。

"不要为自己积攒财富在地上，地上有虫子咬，能锈坏，也有贼挖洞来偷；只要积攒财宝在天上，天上没有虫子咬，不能锈坏，也没有贼挖洞来偷；因为你的财宝在哪里，你的心也在哪里。

"眼睛就是身上的灯。你的眼睛若明亮，全身就光明；你的眼睛若昏花，全身就黑暗。你里头的光若黑暗了，那黑暗是何等大呢！一个人不能侍奉两个主；不是恶这个爱那个，就是重那个轻这个。你们不能又侍奉神，又侍奉玛门（财神）。

"所以我告诉你们，不要为生命忧虑吃什么，为身体忧虑穿什么，

___耶稣让睚鲁女儿复活

耶稣探望马大与玛利亚

生命不胜于饮食吗？身体不胜于衣裳吗？你们看那天上的飞鸟，也不种，也不收，也不积蓄在仓里，你们的天父尚且养活它。你们不比飞鸟贵重得多吗？你们哪一个能用思虑使寿数多加一刻呢？何必为衣裳忧虑呢？你想野地里的百合花，怎么长起来，它也不劳苦，也不纺线。然而，我告诉你们，就是所罗门极荣华的时候，他所穿戴的，还不如这花一朵呢！你们这小信的人哪，野地里的草今天还在，明天就丢在炉里，神还给它这样的妆饰，何况你们呢！所以，不要忧虑，说：吃什么？喝什么？穿什么？这都是外邦人所求的，你们需用的这一切东西，你们的天父是知道的。你们要先求他的国和他的义，这些东西都要加给你们了。所以，不要为明天忧虑；因为明天自有明天的忧虑；一天的难处一天当就够了。

"不要论断人，免得你们被论断。因为你们怎样论断人，也必怎样被论断；你们用什么量器量给人，也必用什么量器量给你们。为什么看见你弟兄眼中有刺，却不想自己眼中有梁木呢？你自己眼中有梁木，怎能对你弟兄说'容我去掉你眼中的刺'呢？你这假冒伪善的人！先去掉你眼中的梁木，然后才能看得清楚，去掉你弟兄眼中的刺。

"不要把圣物给狗，也不要把你们的珍珠丢在猪前，恐怕它践踏了珍珠，转过来咬你们。

"你们祈求，就给你们；寻找，就寻见；叩门，就给你们开门。因为凡祈求的，就得着；寻找的，就寻见；叩门的，就给他开门。

"你们中间谁有儿子求饼，反给他石头呢？求鱼，反给他蛇呢？你们虽然不好，尚且知道拿好东西给儿子，何况你们在天上的父，岂不更把好东西给求他的人吗？所以，无论何事，你们愿意人怎样待你们，你们也要怎样待人，因为这就是律法和先知的道理。

"你们要进窄门，因为引到灭亡，那是宽的，路是大的，进去的人也多；引到永生，那门是窄的，路是小的，找着的人也少。

"你们要防备假先知；他们到你们这里来，外面披着羊皮，里面却是残暴的狼。凭着他们的果子，就可以认出他们来，荆棘上岂能摘葡萄呢？蒺藜上岂能摘无花果呢？这样，凡好树都结好果子，坏树结坏果子。好树不能结坏果子，坏树不能结好果子。凡不结好果子的树，就砍下来丢在火里。所以，凭着他们的果子，就可以认出他们来。

"凡称呼我主啊主啊的人，不能都进天国；唯独遵行我天父旨意的人，才能进去，当那日必有许多人对我说：'主啊，主啊，我们不是奉你的名传道，奉你的名赶鬼，奉你的名行许多异能吗？'我就明明地告诉他们说：'我从来不认识你们，你们这些作恶的人，离开我去吧！'所以，凡听见我这话就去行的，好比一个聪明人，把房子盖在磐石上。雨淋、水冲、风吹，撞着那房子，房子不倒塌，因为根基在磐石上。凡听见我这话不去行的，好比一个无知的人，把房子盖在沙土上。雨淋、水冲、风吹，撞着那房子，房子就倒塌了，并且倒塌得很大。"

## 施洗约翰入狱

施洗约翰的名声越来越显赫，他不但在约旦河为人施洗，向百姓传道，有时也出入王宫，在国王和大臣当中讲解上帝的旨意。国王希律很喜欢约翰，有很多问题都要向他请教。

希律王是个好色的人。他看上了他异母兄弟的妻子希罗底，而希罗底贪恋他的权势，于是二人一拍即合。过了不久，希律正式娶希罗底为妻，他的发妻纳巴泰国王的女儿从此受到冷落。此事引起了纳巴泰国王的愤怒，他发动了一场对以色列的战争，当然，最后受害的还是两国的百姓。

耶稣正在传道

五饼二鱼的奇迹

这件事传到约翰的耳朵里，于是他当众责问希律王："你犯了罪了，娶兄弟之妻为妻是违背道德的，难道你不知道吗？"

希律王很恼怒，却又不好说什么。一旁的希罗底却大声说："你是什么人，敢来管国王的事！"

约翰被关进了监狱。

希律王并不敢杀约翰，因为他知道，在犹大百姓眼里，约翰就是先知以利亚的化身，杀了先知，必然遭到上帝的惩处，招来百姓们的愤慨。他自以为把约翰关进监狱是个最为妥善的处置方法，既平息了希罗底的怒气，又不犯杀害先知的罪名。

监狱中的约翰一直不忘自己到这世间来，是为了"预备主的道，修直他的路"。现在，身处监狱的他感到自己也许从此将没有机会再为基督做什么了。于是，约翰叫了两个门徒来，派他们到耶稣那里去，问他："那将要来的基督真的是你吗，我们是否需要等待别人呢？"

耶稣听了约翰两个门徒的话，回答说："你们去把你们亲眼看见亲耳听见的一切都告诉他，就说我使瞎子睁眼看世界，使瘸子站直了行走，凡是长大麻风的都经我的手获得从未有过的洁净，聋子能听见我传道，死人从坟墓里爬出来，穷人听到了他们盼望已久的好消息。所有的这一切，你们都去告诉他。你们要去对他讲，凡是不因我而跌倒的，就都有福了。"

狱中的约翰得到耶稣的答复后，彻底安下心来，即使立刻面对死亡，也能够从容面对了。

## 基督渐渐遭法利赛人、撒都该人和希律王党的仇视

耶稣所传的福音与法利赛人、撒都该人和希律王党的的信仰、权势

耶稣破除安息日禁忌

地位都有着尖锐的对立和冲突。

有一次，有人抬着一个躺在床上的瘫痪病人到耶稣面前来。耶稣看出他们的信心，就对瘫痪病人说："孩子，放心吧，你的罪蒙赦免了！"有几个法利赛人听了非常不满，他们说："这个人说了狂妄的话！"

耶稣收了一个名叫马太的税吏为门徒。耶稣在马太家里吃饭的时候，许多税吏和坏人也来了，跟耶稣和他的门徒一起吃饭。有些法利赛人看见了，就对耶稣的门徒说："为什么你们的老师跟税吏和坏人一起吃饭呢？"

耶稣在一个安息日经过麦田。他的门徒饿了，就摘了一些麦穗来吃。有些法利赛人看见了，对耶稣说："你看，你的门徒做了在安息日不准做的事！"

耶稣离开了那地方，到犹太人的会堂去。有一个人的一只手枯萎了。于是，耶稣对那人说："把手伸直！"他一伸手，手就复原，跟另一只手一样。有些法利赛人说："在安息日治病是违法的。"

有几个法利赛人和经学教师从耶路撒冷来见耶稣，问他："为什么你的门徒不遵守我们祖先的传统？他们吃饭以前并没有按照规矩洗手！"

由此可见，在法利赛人眼里，耶稣的行为处处体现着离经叛道。而在耶稣心中，法利赛人又是表面装做虔诚、内心污秽罪恶的伪善者。

对于撒都该人，他们是反对死后复活的说法的，也不相信弥赛亚。他们最关心的是自身祭司阶层的权势和地位，而耶稣以弥赛亚的面目出现在世人眼前，对他们的信仰和地位都是激烈的挑战。在相信弥赛亚的人民心中，弥赛亚是上帝派来的先知和君王，是来统治以色列的。如果民众相信耶稣是弥赛亚，必将严重威胁希律王的统治和依附于王权的撒都该人的权势地位。

因此，法利赛人虽然和撒都该人之间也有着深刻的对立和冲突，但是，作为社会的统治阶级，在对待耶稣的态度上，他们两派和希律王党形成了高度统一的联盟，一致联合起来打压耶稣的传道活动。后来，当他们觉得耶稣的威胁越来越强烈的时候，就下决心要除掉耶稣了。

## 施洗约翰遇害

这日是希律王的生日，国王在王宫里宴饮庆祝。希罗底说："为了祝贺你的生日，我特地命我的女儿莎乐美准备了一个舞蹈请大王观赏。"希律王连声说："快叫她上来，快叫她上来。"

天生丽质的莎乐美款款行礼，旋即随着音乐节拍跳起舞来。翩翩舞姿看得国王和大臣们如痴如醉，兴奋之余，国王信口说道："莎乐美，你太美了，你的舞跳得太好了。你想要什么，你要什么我都给你，就算是王国的一半我也一定给你，我发誓决不食言。"

年幼的莎乐美走过去问她的母亲，那心如蛇蝎的女人乘机教唆道："要约翰的人头。"莎乐美立即对国王说："我要约翰的人头，请您把它放在盘子里端给我。"

此言一出，希律立即酒醒了大半，他想反悔，但当着众多的大臣怎好食言呢？无奈，他只得命令士兵去取约翰的人头。

就这样，约翰被杀害了。

约翰遇害后，他的门徒们为他安葬以后，便赶到加利利，将约翰被害的消息告诉了耶稣。耶稣深切地感到自己此刻的处境也相当危险。他决定带门徒们暂且退到旷野中去。

于是，他们连吃饭也顾不上，便坐船出发躲到旷野里去了。不久，耶稣一行人躲避到了推罗、西顿等地传道，后来又再次到了他们经常活动的迦百农。

施洗者约翰之死

水上行走的耶稣

## 修殿节基督被犹太人弃绝

到了冬天，庆祝修殿节的时候到了。耶稣在圣殿里的所罗门廊下走着，犹太人围绕着他，对他说："你使我们悬疑要到几时呢？坦白地告诉我们，你是不是基督？"

耶稣回答："我已经告诉过你们，可是你们不信。我奉我父的名所做的事就是我的证据。但是，你们不是我的羊，所以你们不信。我的羊听我的声音，我认得它们，它们跟随我。我赐给他们永恒的生命，他们不至于死亡；无论谁都不能从我手中把他们夺走。那位把他们赐给我的父比一切都伟大，没有人能从我父手里把他们夺走。我父和我原为一。"

这时候，犹太人拿起石头要打他。耶稣对他们说："我在你们面前做了我父要我做的许多善事，你们究竟为了哪一件事要拿石头打我？"

他们回答："我们不是为了你所做的善事要拿石头打你，而是因为你侮辱了上帝！你不过是一个人，竟把自己当做上帝！"

耶稣说："你们的法律不是写着上帝曾说'你们是神'吗？圣经的话是永不改变的；对那些接受上帝信息的人，上帝尚且称他们为神。至于我，我是我父所拣选并差遣到世上来的。我说我是上帝的儿子，你们为什么说我侮辱上帝呢？如果我不是做我父的事，你们就不必信我；如果是，你们纵使不信我，也应当相信我做的事，好使你们确实知道我父在我的生命里，我也在我父的生命里。"

犹太人更加气愤了。他们想捉住耶稣，耶稣却逃脱了。

耶稣又回约旦河的对岸，到约翰从前施洗的地方，住在那里。有许多人来找他，说："约翰没有行过神迹，但是他指着这个人所说的一切话都是真实的。"在那里，有许多人信了耶稣。

　　许多来探访马利亚的犹太人看见耶稣所做的事，就信了他。但也有些人回去见法利赛人，把耶稣所做的事向他们报告。因此，法利赛人和祭司长们召开议会说："这个人行了许多神迹，我们该怎么办呢？要是让他这样做下去，大家都信了他，罗马人会来掳掠我们的圣殿和民族的！"

　　大祭司该亚法说："你们什么都不懂！让一个人替全民死，免得整个民族被消灭。难道看不出这对你们是一件合算的事吗？"

　　从那时候开始，他们计划杀害耶稣。因此耶稣不在犹太地区公开活动，他到一个靠近旷野、叫以法莲的镇上去，在那里和门徒住在一起。

　　此时，距离耶稣被害的逾越节还有三个月。

　　附：犹太历（下表中第十三月为闰年的时候的闰月）。

| 犹太历 | 英文叫法 | 巴比伦叫法 | 节期 | 公历 |
|---|---|---|---|---|
| 一．尼散月 | Nisan | Nisanu | 十四日 日落前 逾越节，十五—二十一日 除酵节 | 三至四月间 |
| 二．以玛月 | Iyar | Ayaru | 十四日 补逾越节 | 四至五月间 |
| 三．西弯月 | Sivan | Simanu | 六日 七七节（五旬节） | 五至六月间 |
| 四．搭模斯月 | Tammuz | Du`uzu | | 六至七月间 |
| 五．埃波月 | Av | Abu | | 七至八月间 |
| 六．以禄月 | Elul | Ululu | | 八至九月间 |
| 七．提斯利月 | Tishrei | Tashritu | 一日 吹角节，十日 赎罪日，十五—二十一日 住棚节，二十二日 严肃会 | 九至十月间 |
| 八．玛西班月 | Cheshvan | Arakhsamna | 二十二日 | 十至十一月间 |
| 九．基斯流月 | Kislev | Kislimu | 二十五日—二日 提别月 修殿节 | 十一至十二月间 |
| 十．提别月 | Tevet | Tebetu | | 十二至一月间 |
| 十一．细罢特月 | Shevat | Shabatu | | 一至二月间 |
| 十二．亚达月 | IAdar | IAdaru | | 二至三月间 |
| 十三．亚达月 | IIAdar | IIAdaru | 十四日 普珥节 | 二至三月间 |

耶稣现庄严法象

# 基督在伯大尼使拉撒路死后复活

离耶路撒冷不到三公里，有个叫伯大尼的村庄，那里住着耶稣的信徒和朋友——玛利亚和马大姐妹俩和她们的兄弟拉撒路。拉撒路患了病，玛利亚便请人捎话给耶稣说："主啊，你所爱的人病了。"耶稣听说后，不顾自身安危，要去伯大尼看望拉撒路。

耶稣赶到时，拉撒路已经死去四天而且葬入墓室了。马大出来迎接他说："你若早在这里，我兄弟必不死。就是现在，我也知道，你无论向上帝求什么，上帝也必赐给你。"

耶稣说："你兄弟必然复活。"

马大说："我知道在末日复活的时候，他必复活。"

耶稣："复活在我，生命也在我，信我的人虽然死了，也必复活。凡活着信我的人，必永远不死。你信这话吗？"

马大说："主啊！是的，我信。你是基督，是上帝的儿子。"

玛利亚也到村外来迎耶稣，伏在他脚下哭泣，说："主啊！你若早在这里，我兄弟必不死的。"

耶稣看见玛利亚以及同来的犹太人哭泣，心里甚为悲叹，又很忧愁，一边问拉撒路葬在哪里，一边也落下泪来。人们见状，纷纷感动了。

来到墓室跟前，耶稣让人搬开堵在门口的大石块。马大说："主啊！他死了四天了，别是臭了吧。"

耶稣说："我不是对你说了，你若信，就必看见上帝的荣耀。"

人们把石头移开。耶稣举目望天，说："父啊！我感谢你，因为你已经听我，我也知道你经常听我。但我说这话，是为周围站着的众人。叫

复活的拉撒路

他们相信是你差我来的。"然后，他就大声呼喊拉撒路出来。那死人就出来了，脸上和手脚还包着布。

耶稣说："解开！让他行走！"

在场的人大都信奉了基督。

# 第四章
## 逾越节——基督的最后的时光

### 逾越节前夕基督受膏

犹太人的逾越节快到了。节期以前，许多人从乡下赶到耶路撒冷去，要在那里守洁净礼。他们到处寻找耶稣。当他们聚在圣殿里的时候，彼此对问："你认为怎样，他不会来过节吧？"那些祭司长和法利赛人早已下命令，如果有人知道耶稣在什么地方，必须报告，好去逮捕他。

逾越节前六天，耶稣又到了伯大尼的拉撒路家里。他们为耶稣预备了晚饭，玛大帮忙招待，拉撒路和其他的客人跟耶稣一起用餐。这时候，玛利亚拿来一瓶极珍贵的纯哪哒香油膏，倒在耶稣脚上，然后用自己的头发去擦，屋子里充满了香气。

耶稣的一个门徒，就是后来出卖他的加略人犹大，说："为什么不拿这香油膏去卖三百块银子来分给穷人呢？"他说这话，并不是真的关心穷人，而是因为他是贼；他管钱，常盗用公款。

但是耶稣说："由她吧！这是她留下来为着我安葬之日用的。常常有穷人跟你们一起，但是你们不常有我。我实在告诉你们，普天之下，这福音无论传到什么地方，人人都要述说她所做的事，来纪念她。"

一大群犹太人听说耶稣在伯大尼，就到那里去。他们不但是为着耶稣而去，也是想看看耶稣使他从死里复活的拉撒路。因此，祭司长们计谋连拉撒路也要杀，因为许多犹太人因为耶稣使拉撒路复活而信了耶稣。


## 骑驴进耶路撒冷

第二天，耶稣带着门徒们走近耶路撒冷，到了橄榄山的伯法其。耶稣对两个门徒说："你们往对面村子里去，一定会看见一头驴拴在那里，还有驴驹同在一处。你们解开驴驹，牵到我这里来。如果有人要问为什么，你们就说：'我主要用它。'那人必定会立即让你们牵来。"

门徒们按照耶稣的话走到那个村子，果然看见一头驴驹和一头驴拴在一处，他们就把驴驹解开。在那里站着的人，有几个说："你们解驴驹做什么？"门徒照着耶稣所说的话回答，那些人就任凭他们牵了去。

耶稣骑着驴驹，身后带着他的门徒们，向耶路撒冷行去。这正应验了《圣经》所记载的："锡安城的儿女们哪，不要惧怕。看哪，你们的君王骑着小驴来了！"

他的门徒大声呼喊着："颂赞归于大卫之子！愿上帝赐福给奉主名来的那位！颂赞归于至高的上帝！"路上大批进入耶路撒冷的人群中有几个法利赛人，对耶稣说："老师，命令你的门徒安静吧！"

耶稣回答："我告诉你们，他们要是不做声，这些石头也会呼喊起来。"

耶稣进城时，陆续聚集起来准备守节的成千上万人都骚动了。好多人都见过或听过耶稣，有人没听过，就问："这是谁？"众人回答："他是拿撒勒的先知耶稣。"

耶稣进了圣殿，把所有在圣殿里做买卖的人赶出去。他推倒了兑

耶稣骑驴进入耶路撒冷

换银钱的人的桌子和贩卖鸽子的人的凳子，对他们说："《圣经》记载，上帝说'我的圣殿要作祷告的殿'，你们却把它变成贼窝！"

有失明的和跛脚的到圣殿里来找耶稣，他就治好他们。祭司长和经学教师看见耶稣所行的许多奇迹，又听见儿童在圣殿里呼喊："颂赞归于大卫之子！"都很恼怒。他们问耶稣："你听见他们在喊些什么吗？"

耶稣回答："听到了。圣经上所说'你使儿童和婴儿发出完美的颂赞'这句话，你们没有念过吗？"

耶稣从圣殿出来，正要离开，门徒们来到他面前，指着圣殿的建筑给他看。耶稣对他们说："你们不是都看见这些建筑吗？我实在告诉你们，这地方的每一块石头都要被拆下来，没有一块石头会留在另一块上面。耶路撒冷啊，耶路撒冷啊，你杀了先知，又用石头打死上帝差遣到你这里来的使者！我多少次要保护你的子女，像母鸡把小鸡聚集在翅膀下一样。可是你们不愿意！瞧吧，你们的殿宇将成为人烟绝迹的荒场。我告诉你们，你们从此再也见不到我，一直到你们说：'愿上帝赐福给奉主名而来的那位！'"

耶稣讲完了这段话，就对门徒说："你们知道，再过两天就是逾越节，人子将被出卖，被钉在十字架上。"

耶稣带着门徒们出城到伯大尼去，在那里过夜。第二天一早，在回城里去的路上，耶稣饿了。他看见路旁有一棵无花果树，就走上前去，却找不到什么，只有叶子，因此他指着树说："你永远不会再结果子！"那棵无花果树立刻枯萎了。

门徒看到这情形，大感惊奇。他们问："这棵树为什么会立刻枯干呢？"

耶稣回答："我郑重地告诉你们，如果你们信而不疑，我对这棵无花果树所做的，你们也做得到。不但这样，你们甚至能够对这座山说：'起

耶稣驱逐圣殿中的商人

来，投到海里去！'也一定会实现。只要有信心，你们在祷告中所求的一切都会得到。"


# 言法利赛人七祸

耶稣在会堂里对众人和门徒讲论，说："文士和法利赛人坐在摩西的位上，凡他们所吩咐你们的，你们都要遵守谨行；但我告诉你们，不要效法他们的行为，因为他们能说不能行。他们把难担的重担捆起来，搁在别人的肩上，自己却连一个手指头都不肯动。他们徒有敬虔的外表，一切所做的事，都是要叫人看见，甚而以外表的敬虔掩盖自己的不义。所以他们将佩戴的经文做宽了，衣裳的缝子做长了；他们喜爱筵席上的首座，会堂里的高位；又喜爱人们在街市上问候他们，称呼他们为先生。但是我告诉你们，你们不要称呼他们为先生，因为只有一个人才是你们的先生，你们彼此都是弟兄；也不要称呼地上的人为父，因为只有一人才是你们的父，就是在天上的父；也不要称呼人为老师，因为只有一个人才是你们的老师，那就是基督。你们中间谁为大，谁就要做你们的用人。凡是自高自大的，必定要降为卑贱；凡是自卑的，都一定要升为高贵。"

法利赛人听耶稣对他们的指斥便很不服气，欲加辩驳，不等他们开口，耶稣接着述说了他们的七祸。


"你们这些假冒伪善的法利赛人有祸了！因为你们挡在人前，把天国的门关了，自己不进去，正要进去的人，你们也不容他们进去。你们侵吞寡妇的家产，假意作很长的祷告，所以要受很重的刑罚。

属于西泽的归西泽，属于上帝的归上帝

"你们这假冒伪善的文士和法利赛人有祸了！因为你们走遍海洋陆地，哄骗人们入教，人们既入了教，你们却使他做地狱之子，比你们还加倍。

"你们这瞎眼领路的有祸了！你们说：'凡指着殿起誓的，这算不得什么；只是凡指着殿中金子起誓的，他就该谨守。'你们这些无知瞎眼的人哪！究竟什么是大？是金子呢？还是金子做成的殿呢？你们又说：'凡指着坛起誓的，这算不得什么；只是凡指着坛上的礼物起誓的，他就该谨守。'你们这些瞎眼的人哪！到底什么是大？是礼物呢，还是叫礼物成圣的坛呢？所以我告诉你们，人指着坛起誓，就是指着坛和坛上一切所有的起誓；人指着殿起誓，就是指着殿和住在殿里的起誓；人指着天起誓，就是指着上帝的宝座和坐在上面的起誓。

"你们这些假冒伪善的文士和法利赛人有祸了！因为你们将薄荷、茴香、芹菜献上十分之一，那律法上更重的事，就是公义，怜悯，信实，你们反倒不行了。这更重的是你们当行的，也是不可不行的。你们这瞎眼领路的，蠓虫，你们就滤出来，骆驼，你们倒吞下去。

"你们这假冒伪善的文士和法利赛人有祸了！因为你们洗净杯盘的外面，里面却盛满了勒索和放荡。你们这些瞎眼的法利赛人，你们永远不会知道，先洗净杯盘的里面，外面也就干净了。

"你们这假冒伪善的文士和法利赛人有祸了！因为你们粉饰的坟墓，外面好看，里面却装满了死人的骨头和一切的污秽。你们也是如此，在人前，外面显出公义来，里面却装着假善和不法的事。

"你们这假冒伪善的文士和法利赛人有祸了！因为你们建造先知的坟，修饰义人的墓，说：'若是我们在我们祖宗的时候，必不和他们同流先知的血。'这就是你们自己证明，是杀害先知者的子孙了。你们这些蛇类，毒蛇之种啊！怎能逃脱地狱的刑罚呢？所以我差遣先知和智慧人并文士到你们这里来，有的你们要杀害，要钉十字架；有的你们要在会堂里鞭打，从这城追逼到那城，叫世上所流义人的血，都归到你们身上，从义人亚伯的血起，直到你们在殿和坛中间所杀的巴拉加的儿子撒迦利亚的血为止。我实实在在地告诉你们，这一切的罪恶都要归到你们这一代身上了。"

## 与尼哥底母论重生

耶稣洁净圣殿之后，在耶路撒冷继续传播天国的福音，并显示了很多奇迹，令许多在耶路撒冷过逾越节的人都信服了他。甚至，身为犹太中上层的官僚法利赛人尼哥底母也渐渐信服耶稣。

尼哥底母很想和耶稣当面探讨宗教真理。但是，他的阶级和宗教地位使他不敢在大庭广众之下去追随耶稣，他怕他的举动会被他所处的犹太中上层视为离经叛道。当夜幕降临时，尼哥底母匆匆来到耶稣的住所，他庆幸没有人在黑暗中看见他。

见到耶稣，尼哥底母恭恭敬敬地说："我知道您是从神那里来的，因为您所显示的奇迹是其他人所不能显示的，若没有神同在，无人能行。"

听见尼哥底母这样说，耶稣回答道："我实实在在地告诉你，人若不能重生，就不能进到上帝的天国，也不能看到天国里的一切。"

尼哥底母一时也难理解这句话的意思，他困惑地问道："人已经老了，怎么还能重生呢？难道还要再进到母亲的腹中像婴儿一样生出来吗？"

耶稣只好对他说道："我实实在在地告诉你，人是从水和圣灵生的，如果不是从水和圣灵而生，就不能进上帝的天国。从肉身生的，就是肉身，从灵生的，就是灵。我对你说'你们必须重生'，你一时领会不了，也不必感觉希奇。打个比方说，风随着意思吹，你可以听见风吹的声音，却不知道它从哪里来，要往何处去。凡是圣灵生的，就是这个样子。"

尼哥底母仍然不解，他继续问道："怎么会有这种事情呢？"

耶稣说："尼哥底母，以你的聪明和智慧，难道还理解不了这个最简单的意思吗？我不妨告诉你，我们所说的，是我们知道的；我们所见证的，是我们见过的，你们却不领受我们的见证。我对你们所说的都是地上的事，你们都还不相信，我如果讲起天上的事情，你们又怎么会相信呢？除了从天上降下，再也没有人升过天。你们都知道摩西是怎样在旷野里将大蟒蛇举起来，我告诉你，上帝的儿子也同样被举起来，他要叫一切相信他的人都在他里面得到永生。上帝怜爱世人，他甚至将他唯一的儿子赏赐给他们，他要叫所有相信他的人都不会被灭亡，反而得到永生。因为上帝差遣他的儿子降临人世，不是要给世人定罪，而是要让世人因为他的到来而得到心灵上的拯救。相信他的人，不会被定罪；不相信他的人，罪已经定了，因为这些人不相信上帝的独生子的名。

"光来到世间，世人因自己的行为是恶的，不爱光倒爱黑暗，定他们的罪就是在此。凡作恶的便恨光，并不来就光，恐怕他的行为受责备；但行真理的必来就光，要显明他所行的是靠神而行。"

虽然并没有完全听懂耶稣所说的话，但尼哥底母已从心底彻底地相信耶稣。从那以后，他便暗地里追随了耶稣，成为耶稣的一位门徒。但他直到耶稣殉难以后才承认了自己的信仰。尼哥底母是法利赛人中少数追随耶稣的。

## 与三派在圣殿斗智

希律王党、法利赛人、撒都该人此刻已经决意杀害耶稣，缺少的只是能够"服众"的借口。他们设下圈套，想要抓住耶稣的把柄，好治他的罪。

在圣殿中，他们分别提出了纳税给恺撒的问题、复活的问题、圣经中最大的诫命的问题、有关基督与大卫关系的问题等。

法利赛人差自己的徒弟，会同希律党党徒去见耶稣，问他："老师，我们知道你是诚实人。不管人怎么想，你总是忠实地把上帝的教诲教导人，因为你不看情面。请告诉我们你的想法——向罗马皇帝恺撒纳税是否违背我们的法律呢？"这个问题很阴险。如果耶稣回答不该向罗马纳税，那么他将被扣上反叛罗马帝国的罪名，被罗马人杀掉；如果他回答该向罗马纳税，那么无疑就是叛变民族的奴隶言行，将他作为先知和基督的形象彻底抹杀。

耶稣知道他们的恶意，就说："假冒为善的人哪，为什么想陷害我？拿一个纳税用的银币给我看吧！"他们给他一个银币。耶稣问他们："这上面的像和名号是谁的？"他们回答："是恺撒的。"于是耶稣对他们说："那么，把恺撒的东西给恺撒，把上帝的东西给上帝。"耶稣的绝妙回答让他们始料未及、面面相觑。

这时，撒都该人也拿出他们预备的关于死后复活的问题问他："老师，摩西教导我们，一个人死了，没有孩子，他的弟弟必须娶寡嫂为妻，替哥哥传宗接代。从前，我们这里有兄弟七人，老大结了婚，死了，没有孩子，留下寡妇给他弟弟。老二、老三也是这样，一直到老七，情

法利赛人与税吏

形相同。最后，那个女人也死了。请问，既然他们都娶过她，在复活的日子，她算是哪一个的妻子呢？"

耶稣回答他们："你们错了！你们不明白《圣经》，也不知道上帝的权能。在死人复活的时候，他们要跟天上的天使一样，不娶也不嫁。关于死人复活的事，你们没有念过上帝告诉你们的话吗？上帝说'我是亚伯拉罕的上帝，以撒的上帝，雅各的上帝'。这意思是说，上帝是活人的上帝，不是死人的上帝。"人们听到这样的教训，都觉得惊奇。

法利赛人听见耶稣堵住了撒都该人的口，使耶稣的威望更大，而自己这方却威信扫地。于是，他们就聚集在一起商量对策。其中一个律法教师想到一个问题，就问耶稣："老师，在摩西法律当中，哪一条诫命是最重要的？"

耶稣说："'你要全心、全情、全意爱主——你的上帝。'这是第一条最重要的诫命。第二条也一样重要：'你要爱邻人，像爱自己一样。'摩西全部的法律和先知的教训都是以这两条诫命为根据的。"

这时，耶稣反问他们："你们对基督的看法怎样？他是谁的子孙呢？"

他们回答："他是大卫的子孙。"

耶稣说："那么，为什么圣灵感动大卫称呼他为'主'呢？大卫说：'主对我说，你坐在我的右边，等我使你的仇敌屈服在你脚下。'如果大卫称他为'主'，基督又怎么会是大卫的子孙呢？"

没有人能够回答耶稣的问题。从此，没有人敢再向他提出难题了。

# 第五章
## 基督殉难与复活

## 最后的晚餐

逾越节前一天，耶稣派彼得和约翰出去，吩咐他们："你们去为我们预备逾越节的晚餐。"

他们就问："你要我们在什么地方预备呢？"

耶稣说："你们进城，会遇见一个人拿着一瓶水，你们就跟着他，到他进去的那座房子，问那家的主人：'老师问，他和门徒吃逾越节晚餐的那间客房在哪里？'他会带你们去看楼上一间布置好了的大房间，你们就在那里准备。"

彼得和约翰去了，所遇见的和耶稣所说的一样，他们就预备了逾越节的晚餐。

晚餐的时间到了，耶稣入席，门徒跟他同坐。耶稣对他们说："我告诉你们，那出卖我的人在这里和我同桌！人子固然要照上帝所安排的受死，可是那出卖他的人有祸了！"

他们非常忧愁，一个一个地问他："主啊，不是我吧？"出卖耶稣的犹大也开口问："老师，不是我吧？"

耶稣说："你自己说了。"

众门徒正陷在悲伤中。耶稣拿起饼，感谢了上帝，掰开，分给众门

最后的晚餐

徒，说："这是我的身体，是为你们舍的。你们以后这样做来纪念我。"饭后，耶稣拿起杯，向上帝感谢了，说："这是我的血，是印证上帝与人立约的血，为了使众人的罪得到赦免而流的。我告诉你们，从今以后，非等到上帝的国度来临，我绝不再喝这酒。"

晚餐结束后，犹大就出门了。他正是要去和祭司们碰头，好带着他们的人来抓捕耶稣。

## 基督为门徒洗脚

门徒们想到，耶稣遇难之后，他们当中应该以谁为最大。耶稣从席位上起来，脱了外衣，拿一条毛巾束在腰间，然后倒水在盆里，开始替门徒们洗脚，又用毛巾擦干。

耶稣洗完了他们的脚，穿上外衣，然后又回到自己的座位。他问门徒们："我刚才替你们做的，你们明白吗？你们尊我为师，为主，这是对的，因为我本来就是。我是你们的主，你们的老师，我尚且替你们洗脚，你们也应该彼此洗脚。我为你们立了榜样，是要你们照着我替你们做的去做。世上的君王有管辖人民的权力，而统治者被尊称为救星，但是你们不应该这样。你们当中那最大的，反而应该像年幼的；做领袖的，应该像仆人。那坐着吃喝的大，还是那伺候他的大呢？当然是坐着的大。然而，我在你们当中是伺候人的。孩子们，我和你们在一起的时间不多了。你们将寻找我，但是我现在要告诉你们，正如我告诉过犹太人的领袖：'我去的地方，你们不能去。'我给你们一条新命令，要彼此相爱。我怎样爱你们，你们也要怎样彼此相爱。如果你们彼此相爱，世人就知道你们是我的门徒。"

西门·彼得问耶稣："主啊，您到哪里去？"

耶稣回答："我所要去的地方，你现在不能跟我去，但是以后你会跟我去的。"

彼得说："主啊，为什么现在我不能跟您去呢？我愿意为您舍命！"

耶稣说："你愿意为我舍命吗？我郑重地告诉你，鸡叫以前，你会三次不认我。"

彼得回答："即使我必须跟您同死，我也绝不会不认您！"

其他的门徒也都这样说。

耶稣淡淡一笑，又对他们说："从前我派你们出去，叫你们不带钱包，不带旅行袋或鞋子，你们缺少了什么没有？"

他们回答："没有。"

耶稣说："但现在有钱包或旅行袋的，要带着；没有刀的，要卖掉衣服去买一把。我告诉你们，《圣经》所说'他被列在罪犯中'那句话必须在我身上实现。其实，有关于我的一切记载已经在应验了。"

门徒说："主啊，你看，这里有两把刀。"

耶稣说："够了！"

耶稣带着门徒们走出耶路撒冷，照常往橄榄山去。

## 客西马尼园的叛卖

在橄榄山附近有一个园子，叫客西马尼园，这是耶稣常来祷告的地方。

进入园中，耶稣对门徒们说："你们坐在这里，等我到那边去祷告。"于是他只带着彼得、约翰和雅各去祷告。

客西马尼园的祷告

这时，耶稣极为忧伤难过。他对他们说："我心里甚是忧伤，几乎要死，你们在这里等候，和我一同警醒。"

耶稣稍微走开约莫一掷石的距离，俯伏在地上祷告说："我父啊，若是可以，求你不要让我喝这苦杯！然而，不要照我的意思，只要照你的意思。"

耶稣第一次祷告完毕，回到门徒那里，见他们睡着了，就对彼得说："怎么了？你们不能同我警醒片刻吗？总要警醒祷告，免得受了迷惑，你们心灵固然愿意，肉体却软弱了。"

第二次耶稣又去祷告说："我父啊，这杯若不离开我，必要我喝，就愿你的意旨成全。"然后他又回到三个门徒的身边，见他们仍然睡着，因为他们的眼睛困倦得睁不开了。

第三次耶稣再离开门徒们去祷告，说的话和第二次一样。终于，耶稣镇定下来，回到门徒们身边，叫醒他们说："你们仍然睡得这样安稳吗？快起来吧！我们走吧！看啊，出卖我的人近了！"

耶稣正说这话的时候，犹大引了一队罗马兵，会同祭司长和法利赛人所派遣的圣殿警卫队走进园子里。他们都带着武器，也拿着灯笼和火把。

路途上，犹大怕那些罪人们认不出耶稣来，便与他们约定以亲吻为暗号，说："我与谁亲吻，谁就是他，你们可以上前拿住他。"

卖主的犹大佯装无事地走到耶稣跟前说："问候老师。"说完他便与他亲吻。

耶稣对他说："你来要做的事，就做吧！"于是那些人扑上来围住耶稣，要捉拿他。

十一个门徒见一大帮人呼拉一下围住耶稣，并且要带他走，立时都醒了。彼得正好带着一把刀，就拔出来，向大祭司的仆人马勒古砍了一

犹大亲吻出卖耶稣

刀，削掉了他的右耳，那仆人立即用手捂住伤处惨叫起来。

耶稣喝住彼得说："收起刀吧！凡动刀的，必死在刀下。"耶稣说完这话，就伸手摸马勒古的耳朵，他的耳朵又完好无损了。

耶稣又对彼得说道："你认为我不能求我父为我差遣十二营那么多的天使来吗？如果是这样，经上所说的的话又怎么能应验呢？我父所赐给我的那个苦杯，我又怎么能够不喝呢？"

说完，耶稣转向那些罪人怒斥道："你们带着刀棒来捉拿我，就如同捉拿强盗一样吗？我天天坐在殿里教训人，你们并没有捉拿我。但你们现在来捉拿我了，这一切都是为了要应验先知书上的话。现在是你们的时候了，黑暗掌权了。"

耶稣挺身对那些罪人说："我已经告诉你们我就是耶稣，你们如果找我，就让这些人去吧！"在他的掩护下，门徒们纷纷逃走了。

## 犹太公会夜审基督

卫兵们将耶稣捆绑了，把他带到大祭司该亚法那里去。在那里，经学教师和长老们全都到了，正等着耶稣被抓来。

西门·彼得远远地跟着耶稣，还有一个门徒也跟着耶稣来到大祭司的院子外，因那门徒认识大祭司，便先跟着耶稣进了大祭司的院子。他回头看见彼得站在院外，便又和那个看门的使女说了一声，领彼得进去。

看门的使女指着耶稣对彼得说："你不也是这个人的门徒吗？"

彼得惊慌地摇头说："我不是。"

仆人和差役因为天冷，就生了炭火，站在那里烤火，彼得也同他们

彼得三次不认主

站着烤火，他想看看事情究竟怎样解决。

彼得正站着烤火，有一个差役便问他说："你不也是他的门徒吗？"

彼得使劲瞪了他一眼说："我不是。"

又有大祭司的一个仆人，就是被彼得削掉耳朵的马勒古的亲属，盯着彼得看了又看，轻声对他说："我不是看见你和他同在客西马尼园子里吗？"

彼得恼怒地吼道："我不知道你究竟说的是什么。"

正说话间，鸡就叫了。彼得想起耶稣曾对他说过的话："今日鸡叫之前，你要三次不认我。"便再也控制不住自己的情感，冲出院子走在黑暗里失声痛哭。

祭司长和全议会设法找假证控告耶稣，要置他于死地，却怎么也找不到像样的证据。因为有好些人作的是假证，各不相合，反而弄巧成拙。又有几个人站起来告他："我们听见他说：'我要拆毁这人手所造的殿，三日内就造一座不经人手所造的。'"

大祭司起来站在中间，问耶稣说："你什么都不回答吗？这些人作证告你的是什么呢？"耶稣不言语，一句也不回答。

大祭司见始终抓不到耶稣的把柄，非常着急，再次问耶稣："我指着永生的上帝叫你起誓，告诉我们，你是上帝的儿子基督不是？"

耶稣说："你说得是。从今以后，人子要坐在上帝的右边，驾着天上的云降临。"

大祭司激动地撕开衣服说："我们再也不需要证人了！这僭妄的话，现在你们都听见了！他竟敢自称是上帝的儿子，要做犹太王！你们的意见如何呢？"

在场的众人一齐喊道："他该死！"并一拥而上，吐唾沫在耶稣脸上，用拳头打他，说："基督啊，你是先知，告诉我们打你的是谁？"

天亮了，祭司长匆忙地跟长老、经学教师和全议会商议，定好了他们的计划，就把耶稣捆绑了，解去交给罗马总督彼拉多。

这时候，出卖耶稣的犹大看见耶稣已经被定了死罪，忽然良心发现，内心十分懊悔，就把三十块钱拿回来给祭司长和长老，说："我卖了无辜之人的血，是有罪的了。"

他们说："那与我们有什么相干？你自己承当吧！"

犹大就把那银钱丢在殿里，跑出去吊死了。

祭司长拾起银钱来说："这是血价，不可放在库里。"他们商议，就用那钱买了窑户的一块田，为要埋葬外乡人。所以那块田直到今日还叫做"血田"。这就应了先知耶利米的预言："他们用那三十块钱，就是被估定之人的价钱，是以色列人中所估定的，买了窑户的一块田，这是照着主所吩咐我的。"

## 基督被判死刑

众人将耶稣从大祭司该亚法家押往罗马总督那里。那时天还早，他们却不进去，恐怕染了污秽，不得吃逾越节的筵席。

罗马总督彼拉多知道耶稣就是自我宣称是弥赛亚的人。无论是真是假，都注定了这个人事关重大，稍微处理不当，就可能给自己带来麻烦。他走到犹太众人面前说："你们为了什么事要告这个人呢？"

人们回答说："这个人如果不是作恶的，我们就用不着把他交给您了。"

彼拉多说："你们带他去，按着你们的律法审问他吧！"

犹太人说："我们没有杀人的权柄。"

审判台上的耶稣

犹太人反复控告耶稣说："我们见这人诱惑国民，鼓动抗税，又说自己是弥赛亚，是王。"

彼拉多听到这话，不好再推卸，就问耶稣："你是犹太人的王吗？"

耶稣回答说："这话是你自己说的，还是别人议论我时对你说的呢？"

彼拉多说："我又不是犹太人，你本国的人和祭司长把你交给我。你究竟是谁，什么事会引得他们如此做呢？"

耶稣回答说："我的国不属于这个世界；我的国如果属于这个世界，我的臣仆必定要发生争战，使我不至于被交给犹大人；只是我的国不属于这个世界。"

彼拉多就又问耶稣："这样说，你就是王吗？"

耶稣回答说："你说我是王。我为此而生，也为此来到世间，特为给真理作见证；凡属真理的人就听我的话。"

彼拉多自言自语："什么是真理呢？"说完这话，他便走去对祭司长和众人说："你们带这个人到我这里，说他诱惑百姓。看哪，我就将你们告他的事在你们面前审问他，并没有查出他有什么罪来。你们有个规矩，在逾越节要我给你们释放一个人。你们想让我释放他吗？"

众人都急了，一齐喊着说："释放巴拉巴 [1] 给我们！"

彼拉多说："那么，我怎样处置那称为基督的耶稣呢？"

他们齐声说："把他钉十字架！"

彼拉多说："我可以把你们的王钉上十字架吗？"

祭司长回答说："除了恺撒，我们没有王。你如果释放了这个人，就不是恺撒的忠臣。凡以自己为王的，就是背叛恺撒了。"

彼拉多被这句话难倒了。他再次回头对耶稣说："你从哪里来？你

[1] 巴拉巴是个著名的强盗。

不对我说话吗？你难道不知道我有权释放你，也有权把你钉上十字架吗？"

耶稣回答说："只因上帝给你这权，你才有权去做。所以，把我交给你，那些人的罪更重了。"

彼拉多审时度势，决定不再推阻了。他拿水在众人面前洗手，说："流这义人的血，罪不在我，你们承当吧！"

众人都回答说："他的血归到我们和我们的子孙身上。"

于是，彼拉多释放巴拉巴给他们，然后把耶稣鞭打了，交给士兵，去钉十字架。

全营的士兵们都聚集起来。他们脱了耶稣的衣服，给他穿上一件朱红色袍子；用荆棘编作冠冕，戴在他头上；拿一根苇子放在他右手里，跪在他面前，戏弄他说："恭喜，犹太人的王啊！"又吐唾沫在他脸上，拿苇子打他的头。戏弄完了，他们就给他脱了袍子，仍穿上他自己的衣服，带他出去，要钉十字架。

## 基督殉难十字架

耶稣被钉十字架的地方，在耶路撒冷城北的各各他山。

"各各他"意为"髑髅地"，这不只由于这座山远远看去像是一个骷髅头，而是因为这是罗马镇压并处死犹太人的刑场。钉十字架这种死刑，用于罗马统治下的异族人，而不用于罗马人。这是一种最残酷的死刑，被钉在十字架上的人，要在经受很长时间的痛苦之后才会死去，并且带有示众的用意。

按规定，被判钉十字架的人，要自己背着十字架在兵丁的押解下走

耶稣遭受鞭打

＿被戴上荆冠的耶稣

向刑场。但耶稣遭受多次鞭打和折磨，已经心力交瘁。罗马兵便抓住一个从乡下来的名叫"西门"的古利奈人，强迫他替耶稣将十字架背到各各他山去。这个西门是鲁罕的父亲，后来他们全家都成了耶稣的信徒。

在通往各各他山的路上，有许多百姓跟随着耶稣，其中有好些妇女为他号啕痛哭。耶稣转身对她们说："耶路撒冷的女子，不要为我哭，当为自己和自己的儿女哭。因为日子要到，人必说：'不生育的和未曾怀胎的，未曾乳养婴孩的，有福了！'那时，人要向大山说：'倒在我的身上！'向小山说：'遮盖我们！'这些事既行在有汁水的树上，那枯干的树将来怎么样呢？"

人们当时不会明白，耶稣所言"日子将到"，就是指将在公元七十年降临到耶路撒冷的灾难。犹太民族已经像一棵枯树，再难以经受罗马人的蹂躏和摧残了。

许多与耶稣熟识的人以及从加利利跟随他的妇女，也一直跟到十字架下。其中有耶稣的母亲马利亚，抹大拉的玛利亚，小雅各和约西的母亲马利亚，西庇太两个儿子的母亲，以及撒罗米等。耶稣的门徒中，跟随到十字架下的，却只有约翰一人。

到了各各他山，士兵们拿了用苦胆调和的酒给耶稣喝。耶稣尝了尝，便拒绝再喝了，他宁愿清醒地为救赎人类而喝尽从父亲手里接过的苦杯，也不愿喝可以减少被钉时的痛苦的麻醉剂。士兵们把耶稣钉上了十字架，和他同钉的还有两个强盗，一个钉在他的左边，一个钉在他的右边。

彼拉多用希伯来语、罗马语、希利尼语三种文字写了一个名号在一块牌子上，然后挂在耶稣的头上，这牌子上写的是"犹太人的王，拿撒勒人耶稣。"

犹太人的祭司长对彼拉多说："不要写'犹太人的王'，要写'他自

代耶稣背起十字架的西门

往刑场的路途中

己说他是犹太人的王。'"

彼拉多说:"我所写的已经写上了。没法再改了。"

士兵们既然将耶稣钉在十字架上,就拿他的衣服分为四份,每个兵一份,又拿他的里衣,这件里衣原来没有缝儿,是上下一片织成的,不好再撕开来分,他们便彼此说:"我们不要撕开,只要拈阄,看谁得着。"这是应验经上的话:"他们分了我的外衣,为得我的里衣而拈阄。"士兵果然做了这件事。

耶稣的母亲马利亚站在十字架下,此时心如刀绞。耶稣看见他所爱的门徒约翰也站在十字架下,便决定将自己的母亲托付给他。他对母亲说:"妇人[1],看你的儿子!"又对那门徒说:"看你的母亲!"从此,约翰便将马利亚接到自己的家中,当做母亲一样服侍。

那些前来观看和路过的人们,有人讥讽耶稣说:"你这样拆毁圣殿,三日又建立起来的,可以救自己吧!你如果是上帝的儿子,就从十字架上下来吧!"

祭司长和文士并长老也这样戏弄他说:"他救了别人,不能救他自己。他是以色列的王,现在可以从十字架上下来,我们就信他。他倚靠上帝,上帝若是喜悦他,现在就可以救他,因为他自己曾经说:'我是上帝的儿子。'"

耶稣并不理会那些人的讥讽,兀自在那里为钉他上十字架的士兵祈祷:"父啊,赦免他们。因为他们所做的,他们不晓得。"

同钉的两个犯人,有一个听见了,就讥讽他说:"你不是基督吗?可以救自己和我们吧!"

另一个犯人听了后责备他说:"你既是一样受刑的,还不怕上帝吗?

---

[1] 耶稣自认是神之子,所以一直以来称自己的母亲为"妇人"。

钉上十字架的耶稣

十字架上的耶稣

我们是应该的，因为我们所受的与我们所做的相称，但这个人没有做过一件不好的事。"

说完他求耶稣："耶稣啊，你的国降临的时候，求你记着我！"

耶稣对他说："我实在告诉你，今日你要同我在乐园里了。"

从中午十二点到下午三点，日头变黑，遍地都黑暗了。下午三点多时，耶稣被钉挂在十字架上已经六小时，他大声喊着："以利，以利，拉马撒巴各大尼？"意思是说，"我的神，我的神！为什么离弃我？"

站在那里的人，有的听见就说："这个人呼叫以利亚呢！"

这时，正是耶路撒冷圣殿里为准备逾越节筵席宰杀羔羊的时刻。耶稣知道各样的事都已成了，为要使经上的话应验，就说："我渴了。"

有一个器皿盛满了醋放在那里，他们就拿海绵蘸满了醋绑在牛膝草上，送到他口边，说："且等着，看以利亚来不来救他。"

耶稣尝了那醋，就说："成了！"这就是说，上帝救赎人类的事已大功告成。说完这话，他就气断了。

就在耶稣断气的一瞬间，圣殿里的幔子从上到下裂为两半。接着，大地震动，磐石崩裂。坟墓也开了，已经死去的圣徒们的身体，多半又都站立起来 [1]。


# 安葬基督

百夫长和一同看守耶稣的人看见地震和所经历的事，都极其害怕，说："这个人真的是上帝的儿子！"聚集观看的众人见了这事都捶着胸回

---

[1]到耶稣复活后，他们从坟墓里出来，进了圣城，向许多人显现。

——十字架上之死

约瑟将耶稣降下十字架

去了，还有一切与耶稣熟识的人和从加利利跟着他来的妇女们，都远远地站着看这些场景。

犹太人因为那天是预备日，为避免耶稣等人在安息日还留在十字架上，就求彼拉多叫人打断他们的腿，以使他们快速死亡。

彼拉多的士兵们来了，他们打断了两个强盗的腿。轮到耶稣时，他们见他已经死了，就不打断他的腿。有一个士兵拿枪扎他的肋旁，随即有血和水流出来。

看见这件事的那个人就作见证，他的见证也是真的，并且他知道自己所说的是真的，叫大家也可以相信。这些事成了，是为要应验经上的话说："他的骨头一根也不可拆断。"又有一句说："他们要仰望自己所扎的人。"

有一个有钱的人名叫约瑟，是个义人，这个人由于害怕犹太社会的阻挠，暗地里做了耶稣的门徒。当晚，约瑟来到彼拉多跟前，放胆要求把耶稣的身体给他去掩埋。彼拉多应允了他，他就把耶稣的身体领去了。

又有一个叫尼哥底母的法利赛人，就是曾在夜里悄悄拜访耶稣的那位，带了将近一百斤没药和沉香来。他们就照犹太人殡葬的规矩，把耶稣的身体用细麻布加上香料裹好了，放在园中的一座新坟墓里。

这个园子离刑场很近，石棺是约瑟自己凿在磐石里的，安置好耶稣的身体，他们便滚过一个石头来封住墓门，然后回家去了。

那些从加利利和耶稣同来的妇女跟在约瑟的身后，看见了坟墓和耶稣身体安放的情景，也回家去预备了香膏和香料，因为那日是安息日，她们便都遵守诫命安息了。

第二天，祭司长和法利赛人聚集来见彼拉多，说："我们记得那迷惑人的人还活着的时候，曾说，'三日后我要复活'，因此，就请您吩咐人将

入葬之前

——众人抬耶稣进入一个新的墓穴

坟墓把守妥当，免得到了第三日，他的门徒们来把他偷了去，就告诉百姓说，'他从死里复活了'，这样，那后来的迷惑会比先前的更加厉害。"

彼拉多说："你们有看守的兵，去吧，尽你们所能把守妥当就是了。"

祭司长和法利赛人就带着看守的兵一同到耶稣的墓前，封了石头，将坟墓把守妥当。

后来，耶稣从死里复活之后，祭司长就贿赂士兵，教他们说："夜间我们睡着时，他的门徒把他偷去了。"

## 基督复活后显现

过了安息日，抹大拉的玛利亚，小雅各和约西的母亲马利亚，撒罗米、约亚拿等几个女人，买了香膏要去膏耶稣的身体。一周的第一天的清早，出太阳的时候，她们来到坟墓那里，彼此说："谁替我们把石头从墓门滚开呢？"

忽然，大地震动，两个天使，在安放耶稣身体的地方坐着，一个在头，一个在脚，相貌如同闪电，衣服洁白如雪。看守坟墓的人因为天使的突然出现吓得浑身乱颤，几乎和死人一样。

天使对女人们说："不要害怕！我知道你们是在寻找钉十字架的耶稣。他不在这里，照他所说的，已经复活了。你们来看安放主的地方，快去告诉他的门徒，说他从死里复活了，并且在你们之前先往加利利去，在那里你们要见他。"

听了天使的话，几个女人急忙离开坟墓，一路上又是害怕，又是大大地欢喜，跑去要报给他的门徒。在回去的路上，耶稣突然出现，对那几个女人说："愿你们平安！"

耶稣复活

几个女人正在议论耶稣身体不见了的事。她们听到他问候，便上前抱住他的脚，向他礼拜。耶稣对他们说："不要害怕！你们去告诉我的弟兄，叫他们往加利利去，在那里一定会见得到我。"

女人们到了耶稣的门徒西门·彼得和约翰那里，将遇见的事情一一告诉了他们。他们开始并不相信。女人们着急，要他们自己去看。于是彼得和约翰便往坟墓那里跑去。两个人一道跑，约翰比彼得跑得快，先到了坟墓，低头往里看，就见细麻布还放在那里，只是他人没有进去。西门·彼得随后也到了。他进坟墓里去，也看见细麻布还放在那里，又看见耶稣的裹头巾没有和细麻布放在一处，是另在一处卷着，便回身招呼约翰，约翰也进去了。于是两人都相信了女人们所说的话。

看守坟墓的士兵看到这些不可思议的事，就派了几个进城去，将这些事都报给祭司长。祭司长和长老聚集商议，就拿了许多钱贿赂士兵，说："你们要对百姓们这样说：'夜间我们睡觉的时候，他的门徒来把他偷去了。'倘若这话被总督大人听见，有我们劝他，保你们无事。"士兵受了贿赂，就照嘱咐他们的去做。这话就传说在犹太人中间，直到今日。

当天下午，耶稣的两个信徒正往一个村子走去，这个村子名叫以马忤斯，离耶路撒冷约二十五里。他们一边走一边谈论着耶稣遇害的事。正谈论着，耶稣亲自就近他们，和他们同行，只是让他们的眼睛迷糊了，认不出他。

耶稣对他们说："你们刚才谈论的是什么事呢？"

他们站住，脸上带着愁容。名叫革流巴的回答说："你在耶路撒冷做客，还不知道这几天在那里出的事吗？"

耶稣假装什么也不知道，问："什么事呢？"

他们就详详细细地告诉他说："就是拿撒勒人耶稣的事。他是个先知，在上帝和众百姓面前，说话行事都有大能。祭司长和官府竟把他抓

耶稣在以马忤斯现身

去，定了死罪，钉在十字架上。我们向来盼望的要赎以色列民的，就是他啊！这事成就到现在已经三天了。有几个女人说得使我们惊奇。她们清早到了坟墓那里，不见耶稣的身体，就回来告诉我们说看见了天使显现。她们说：'他活了。'又有我们弟兄中的几个人往坟墓那里去，所遇见的，正如女人们所说的，只是没有看见他。"

耶稣对他们说："无知的人啊，先知所说的一切话，你们的心信得太迟钝了。基督这样受害，又进入他的荣耀，岂不是应当的吗？"于是耶稣从摩西和众先知起，凡经上所指着自己的话，都一一给他们讲解明白了。

将近他们所要到的村子，耶稣好像还要往前行，他们便挽留他说："时候晚了，日头已经平西了，请你同我们住下吧！"耶稣就进去，准备同他们住下。到了晚餐的时候，耶稣拿起饼来，祝谢了，掰开，递给他们。他们的眼睛明亮了，这才认出耶稣来，这时耶稣就不见了。

他们彼此议论："在路上，他和我们说话，给我们讲解圣经的时候，我们的心岂不是火热的吗？"

革流巴二人当即赶往耶路撒冷，去找耶稣的十一个门徒，要向他们述说刚才发生的这件事。正好十一个门徒和他们的同道聚集在一处，因革流巴二人来是要与他们说有关耶稣的事，大家害怕祭司长的人来找麻烦，便把门关紧，压低了嗓音说话。

革流巴低声说："主果然复活了，已经显现给我们看了。"两个人就把路上所遇见和掰饼的时候怎么被他们认出来的事，都说了一遍。

正说这话的时候，耶稣亲自站在他们当中，说："愿你们平安！"

门徒们一下子看见耶稣出现在那里，便惊慌害怕起来，以为所看见的是魂魄。

耶稣说："你们为什么愁烦？为什么心里起疑念呢？你们看我的手、

我的脚，就知道实在是我了。摸我看看，魂无骨无肉，你们看，我是有的。"说了这话，他就把手和脚给他们看。

门徒们正高兴得不敢信，大大地感到稀奇，耶稣就说："你们这里有什么吃的没有？"他们便给他一片烧鱼。耶稣接过来，在他们面前吃了。

耶稣对他们说："这就是我从前与你们同在之时告诉你们的话——摩西的律法、先知的书信和诗篇上所记的，凡指着我的话，都必须应验。"

于是耶稣开他们的心窍，使他们明白《圣经》，又对他们说："照经上所写的，基督必受害，第三日从死里复活；并且有人要奉他的名，传悔改、赦罪的道，从耶路撒冷起直传到万邦。你们就是这些事的见证。"

十一个门徒中，有个称为低士马的多马，耶稣来的时候，他没有和他们同在。那些门徒就对他说："我们已经看见主了。"多马却说："我除非看见他手上的钉痕，再用指头探入那钉痕，再用手探入他的肋旁，否则我总不信。"

过了几天，门徒又在屋里，多马也和他们同在，门都关了。耶稣来后站在当中说："愿你们平安！"然后对多马说："伸过你的指头来，摸我的手；伸出你的手来，探入我肋旁。不要疑惑，总要信。"

多马照耶稣的吩咐做了，确信无疑是真的，伏拜说："我的主，我的上帝！"

耶稣对他说："你是因为看见了我才相信；那没有看见就信的有福了。"

这些事以后，耶稣在提比里亚海边又向门徒显现。当时，西门·彼得和称为低士马的多马，加利利的迦拿人拿但业，还有西庇大的两个儿子，又有两个门徒，都在一处。西门·彼得对他们说："我打鱼去了。"他们说："我们也和你同去。"他们就一起出海打鱼，那一夜并没有打着什么。

天快亮的时候，耶稣站在岸上，只是门徒们都不知道他就是耶稣。

耶稣远远地对他们说："你们有吃的没有？"

他们回答说："没有。"

耶稣说："你们把网撒在船的右边，就必然会得着。"

他们便照着耶稣的话又撒下网去，居然拉不上来，因为鱼太大太多了。这一幕与当初耶稣在海边呼召他们的那一幕何等相似！耶稣最爱的门徒约翰一下子醒悟过来，他激动地对彼得说："是主！"

那时彼得赤着身子，一听见是主，就束上一件外衣，跳进海里，迅速向岸边游去。

其余的门徒，就在小船上把那网鱼拉过来。他们上了岸，看见那里有炭火，上面有鱼，又有饼。这是复活之主，亲手为他的门徒们预备的一顿早饭。

耶稣对他们说："把刚才打的鱼拿几条来。"西门·彼得就去把网拉到岸上，那网装满了大鱼，共一百五十三条。鱼虽这样多，网却没有破。

耶稣说："你们来吃早饭。"

门徒中没有一个敢问他"你是谁"，因为知道这就是主。耶稣就来拿饼和鱼分给他们。

吃完了早饭，耶稣对西门·彼得说："约翰的儿子西门，你爱我比这些人更深吗？"耶稣所说的"这些人"是指其他的门徒。

彼得曾经夸口："众人虽然为你的缘故跌倒，我却永不跌倒。"谁知偏就是他三次不认主。在经历了软弱失败之后，彼得此时已有自知之明，他说："主啊，是的，您知道我爱你。"

耶稣第二次又对彼得说："约翰的儿子西门，您爱我吗？"

彼得说："主啊，是的，您知道我爱您。"

现身于彼得面前

第三次耶稣又对彼得说:"约翰的儿子西门,您爱我吗?"

这使彼得感到很伤心,他说:"主啊,您是无所不知的,你知道我爱您。"

耶稣说:"你牧养我的羊。我实实在在地告诉你,你年少的时候,自己束上带子,随意往来;但年老的时候,你要伸出手来,别人要把你束上,带你到不愿意去的地方。[1]"然后对他说:"你跟从我吧!"这是耶稣对一个曾经软弱、曾经失败、曾经三次不认主的门徒的第二次呼召。加利利海滨第一次呼召时,耶稣说:"你要得人如鱼了。"而现在,耶稣将牧养羊群的重任托付给他,也就是封他为牧首。

彼得转过身来,看见耶稣所爱的门徒约翰一直跟着他们。约翰曾在最后的晚餐时,以头靠着耶稣的胸膛问他:"主啊,出卖你的是谁?"彼得看见他,就问耶稣说:"主啊,这人将来如何?"

耶稣对他说:"就算我要他一直活着等到我来的时候,也不关你的事,你只管跟从我吧!"

耶稣又对他们说:"天上地下所有的权柄都赐给我了。所以,你们要去使万民做我的门徒,奉父、子、圣灵的名给他们施洗。凡我吩咐你们的,都教训他们遵守,我就常与你们同在,直到世界的末日。"

耶稣又说:"你们到普天下去,传福音给万民听。信而受洗的必然得救,不信的必被定罪。信的人必有神迹随着他们,就是奉我的名赶鬼,说新方言,手能拿蛇;若喝了什么毒物,也必不受害;手按病人,病人必好。"

最后,耶稣说:"我要将我父所应许的圣灵降在你们身上,你们要在城里等候,直到你们领受从天上来的能力。"

[1] 耶稣说这话,是预言了彼得的晚年。

门徒们问:"主啊,你就在这时候复兴以色列国吗?"

耶稣说:"父凭着自己的权柄所定的日期,不是你们可以知道的。但圣灵降临在你们身上,你们就必得着能力,并要在耶路撒冷、犹太全地和撒玛利亚,直到天涯海角,作我的见证。"

门徒按主耶稣的吩咐,回到耶路撒冷等候圣灵降临。就在五旬节前十天左右,耶稣领他们到伯大尼对面的橄榄山上,举手给他们祝福。正祝福的时候,他就离开他们,被一朵彩云接到天上去了。

门徒们还在那里定睛望着天空,天使对他们说:"加利利人哪,你们为什么站着望天?这离开你们被接升天的耶稣,你们见他怎样往天上去,他就还要怎样来。"门徒们听了天使的话,便大大地欢喜,高高兴兴地回到耶路撒冷去,常在殿里称颂上帝。

耶稣升天

# 后 记

　　耶稣死后，在耶路撒冷城内的一所楼房里，十一使徒、耶稣的母亲马利亚以及耶稣的兄弟、其他门徒等一百二十人聚会一处。在那里，他们通过抽签的方式，补选了马提亚为使徒，以接替卖主的犹大的职位。

　　耶稣死后第七个礼拜的五旬节，如耶稣之前所应许他们的，圣灵降临在十二使徒身上，从此他们也具备了神力。

　　他们被圣灵赐予了说外邦方言的能力，各自用不同的方言向耶路撒冷不同民族的人宣讲基督的福音。当下，许多接受了教化的人就领了洗礼。那一天之中，基督的门徒大约增加了三千人。这就是耶路撒冷教会的形成过程。

　　门徒们遵守以彼得为首的十二使徒们的教训。他们聚在一处，各自卖掉了田产、家业，所有的财物归为公用，每人只取用自己所需用的那一小部分。他们每天同心合意地在圣殿和家中掰饼用饭，欢天喜地赞美神。

　　耶路撒冷教会是基督教的第一个教会。作为基督教的火种，这个教会不断地把基督的福音传到以色列各地，乃至外邦。

　　在耶路撒冷教会传教的过程中，他们受到了希律王党、撒都该人、法利赛人等的不断迫害。彼得多次被捕入狱，在天使的帮助下才转危为安。而雅各（西庇太的儿子）很早便被希律杀害。十二使徒在后来的传

圣灵降临

道过程中历经艰辛，很多人殉道。

便雅悯支派有个犹太人名叫扫罗，由于出生在罗马帝国的直属领地，根据出生地国籍原则，扫罗具有罗马公民的身份。扫罗一开始是一个法利赛人，恪守摩西律法，他早期曾积极参与迫害基督徒。有一次，扫罗前往大马士革追捕基督徒，在途中得耶稣基督亲自显现神迹而悔改信了基督，并因之改名为"保罗"。

保罗对于把基督教由一个犹太人的小教派转变成世界性的宗教起到了巨大的作用。他在地中海各地进行了三次传道之旅，足迹遍及小亚细亚、马其顿、希腊及地中海东部各岛，共计一万两千里远，还在外邦人中建立了许多教会。

他给基督徒们的书信，构成了《新约》的重要组成部分。保罗对基督教的影响如此之大，以至于一些学者认为基督教的创始人应当是保罗，而不是耶稣。这尽管有些偏颇，然而，即使保罗的影响不能与耶稣等同，但在更多的人看来，他却比其他基督教思想家和传教士的影响要大得多。保罗传道期间曾被关押两年，出狱后再次往各地传教。后来，保罗被罗马皇帝尼禄处死，为主殉道。

彼得发表演说

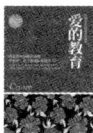

《爱的教育》
湖南文艺出版社
ISBN：9787540446840
开本：32开／定价：25.00元
意大利政府官方授权名家权威
版本意大利原版完整插图

《飞鸟集·新月集》
湖南文艺出版社
ISBN：9787540447243
开本：32开／定价：22.00元
每天读一句泰戈尔，忘却世上
一切苦痛

《假如给我三天光明》
湖南文艺出版社
ISBN：9787540447984
开本：32开／定价：22.00元
人类意志力最伟大的典范作品

《再别康桥·人间四月天》
湖南文艺出版社
ISBN：9787540447922
开本：32开／定价：25.00元
新月派代表诗人＆民国第一
才女诗歌精选首度合集出版

《朝花夕拾》
湖南文艺出版社
ISBN：9787540448103
开本：32开／定价：20.00元
一位文化巨人的回忆记事
一幅清末民初的生活画卷

《落花生》
湖南文艺出版社
ISBN：9787540448097
开本：32开／定价：22.00元
被忽视的文学大师许地山的传
世散文名作

《背影》
湖南文艺出版社
ISBN：9787540448080
白话美文典范，"天地间第一
等至情文学"
散文杰作＆诗歌名篇

《伊索寓言》
湖南文艺出版社
ISBN：9787540448561
开本：32开／定价：25.00元
影响人类文化的100本书之一
世界上拥有最多读者的寓言始祖

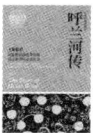

《呼兰河传》
湖南文艺出版社
ISBN：9787540448448
开本：32开／定价：22.00元
一个天才作家奉献给人间的礼物
穿越时光的艺术珍品
一代才女萧红代表作

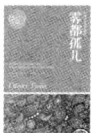

《雾都孤儿》
湖南文艺出版社
ISBN：9787540448493
开本：32开／定价：26.00元
英国现实主义文学的杰出代表作
中国译协"资深翻译家"权威
全译

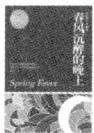

《春风沉醉的晚上》
湖南文艺出版社
ISBN：9787540448509
开本：32开／定价：25.00元
郁达夫中短篇小说精选集
感伤的浪漫，率真的反叛

《春醪集》
湖南文艺出版社
ISBN：9787540448554
开本：32开／定价：23.00元
偷饮香美春醪的年轻人，醉
中做出的几许好梦

《城南旧事》
中国画报出版社
ISBN：9787802208056
开本：32开／定价：24.80元
名家林海音独步文坛三十多年
的经典作品

《猎人笔记》
湖南文艺出版社
ISBN：9787540448912
开本：32开／定价：28.00元
俄国现实主义艺术大师的成
名之作

《格列佛游记》
湖南文艺出版社
ISBN：9787540448530
开本：32开／定价：23.00元
世界文学史上极具童话色彩的
讽刺小说

《鲁滨孙漂流记》
湖南文艺出版社
ISBN：9787540448752
开本：32开／定价：25.00元
倾注勇气的冒险之旅，锐意
进取的孤岛求生记

《哈姆雷特》
湖南文艺出版社
ISBN：9787540448578
开本：32开／定价：20.00元
在他身上，我们看到作为一个
人的全部复杂

《十四行诗》
湖南文艺出版社
ISBN：9787540448912
开本：32开／定价：26.00元
你从未见过的"甜蜜的莎士
比亚"
时光流转中爱的不朽藏言

《最后一课》
湖南文艺出版社
ISBN：9787540449209
开本：32开／定价：22.00元
感受都德带给你心灵的震撼
和美轮美奂的诗意

《缀网劳蛛·许地山小说菁华集》
湖南文艺出版社
ISBN：9787540449322
开本：32开／定价：23.00元
被忽视的文学大师许地山的传
世小说名作

《子夜》
湖南文艺出版社
ISBN：9787540449285
开本：32开／定价：28.00元
"中国第一部写实主义的成功
的长篇小说"

《汤姆·索亚历险记》
湖南文艺出版社
ISBN：9787540449117
开本：32开／定价：22.00元
"美国文学史上的林肯"
献给所有孩子和大人的礼物

《格兰特船长的儿女》
湖南文艺出版社
ISBN：9787540449230
开本：32开／定价：28.00元
"现代科学幻想小说之父"令
人惊异的科学预言

《海底两万里》
湖南文艺出版社
ISBN：9787540449315
开本：32开／定价：28.00元
最具魔力的科幻小说经典
充满自由与孤独的深海之旅

《神秘岛》
湖南文艺出版社
ISBN：9787540449223
开本：32开／定价：28.00元
"现代科学幻想小说之父"令
人惊异的科学预言

《羊脂球》
湖南文艺出版社
ISBN：9787540449292
开本：32开／定价：25.00元
在他笔下，世人可叹可笑，
寒冷入木三分香

《小王子》
湖南文艺出版社
ISBN：9787540449643
开本：32开／定价：22.00元
纪念永不尘封的爱与责任

《古希腊罗马神话》
湖南文艺出版社
真正读懂西方的入门课和必
修课
人类对最完美自我的期待

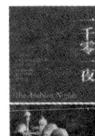

《一千零一夜》
湖南文艺出版社
开本：32开／定价：25.00元
芝麻开门独放异彩
东方文化不朽杰作

《瓦尔登湖》
湖南文艺出版社
开本：32开／定价：26.00元
倾听感受寂静之美
隐居的自然哲人絮语
让心灵自由呼吸

《钢铁是怎样炼成的》
湖南文艺出版社
开本：32开／定价：28.00元
永不过时的红色经典，闪烁
理想主义光彩的励志杰作
一部"超越国界的伟大文学作品"。

《巴黎圣母院》
湖南文艺出版社
ISBN：9787540449933
开本：32开／定价：28.00元
"法兰西的莎士比亚"第一部
浪漫主义鸿篇巨制

《红与黑》
湖南文艺出版社
ISBN：9787540450076
开本：32开／定价：28.00元
一个平民青年奋力跻身上流社
会的奋斗史

《八十天环游地球》
湖南文艺出版社
ISBN：9787540449957
开本：32开／定价：28.00元
凡尔纳最著名的作品

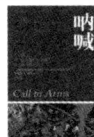

《呐喊》
湖南文艺出版社
ISBN：9787540449926
开本：32开／定价：22.00元
"以巨大的爱，为被侮辱和被
损害者悲衰，叫喊和战斗"

《野草》
湖南文艺出版社
开本：32开／定价：22.00元
要读懂20世纪中国的深度，
必看鲁迅；要读懂鲁迅的深度，
必看《野草》

《茶花女》
湖南文艺出版社
ISBN：9787540450588
开本：32开／定价：20.00元
流传最广的爱情名著，经久不
衰的舞台剧目。

《林家铺子》
湖南文艺出版社
ISBN：9787540450601
开本：32开／定价：18.00元
一个人奋力挣扎却无力抗拒
的时代悲剧

《童年·在人间·我的大学》
湖南文艺出版社
ISBN：9787540451158
开本：32开／定价：28.00元
高尔基自传体小说三部曲，经
久不衰的励志佳作

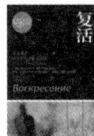

《复活》
湖南文艺出版社
ISBN：978-7-5404-5132-5
开本：32开／定价：28.00元
列夫·托尔斯泰最爱推崇作品
一部人性重生的福音书